中文社会科学引文索引（CSSCI）来源集刊

CHINA STUDIES
2024年 | 总第31期 No.31

周晓虹　翟学伟　主编

商务印书馆
The Commercial Press

封面题字：金耀基

编辑委员会（以姓氏拼音或字母为序）：

陈云松（南京大学）
邓　鹏（美国海波因特大学）
范　可（贵州民族大学）
黄　平（中国社会科学院）
金光亿（山东大学）
林　南（美国杜克大学）
刘　宏（英国曼彻斯特大学）
刘林平（南京大学）
孙　江（南京大学）
谢寿光（云南大学）
阎云翔（美国加州大学洛杉矶分校）
杨德睿（南京大学）
杨念群（中国人民大学）
应　星（清华大学）
园田茂人（日本东京大学）
翟学伟（南京大学）
张　静（北京大学）
张乐天（复旦大学）
赵鼎新（浙江大学）
周大鸣（云南师范大学）
周海燕（南京大学）
周晓虹（南京大学）
周　怡（复旦大学）
Anagnost, Ann（美国华盛顿大学）
Christiansen, Flemming（德国杜伊斯堡—埃森大学）
Duara, Prasenjit（美国芝加哥大学）
Friedman, Edward（美国威斯康星大学）
Houlden, Gordon（加拿大爱尔伯特大学）
Mohanty, Manoranjan（印度德里大学）
Perry, Elizabeth（美国哈佛大学）
Spakowski, Nicola（德国弗莱堡大学）
Stafford, Charles（英国伦敦政治经济学院）
Unger, Jonathan（澳大利亚国立大学）

主编：

周晓虹　翟学伟

编辑部主任：

邓燕华　陈家建

编辑：

贺光烨
陆　远
胡　洁
许　琪
朱安新

英文编辑：

秦　晨

卷首语

作为新兴的社会科学研究领域,"中国研究"(China studies)可以看作1949年后由中华人民共和国的横空出世所引发的一种必然的学术反应。而当1978年由改革开放所引发的"第二次革命"兴起之后,这门首先发端于"西方"的学术至少在如下两个方面发生了变化:一是研究阵容不断壮大,尤其是有越来越多的中国学者加入了对生活于其间的社会的研究;二是逐渐脱离了冷战时期作为"中国观察学"所带有的实用主义倾向和意识形态的束缚,研究领域不断扩展,并在近十年以来显示出走向繁荣的迹象。

不过,考虑到"渐进式改革"所引发的自然生态与社会景观的剧烈变迁,考虑到中国社会空间固有的复杂性和多样性,我们不能不承认,作为科学的"中国研究"似乎才刚刚起步。与这个巨大有机体浓缩了19世纪、20世纪和21世纪三个世纪,凝聚了农业、工业及"后工业"三种社会的博大厚重相比,与它的庞大的人口及其散发的无尽的能量相比,与它的让人兴奋又令人困惑的矛盾性相比,现有的"中国研究"依然显得单薄、单调和单纯。从能够切近它的适当的研究方法,到足以解释它的经得住验证的理论,都仍然处于摸索阶段;从对于其制度和状况的具体描述,到对于其文化和哲学的抽象归纳,也依旧给人以支离破碎之感。

基于这种认识,我们决定出版《中国研究》。这份在中国本土编辑的以"当代中国"为研究客体的学术刊物,将成为中国学界面向全球的开放的学术园地,承担起海内外学术同仁沟通和交流的媒介作用,为促进中国研究领域的日益精进而努力。

《中国研究》将本着开放和务实的精神,坚持宏观视野和问题取向,这是它的办刊宗旨。

开放性是指它的跨学科性和综合性。《中国研究》将努力突破单一学科的局限和研究领域的禁区。政治、经济、社会、文化和环境等,都既属于它的研究范围,也成为它的研究视角。开放性同时也包括研究主体(研究者)的多样性,不同学术背景和志向的学者,只要他(她)坚守学术共同体所公认的伦理规范,就将得到同样的尊重。需要强调的是,鉴于学术界目前的状况和出于学术事业发展的考虑,我们特别鼓励和支持学术新人的艰苦劳作。

务实性是指它的实证性和经验性。《中国研究》奉行"多谈些问题,少谈些主义"的主张,希冀将重点置于中国的基层社会,从微观的问题或现实经验入手,在对许多单个领域、地域进行切实调查和深入研究的基础上,追求最终的对中国社会整体的通透认识。它当然期望博大而混沌的中国最终能产生宏大而精确的理论,但也努力避免宏大理论先行或抽象概念主导下的天马行空式的空谈。务实性还表现在鼓励朴实平易的文风和学风,倡导平和的学术批评氛围。

《中国研究》是全球中国学界展示睿智的公共空间,而不是少数编辑、学者的封闭领地。为此,我们热切希望整个中国学界的广泛参与,希望有广泛而深层的互动。同时,我们也真诚欢迎来自学术界的监督和批评。这种严肃的监督和批评是《中国研究》健康成长的重要前提。

《中国研究》编辑委员会

2005 年 5 月

目 录

特邀文稿

近代中国的群学转型及比较群理提炼
.... 田毅鹏 / 3

专题讨论
口述史

"单纯年代":国营工厂集体记忆的建构
　　——以贵州省三线建设企业为例 .... 常江潇 / 35

事件、经历与叙事:口述史的三重面向
　　——以三线建设为例 .... 董方杰 / 53

何以言商:义乌初代草根企业家的底层叙事与商业实践
.... 高玉炜 / 75

专题讨论
公共服务与社区治理

合同关系治理:社会服务供给方式选择的内在机制探析
.... 徐盈艳 / 101

何以激活政府培育的社区志愿服务力量?
　　——"第三方"行动路径的案例研究 .... 杨永娇　高　雅 / 126

城市社区居委会的权力结构及其治理能力建构
　　——基于武汉市 W 街道的案例研究 .... 石　伟 / 151

学术论文

精英"智"造：家长精英期望与家庭教育投入
.... 柳建坤 / 171

从线下到线上：社会资本对网络微公益捐赠行为影响的机制分析
.... 池上新　刘靖童　蒋乐怡　许　英 / 198

公共图书馆建设与人力资本投资效率协调发展：测度与检验
.... 高嘉诚　刘　钥　拉里萨·季塔连科 / 237

在正常与异常之间：癌症患者的康复之路
.... 涂　炯　黎子莹 / 268

景观的生产：项目试点下的乡村社区建设
——基于鄂东塘村的实地研究 .... 刘　江　张文明 / 298

随笔与评论

反思性建构：共通问题与本土概念
——读《风俗与历史观》.................... 陈芳静　凌　鹏 / 323

Table of Contents & Abstracts 337
《中国研究》稿约 348

特邀文稿

近代中国的群学转型及比较群理提炼

田毅鹏[*]

摘要:众所周知,以先秦诸子为主体的中国传统社会思想体系蕴藏着丰富的群学理论资源,早在公元纪年前即已构建起人类元典时期社会思想理论的高峰。从19世纪中叶开始,面对西方资本主义列强的侵略和挑战,古老的群学理论开始向近代转型,衍生出从戊戌群学转型发端到五四群学比较群理提炼两个重要的发展阶段。戊戌时期维新派思想家提出的"群"概念虽然深受古典群学思想的启发,但更主要的是在西方进化论思想的直接影响与刺激下产生的,其核心内涵既包括协作精神、一致性和团结感,也指作为生存竞争的现代国家的实体建设。在中国古典群学向近代转型的过程中,晚清民国思想界和学术界跨越国界、洲界的群类比较思想的展开,构成了群学转型的核心内容。思想界基于文明比较对东西文明总体特质展开提炼概括,并从群理视角对社会结构及其运行机理展开研究概括,包括群独之辨、公私之辨、新民路径等。以群学的近代转型为契机所展开的群类比较,为我们深入理解近代中国群学理论的产生及其理论建构提供了不可替代的重要启示。

关键词:近代中国 群学转型 进化论 群理提炼

---

[*] 田毅鹏(tianyp@jlu.edu.cn),吉林大学哲学社会学院教授。

一、近代中国"群学转型"释义

(一) 古典群学的发生

谈近代中国的群学转型问题,首先必须对古典群学的生成及其特质展开必要的考察。众所周知,中国是一个富有社会思想传统的国度,早在春秋战国时期的思想元典时代,包括儒道墨法在内的诸子百家构建的社会思想及其学说即已形成庞大的思想体系。在诸子当中,荀子作为战国晚期百科全书式的思想家,其突出贡献在于提出了"群""分"等重要概念,他所深度追问的问题在于明天人之分,将社会分析的目光指向具体的有血有肉的真实的人,并指出:"(人)力不若牛,走不若马,而牛马为用,何也?曰:人能群,彼不能群也。人何以能群?曰:分。分何以能行?曰:义。故义以分则和,和则一,一则多力,多力则强,强则胜物;故宫室可得而居也。"(《荀子·王制》)正是围绕着"群"的概念,荀子构建起以隆礼重法为核心的古典群学。"荀子第一个较为完整地提出了关于社会构成的基本观点,强调'能群'是人类社会的主要特点,也是人类作为一种社会动物的重要标志。"(陈树德,1988)有学者曾从社会儒学的研究视角,从生活儒学角度对荀子群学的内涵做出四个方面的概括,即人而能群的社会本质论、能难兼技的社会分工论、群居和一的社会理想论和明分使群的社会治理论(涂可国,2016)。社会学者更是提出:"中国社会学之'源',是以荀子'群学'为代表的本土社会学传统资源。它是以墨子'劳动'('强力''从事')概念为逻辑起点,以荀子'群'概念为核心,以儒家'民本'概念为要旨,以礼义制度、规范和秩序为骨架,以'修齐治平'为功用,兼纳儒墨道法等各家之社会范畴,所构成的中国社会学'早熟'(早期)形态。"(景天魁,2015)值得注意的是,荀子的儒学在战国晚期以及秦汉时期产生了重要影响,但进入魏晋尤其是唐宋理学出现后,荀学便走向了式微。虽然如此,这并不影响以秩序情节为主旨的中国传统群学思想格局的形成。以群学作为主线审视中国古典群学的发展线索,有学者将其划分为:群学制度化阶段,即群学从荀子创立的元典形态到秦汉时期制度化形态的演进;群学民间化阶段,即随着唐宋礼制下移而出现的群学深入扎根民间的过程;群学心性化阶段,即明清时期出现的陆王心学,以及民间出现的强调个人意识、平等观念、对抗礼教等带有启蒙色彩的思想潮流。可见,以儒道诸子思想为原典,历经秦汉魏晋、唐宋明清,群学成为中国古典社会理论的基本形态,对中国及东亚其他国家的社会思想构建产生了深远的影响。

(二)近代民族危机背景下的群学转型

如果我们将古典群学视为前工业时代植根于农耕社会中的社会思想及理论,那么我们在这里所提出的"群学转型"则主要是在19世纪初期揭开序幕的人类文明近代转型的背景下提出的。自16世纪初发轫的西势东渐的浪潮,冲击着中华文明的海岸。同时,中国传统封建社会经过秦汉、唐宋、明清的发展,业已进入向近代转型的关键阶段。正是从此时期开始,中国社会精英人物逐渐意识到中国社会所面临的多重严重危机:其一是中国传统封建社会晚期由社会内部新旧力量矛盾冲突所引发的社会危机;其二是由西方资本主义列强东侵所带来的民族生存发展的危机,形成了强劲的危机意识,引发了救亡图存运动,构成了此后150年中国历史发展变迁和群学转型的主线。

在此背景下兴起的群学转型主要包括两个方面的内涵:

其一,在中国步入现代社会变革的前夕,思想界对以荀子为代表的诸子群学思想进行的重新认识。"先秦诸子学在近千年间一直受到冷落,但在清乾嘉以后,尤其是19世纪中后期复兴思潮逐渐高涨,这与当时的儒学危机、文化保守主义以及西学的涌入有密切关系。"(郑义风,1996)乾嘉时期的荀学研究,由理欲之辩发端,经性恶论之倡导,"伪"字之重释,终于落实到复礼论。至此,荀子学说的核心——性恶说和制礼节欲理论——均被乾嘉学者做了新的解释和发挥,这标志着荀学的全面复兴。作为中国思想文化史上一个重要的环节,乾嘉荀学复兴的价值在于:首先,乾嘉荀学复兴动摇了长期以来占统治地位的宋明理学的根基;其次,乾嘉荀学复兴艰难而缓慢地开辟着中国走向近代的道路(杨琥,2022:311—312)。

其二,自19世纪中叶以来,面对西方资本主义列强的侵略挑战,先进的中国人通过对外部世界的重新认识和观察,确立起新的世界秩序观。具体言之,以19世纪中叶鸦片战争爆发为标志,西方资本主义文明的产生及全球性扩张行动,使得人类从此告别了文明孤立发展状态,步入了一个以相互依存为特征的一体化时代。它使得"一切国家的生产和消费都成为世界性的了……过去那种地方的和民族的自给自足和闭关自守状态被各民族的各方面的互相往来和各方面的互相依赖所代替了"(马克思、恩格斯,1995:276)。正是在上述社会剧烈变迁的基础上,中国社会实现了由传统向现代的根本性变动和转型。戊戌时期发端的群学实践运动则将群学转型推向了高潮,以进化论为主线的西方思潮成为直接促成群学转型理论构建的关键。早在1891年,康有为即在广州万木草堂讲群学。1896年,谭嗣同在《仁学》中首次使用"社会学"概念。但真正从理论和学术高度推出具有学理意义的社会学概念的还应首推严复的《群学肄言》。在系列推出的严译名著中,严复借用荀子"群"的观念,指出天演之变,将使能群者存,不群者灭,善群者存,不善群者灭。他曾给"群学"下过一个定义:"群学何?用科学之律令,察民群之变端,以明既往测方来也。"(严复,1986a:123)又说:"斯宾塞号其学曰'群学',犹荀卿言人之贵于禽兽者,以其能群也,故曰群学。"(严复,1986b:16)可见,作为西方社会学早期的传入者,严复提出"群学"概念,试图通过扎进中国元典时期的社会思想,来对应性地化解舶自西方的社会概念,努力将中西思想融会贯通,实现创造性转化。此时期"群"的核心含义包括"团结一致的协作精神""近代国家公民对他的同胞怀有一种强烈的团结感",以及"组织公民社团的能力"等内容(张灏,1997:110)。在甲午战后民族危机日益深重的背景之下,维新派思想家提出了群学转型,推进了变法维新中群学共题现象的实现。

总之,与以荀子为代表的古代诸子群学思想体系构建不同,只有将近代中国的群学转型置于19世纪中叶以来深重的民族危机背景之下,将"群"的概念放到一个近代世界文明竞争的体系当中,才能获得基本的理解。毫无疑问,中国传统社会思想体系中蕴藏有丰富的群学理论资源,这对受过系统儒学教育的戊戌时期思想家们当然会产生很大影响。但值得注意的是,此时期包括严复、康有为、梁启超等维新派思想家提出的"群"的概念,虽然受到古代群学思想的影响,但更为主要的是在西方进化论思想的直接影响刺激下产生的。值得注意的是,在此历史时期,诞生于先秦时期的以诸子百家思想为理论表征的古代群学理论开始发生主动的调适和重组。同时,起源于欧美的社会学大约从19世纪晚期开始也陆续传入中国。当时,作为社会学的发源地,欧洲社会学实际上也仅仅诞生几十载,尚未完成学科化任务。但刚刚诞生的社会学却体现出人类由传统向现代转型过渡进程中诸多复杂的面相及发展趋向,使得当时的学科发展虽然还不甚完善,却表现出超乎寻常的影响力和传播力。在此种背景条件下,西方社会学传入中国,注定会与中国传统群学发生密切的互动和交融,从而引发一系列具有特殊意义的交往碰撞和多重回应,书写出群学转型的历史。

二、近代中国群学转型的初始形态

(一)群学转型的初始理论形态构建

1. 社会进化论与19世纪末期群学思想的登场

从历史上看,近代中国的群学转型主要是借助进化论的理论体系发生的。以严复为代表的戊戌思想家试图通过对进化论的中国式解读,并将进化论的思想和观念置于19世纪中叶以来中国所面临的数千年未有之变局的特定场景之下,将民族种群的存在与发展放到进化论的思想谱系当中加以理解。由此,社会进化论与社会变迁思想成为19世纪90年代晚期群学转型过程中的核心主题。

甲午战后,面对日益严重的民族危机和顽固派"天不变道亦不变"的保守命题,维新思想家挖掘中国传统思想中"变易"的理论资源,同时努力引进西学中的进化论思想,系统而全面地展开了其社会进化与社会变迁思想,为维新变法提供了理论基础,也为古典群学思想的近代转型提供了思想前提。在此方面最具代表性的思想家是严复、康有为和梁启超。

从戊戌群学理论体系建构的过程及内容看,严复主要是通过引入西方进化论来展开其群学论和社会变迁理论论证的。"达尔文者,英之讲动植之学者也……垂数十年而著一书曰《物种探源》……其一篇曰《物竞》,又其一曰《天择》。物竞者,物争自存也。天择者,存其宜种也。意谓民物于世,樊然并生,同食天地自然之利矣,然与接为构(碰到一起就互相斗争),民民物物,各争有以自存。其始也种与种争,群与群争,弱者常为强肉,愚者常为智役。"(严复,1986b:16)在严复看来,"天演"是一个自然变迁的过程,"一气之理,物自为变。以近世学者所谓天演也"(严复,1986c:1106)。严复借用荀子"群"的观念,指出"天演之变,将使能群者存,不群者灭,善群者存,不善群者灭"(赫胥黎,1981:45)。"早夜孜孜,合同志之力,谋所以转祸为福,因害为利。"他说:"不能群则不胜物,不胜物则养不足。群而不足,争心将作。"(赫胥黎,1981:32)"所谓群者,固积人而成者也。不精于其分,则末由见于其全。且一群一国之成立也,其间体用功能,实无异于生物之一体,大小虽殊,而官治相准。"(严复,1986b:6—7)严复在《天演论·导言十四恕败》中指出:"群之所以不涣,由人心之有天良。天良生于善相感,其端孕于至微,而效终于极巨,此至谓治化。治化者,天演之事也。其用在厚人类之生,大其与物为竞之能,以自全于天行酷烈之际。故治化虽原出于天,而不得谓其不与天行相反也。自礼刑之用,皆所释憾而平争。故治化进而天行消,即治化进而自营减。"(严复,1986d:1348)

梁启超在理论上几乎全盘接受了西方进化论思想,试图通过将进化主义设定为公理和赋予其普遍价值,建构起以"合群"为主要目标的社会理论体系,其群学思想中渗透着浓重的社会达尔文主义色调,以至于有些学者认为,梁启超堪称近代中国思想界"社会达尔文主义"最具代表性的人物(王中江,2002)。其中国社会论即是在解读西方文化、阐发"群理"的过程中加以展开的。他说:"凡世界中具有二种力,一曰吸力,二曰拒力。惟彼二力在世界中不增不减,迭为正负。此增则彼减,彼正则此负。于是乎有能群者必有不能群者。有群之力甚大者,必有群之力甚轻者。则不能群者必为能群者所摧坏。力轻者必为力大者所兼并。"(梁启超,1989a:5)"欲灭人之国者,灭其国之群可矣。使上下不相通,彼此不相恤。虽天府之壤可立亡矣。"(梁启超,1989a:6)在他看来,人类社会的形成,实际上就是"合群""固群""强群"的过程,一个高级的、先进的文明"群力"甚大,而落后民族的"群力"则甚弱——民族"群力"的丧失意味着社会的解体和民族的沦丧。因此,欲从根本上诊治中国社会一盘散沙的病症,舍增强民族群力之外无他途。

2. 激活传统儒学中的群学要素以建构群学理论体系

与严复相比,戊戌时期的康有为则主要通过汲取中国传统社会变革思想资源,来论证其群理变动和社会变革的必然性。在系统接受西方进化论思想之前,康有为的社会变迁思想主要是从中国古代传统的今文经学中演绎出来的。他认为世界的本体为"元"。"元者,气也。""凡物皆始于气,既有气,然后有理,生人生物者气也。""有气即有阴阳,其热者为阳,冻者为阴。"(张启祯、周小辉,2017:41)在他看来,事物内部的矛盾是其变化的动力,天下万物都具有阴阳,正是这种对立面之间的竞争,构成了事物发展的动力。

"夫天,不变者也,然朝夕之晷,无刻不变矣。况昼夜之显有明晦,冬夏之显有寒暑乎?如使天有昼而无夜,有夏而无冬,万物何从而生?故天惟能变通而后万物成焉……夫天久而不弊者,为能变也。""地,不变者也,然沧海可以成田,平陆可以为湖,火山忽流,川水忽涸,故至变者莫如地。夫地久而不弊者,为能变也。夫以天地,不变且不能久,而况于人乎?""故千年一大变,百年一中变,十年一小变。三代之文明不得不变太古,秦、汉之郡县不得不变三代,此千年之大变者也。"(康有为,2007a:30)

据此,他明确提出自然界和人类社会是不断变易发展的,"变者,天道也",无论是自然界的寒暑更替、沧海桑田,还是人类的由童幼到壮老,都是"变易进化"的,"变"是自然和人类进化的一种普遍现象。由此,学界普遍认为,戊戌时期康有为论证人类社会群理的思想来源,主要不是包括社会学在内的西方社会科学,他所讲授的不过是传统典籍中敬业乐群、会友辅仁等主张,后来受到西方政治学说的启发,才发展成为合群立会的政治思想(姚纯安,2003)。在论证"人性尚群"的命题时,他着力阐述:"人道尚群,必亲其党。人不能离群独处,无在不与人交,无处不与人偶。与人交偶,相亲相爱,则人道成;相恶相杀,则人道息。群,合众也。人不能不与人交接和会,故宜合群,以大同人。朋,群也……恶独而贵朋,所以合乎群。合小群不如合大群。"(冯鹏志,2021:215)可见,在康有为看来,合群的原动力来源于孔子"仁学",是仁民爱物原则的必然产物。故康有为堪称中国近代思想史上较早通过对中国传统资源的阐发,论证社会变迁必然性的思想家。

(二) 开学会:群学初期实践形态的推进

我们之所以将戊戌时期作为近代中国群学转型的标志性时期,除了其群学理论体系的变革之外,还因为在此时期的中国出现了非常活跃的结群社会实践活动,构成了群学转型具有标志性意义的实践初始形态。戊戌时期的思想家不仅提出和建构了群学理论,而且在变法维新实践中通过开学会等方式努力将其付诸实践。他们认为,学会是现代社会最为重要的结群方式,开学会可以使社会增添群力,在弱肉强食的竞争环境中得以生存并走向富强。正是在这一意义上,学术界认为,"维新派的群学理论已显示出现代团体学说的基本原理,并以此指导自己的团体活动,开启了中国人自建现代团体的先河,亦对当时和以后现代性团体的发展产生了重大影响"(张玉法,2018:141)。

其一,开学会何以能合大群?

检视戊戌维新思想家的笔墨,我们可以发现,开学会不是维新派一般性的选择和随机行动,而是其群学理论体系内最具核心意义的内容。在维新思想家眼里,作为人类结群的一种方式,开学会既可以借助群智明理,也可以通过学会凝聚社会力量,实施其社会改造方案。此外,"对急于求变的知识分子来说,上书皇帝的管道不通,保守的势力弥漫于朝野,不如结合群力,从事研究富强之学,从事教育社会大众,从事宣传学术与政治理念,此为学会勃兴的一种原因。对一般知识分子来说,能为国家社会所做之事,不过搜集图书仪器从事研究,译书写书以传播知识,讲学办报以教育大众并开通风气,此为学会勃兴的另一种原因"(张玉法,2018:306)。戊戌维新思想家在论证通过开学会增强群力的问题时,往往是以欧美国家为参照进行的。在他们看来,欧美列强之所以能够走向富强,主要是因为其国内学会活跃,群力强大。例如,康有为在《上海强学会章程》中即云:"西国每讲一种学术,必有专会,会中无书不备,无器不储,即僻居散处,亦得购书阅报,以广观摩。故士有专业而才日以成,国资其用而势日以盛。"(康有为,1990a:196)1898年春,康有为在《日本书目志》中也在介绍社会学有关书籍的同时提出:"善合其会则强,不善合其会则弱。泰西之自强,非其国能为之也,皆其社会为之也。"(康有为,1990b:335)

其二,如何通过开学会实现合群?

戊戌时期由维新派主持的学会活动非常活跃。从数量上看,"戊戌时期成立的学会,共68个。依成立年代分,1895年5个,1896年3个,1897年21个,1898年37个"(张玉法,2018:307)。从学会的类型看,戊戌时期的学会大体上可以分为以下几种:其一是具有全国影响力的,如强学会、保国会一类,这类会以学为号召,政治性强,已具政党雏形;其二是地区性的,如南学会、苏学会、蜀学会、粤学会一类,这类学会较多,其中湖南的南学会在省城设总会,各府县设分会,既讲学也议政,已带地方议院色彩;其三是以探讨专门学问为旨趣的,如湖南的地学公会,北京的经济学会,上海的农学会、算学会、医学善会、译书公社一类;其四是以昌明孔学相标榜的,如广西的圣学会、湖南的校经学会、陕西的味经学会、贵州的仁学会一类;其五为社会性较强的,如上海、湖南、广东、福建等地设立的戒缠足会或天足会,以及各地的戒鸦片烟会一类(陈旭麓,1984)。上述学会的开设和成立,对于沟通官方与民间、集合众议,达成上下一心、群策群力,具有重要的意义。正如谭嗣同所言:"凡会悉以其地之绅士领之……官欲举某事、兴某学,先与学会议之,议定而后行。议不合,择其说多者从之。民欲举某事、兴某学,先上于分学会,分学会上总学会,总学会则可行之。官询察疾苦,虽远弗阂也;民陈诉利病,虽微弗遏也,一以关捩于学会焉。有大事则上下一心,合群策群力以举之……于是无议院之名而有议院之实。"(谭嗣同,1981:438)

其三,戊戌时期结群行动的影响及评价。

作为戊戌时期群学近代转型过程中最为精彩的一幕,维新变法过程中从京师到地方纷繁复杂的开学会政治社会实践,在历史上产生了深远的社会影响。从理论上看,作为群学转型过程中的重要环节,维新派的开学会组织实践不是一般性的结社行动,而是将群学理论纳入国家民族救亡图存特定社会历史背景之下,建构起新的群学理论体系,基于进化论和中国古代的群学思想,实现了古典群学理论的近代转型。正如有学者指出的:"照严复加以中西结合后的开创性发挥,'群'被解释为人类普遍存在的基本现象,社会是以特定规约联结起来的群,最大的社会就是国家;社会的生存关键在于组织和竞争。"(徐新建,2015)梁启超也对开学会的功能做出了极为清晰的解说:"今夫躯万也,心万也,力万也,位望万也,执业万也,虽欲一之,孰从而一之?吾乃远稽之三代,乃博观于泰西,彼其有国也,必有会。君于是焉会,官于是焉会,士于是焉会,民于是焉会,旦旦而讲之,昔昔而摩厉之,虽天下之大,万物之多,而惟强吾国之知。夫能齐万而为一者,舍学会其曷从于斯!"(梁启超,1989b:64)从实践上看,"维新派的群学理论已显示出现代团体学说的基本原理,并以此指导自己的团体活动,开启了中国人自建现代团体的先河,亦对当时和以后现代性团体的发展产生了重大影响"(虞和平,2018:141)。

三、 群学转型视域下比较群理之提炼

作为对西方社会科学学术理论引进所引发的直接成果,近代中国群学转型的具体推进及其具有中国本土化特色的交融过程,值得我们认真地加以总结和反思。值得注意的是,近代中国的群学转型是在西方资本主义列强侵略扩张的背景下展开的,面对来自外部的严峻挑战,其思想理论展开的理路基本上是循着比较研究的模式向前推进的。群学思想家和研究者从群理视角对"群独之别""公私之辩""东西文明优劣"等话题展开系统研究,试图对中国社会结构及其运行机理展开研究,从而在清末民初中国群学理论转型进程中留下浓重的一笔。

(一) 群独之别

在中国传统群学思想体系中,"群"主要是依托于家族本位形成和展开的,是儒学德性教化得以实现的基本单元。在漫长的相对封闭的农业文明

时代,华夏文明居于东亚文明中心的位置。在当时的历史条件下,基本上不存在作为华夏文明对置面的高势能异文化"群"。而到近代,以西力东侵为契机,在民族危机日益严重的背景下,清末民初的社会思想家开始将"群"的概念纳入世界竞争的大系中,系统论证了"群"的含义及价值,认为在西方列强坚船利炮的冲击下,中国之所以陷于失败,主要是因为"群力"不强。而群力之所以陷于严重弱化状态,主要是因为群的内聚力不强。正是在这一意义上,由群的内部结构而衍生出来的"群"与"独"的问题便被置于非常重要的地位。

(1) 从群独关系、小群与大群关系的角度阐述强调合群的重要性。"今夫千万人群而成国,亿兆京垓人群而成天下,所以有此国与天下者,则岂不以能群乎哉?以群术治群,群乃成;以独术治群,群乃败。己群之败它群之利也。何谓独术?人人皆知有己,不知有天下。君私其府,官私其爵,农私其畴,工私其业,商私其价,身私其利,家私其肥,宗私其族,族私其姓,乡私其土,党私其里,师私其教,士私其学,以故为民四万万,则为国亦四万万,夫是之谓无国,善治国者,知君之与民,同为一群之中之一人,因以知夫一群之中所以然之理,所常行之事,使其群合而不离,萃而不涣,夫是之谓群术。"(梁启超,1989a:4)与群相对立的是所谓"独":"道莫善于群,莫不善于独。独故塞,塞故愚,愚故弱;群故通,通故智,智故强。"(梁启超,1999a:26)"合群云者,合多数之独而成群也。吾中国谓之为无群乎?彼固庞然四百兆人经数千年聚族而居者也。不宁惟是,其地方自治之发达为颇早,各省中所含小群无数也。同业联盟之组织颇密,四民中所含小群无数也。然终不免一盘散沙之诮者,则以无合群之德故也。合群之德者,以一身对于一群,常肯绌身而就群;以小群对于大群,常肯绌小群而就大群。夫然后能合内部固有之群,以敌外部来侵之群。乃我中国之现状,则有异于是矣。"(梁启超,1989c:44)

(2) 制约群的形成发展及强弱最重要的因素在于"群力"。值得注意的是,康有为吸收了荀子的群论,但在关于"合群"的思想方面却存在重大差异,主要表现在对合群中"分"的认识上。荀子强调以"合群"来适应加强人类的力量,通过"分"使群体达到一种秩序,从而实现群真正意义上的整合。而在康有为看来,人类既已开始对"实理公法"有所理解,因此要解放人性,而"人人皆有自主之权"和平等是"合群"的基础,只有基于这样的理解,"合群"才是一种自由且对彼此有益的关系。在这一点上,可以很清楚地发现,康有为的"群"观念吸纳了一些西方社会契约论思想(蒋孝军,2015:99)。"大地上,一大会而已。会大群,谓之国;会小群,谓之公司,谓之社会。社会之学,统合大小群而发其酙合之条理,故无大群、小群,善合其会则强,不善合其会则弱。"(康有为,2007b:335)"欧洲所谓文明之国,其所以保人权者约有二端,一曰参政权,一曰自治权。欲予民以参政权,非改立宪法不可;欲予民以自治权,非扩充商会不可。今中国之所以受外侮者,以无治外法权也。欲收治外法权,必自立宪法始。今中国之所以不能胜欧者,不能合大群也。欲合大群,必自开商会始。是二者,又不惟自立,且可对外也,可缓为哉?"(李细珠,2018:439)

(3) 对"独"的辨析和区分。在强调合群的过程中,维新思想家对"独"的内涵也展开了较为细致的辨析。梁启超区分了两种"独":一种是"皆知有己,不知有天下"的狭隘之独,此种"独"只能使群走向衰败;另一种是具有独立追求和自我的"独"。"独立者何? 不倚赖他力,而常昂然独往独来于世界者也。《中庸》所谓中立而不倚,是其义也。人之所以异于禽兽者以此,文明人所以异于野蛮者以此。""曰独立之反面,依赖也,非合群也;合群之反面,营私也,非独立也。"(梁启超,1989c:45)要想使群体中之每一个体都具有独立人格,就必须通过"个人改革"等方式来提升群力。"吾侪治疗社会疾病之方法,有广狭二义。狭义维何? 即保守自己之一分子,不受疾病之传染是也……使社会各个人,多能遵循斯旨,以身为位,力行不急,虽侥幸之分子与希图侥幸而陷于悲惨扰乱者,未必能遽绝迹,然社会之疾病,固未尝不可杀其大半也。"(杜亚泉,1913)其具体推进措施主要表现在:"其一曰卫生,使身体全健,机官发达,于体格上得成为个人……其二曰养心,使知情意各方面调和圆满,于精神上成为个人……其三曰储能。大之如文事武备,小之如应对洒扫,凡属普应用者,皆当习之;于学理上之研究以外,尤当为实地之试验……其四曰耐劳。人生斯世,一日不食则饮,一日不衣则寒,每日得衣得食,则每日必出若干之劳力以为酬。故除老幼以外,无论何人,当随其年龄职业,日治事以六时至八时为率,方为不虚生于世……以上四者,为个人对于自己之个人上,所立之标准。至其对于家庭对于国家

对于社会之标准,则非本论范围所及,不复赘述。"(杜亚泉,1914)

(二) 公私之辩

从公私观念视角审视中国社会的重要特质,开始于19世纪80年代。美国传教士明恩溥在《中国人的特性》一书中最早提出中国人"有私无公"命题(明恩溥,1998:95),由此揭开了从公私关系视角透视和评价中国社会及其文化的序幕。在近代群学转型的进程中,公私观念作为中国社会文化反思的重要视角出现在群学话语构建的体系中。

(1) 对中国传统社会公私结构颠倒问题的批判。中国社会中的公私问题与君主专制政体的诸多弊端有着密切的关联。秦以后的历代君主以国家为其"一姓之私产,于是凡百经营,凡百措置,皆为保护己之私产而设"(梁启超,1989d:28)。在此前提下,虽然封建统治者将其王朝称为"公门""公家",但实际上是以一己之私来冒天下之公,在专制王权体制下,"其间稍有公论者,则犯颜死谏之臣时或表彰之是已。虽然,然所谓敢谏者,亦大率为一姓私事十之九,而为国民公义者十之一"(梁启超,1989e:28)。"曩者帝制未改,视国家为一姓一人之私产,蚩蚩之氓,仅有乡土之感情,无国家之观念。"(杜亚泉,2014:187)公私关系的严重错位,使得中国社会变得散漫而无凝聚力,"公共观念至薄弱,曾不知团体之利害即己身之利害。故于欧人所谓自治之条理,未尝梦睹"(梁启超,1989f:44)。对于普通人民,"不可不高其智德,优其待遇,与以公权,试以自治,变一姓一人私有之国家,为全体国民公有之国家,而后能合全国之心思才力,以捍卫国家之患难,谋国家之发达……乘此列强多事之秋,整理内治,力促宪政之成功,以顺舆情而固国本"(杜亚泉,2014:188)。

(2) 家国关系错乱与公私观念颠倒。中国传统社会虽然家族伦理高度发达,但其社会伦理和国家伦理则极不完备。"(中国的)旧伦理之分类,曰君臣,曰父子,曰兄弟,曰夫妇,曰朋友。新伦理之分类,曰家族伦理,曰社会伦理,曰国家伦理。旧伦理所重者,一私人对于一私人之事也。新伦理所重者,则一私人对于一团体之事也。""以新伦理之分类归纳旧伦理,则关于家族伦理者三:父子也,兄弟也,夫妇也。关于社会伦理者一,朋友也。

关于国家伦理者一,君臣也。然朋友一伦决不足以尽社会伦理。君臣一伦尤不足以尽国家伦理。""夫人必备此三伦理之义务,然后人格乃成。若中国之五伦,则惟于家族伦理稍为完整,至社会、国家伦理不备,滋多缺憾之,必当补者也。"(梁启超,1989g:12—13)可见,在儒家的五伦中,家族伦理畸形发展而国家伦理却存在缺位的弊端,使得中国民间百姓知家族而不知国家,造成了国与家的分离。"(中国的乡村)一族有一族之自治,一乡有一乡之自治,一堡有一堡之自治。"(梁启超,1989h:49)因为"中国之地太大,人太众,历代君相,皆苟且小就,无大略,不能尽力民事,其于民仅羁縻勿绝,听其自生自养而已……故以实情论之,一国之内,实含有无数小国……夫政府民人,痛痒不关,爱国之心,因以薄弱"(梁启超,1989h:49)。可见,这种家族至上主义,压抑了社会成员的个性,养成了所谓主奴根性和自私自利的旁观者心态,使得中国人缺少超越家族之外的凝聚力,遂导致中国社会呈现出严重的涣散性。

康有为则从比较视角对中国传统社会的公共性孱弱提出批评,指出:"人各私其家,则不能多得公费以多养医生,以求人之健康,而疾病者多,人种不善。""人各私其家,则无以以私产归公产,无从公养全世界之人而多贫穷困苦之人。""人各私其家,则不能多抽公费而办公益,以举行育婴、慈幼、养老、恤贫诸事。""人各私其家,则不能多得公费而治道路、桥梁、山川、宫室,以求人生居处之乐。"(康有为,2007c:91)故:"就收族之道,则西不如中,就博遍之广,则中不如西。是二道者果孰愈乎?夫行仁者,小不如大,狭不如广;以是决之,则中国长于自殖其种,自亲其亲,然于行仁狭矣,不如欧美之广大矣。"(康有为,2007c:81)五四初期,李大钊以西方文明为"现代"的模板,以东方文明为"传统"的样本,在相互之间的关联比较当中,对包括中国在内的"东方文明"发展的迟缓性进行激烈的批判,为其对中国传统社会进行的根本性改造提供前提。1919年10月26日,李大钊发表《东西村落生活的异点》一文,提出:"有人从美国来说,美国的村落生活,有三个东西是不可少的,就是图书馆、邮局、礼拜堂。我们家乡的村落生活,也有三样东西是必不可少的,乃是子曰铺、鸦片馆、庙宇。"(李大钊,1999:352)同年12月21日,他又在《互助》一文中批判中国百姓缺乏公共意识和互助精神:"中国乡村里多悬着'守望相助'的旗子,路上推的那一轮车上,也常贴着那'借光二哥'的纸条。这都是'互助'的精神,可惜他只在旗子上和车子上罢了!"(李大钊,1984:173)在李大钊看来,以大家族制度为基础构造的中国传统社会一切以家族为中心,缺少现代公共意识和国家意识,必须进行彻底的改造。应该承认,此时期的思想界对中国社会的认识尚处于较为初级的阶段,表现在其对中国社会特质的分析主要还是通过一些宏观特征的比较分析展开的,还没有进入深度的专题研究阶段,但其分析研究为此后国内外学界的中国社会分析提供了重要的基础性条件。

(三) 新民说

在群学批判论充分展开的前提下,以开民智与增群力为主旨的新民理论被提出,并提升到国民性改造的高度。从戊戌维新到五四新文化运动的思想启蒙,都是以新民和国民性改造为核心主题的。

(1) 新民为国家富强之紧急要务。在日益高涨的戊戌变法维新进程中,无论是从传统儒家思想中的重民思想出发,还是循着西方进化论的思想逻辑,维新思想家都必然将"鼓民力""开民智""新民德"等国民性的改造问题置于空前重要的位置上,并将其与救亡图存的政治运动紧密地结合在一起。在国贫民弱的形势下,欲使中国走向富强,必须首先创造新民:"夫所谓富强云者,质而言之,不外利民云尔。然政欲利民,必自民各能自利始。民各能自利,又必自皆得自由始。欲听其皆得自由,尤必自其各能自治始,反是且乱。顾彼民之能自治而自由者,皆其力、其智,其德诚优者也。"(严复,1986e:27)在维新派看来,决定国家民族盛衰的因素虽然很多,但最具终极意义的要素就是国民的素质。"民主者,法制之极盛也。使五洲而有郅治之一日,其民主乎?虽然,其制有至难用者。何则?斯民之智、德、力常不逮此制也。"(严复,1981a:158)但现实中的民智情况却不容乐观:"然则战败又乌足悲哉!所可悲者,民智之已下,民德之已衰,与民气之已困耳。"(严复,1986b:9)"今夫民智已下矣,民德已衰矣,民力已困矣。有一二人焉,谓能旦暮为之,无是理也。何则? 有一倡而无群和也。是故虽有善政,莫之能行。善政如草木,置其地而能发生滋大者,必其天地人三者与之合也,否则立槁而已。"(严复,1986b:13)

（2）对新民理论的学理论证。维新思想家主张新民应从国民总体和个体两个方面加以展开。他们认为，所谓"新民"，首先是作为国民总体上的任务。"凡物性质，视其质点之何如，自人为团体至于天生动植乃及人群莫不如此。是故，欲覘其国，先观其民，此定例也。"（严复，1981b：38）只有提高人民德、智、体三方面的基本素质，才能提高人民的自治能力，从而使国家走向富强。同时，个体国民素质也极其重要，因为："一私人而无所私有之德性，则群此百千万亿之私人，而必不能成公有之德性……一私人对于一私人之交涉而不忠，而欲其忠于团体，无有是处……故欲铸国民，必以培养个人之私德为第一义。"（梁启超，1989g：29）

（3）新民路径之选择。在新民路径选择的问题上，维新思想家提出"鼓民力""开民智""新民德"的救国自强三要政，指出："盖生民之大要三，而强弱存亡莫视此：一曰血气体力之强，二曰聪明智虑之强，三曰德行仁义之强。是以西洋观化言治之家，莫不以民力、民智、民德三者断民种之高下，未有三者备而民生不优，亦未有三者备而国威不奋者也。"（严复，1986e：18）又曰："国之强弱贫富治乱者，其民智、民力，民德三者之征验也，必三者既立而后其政法从之。"（严复，1986e：25）严复也指出："则及今而图自强，非标本并治焉，固不可也。不为其标，则无以救目前之溃败；不为其本，则虽治其标，而不久亦将自废。标者何？收大权、练军实，如俄国所为是已。至于其本，则亦于民智、民力、民德三者加之意而已。果使民智日开，民力日奋，民德日和，则上虽不治其标，而标将自立。"（严复，1986b：14）维新思想家还特别强调"群"对于新民的重要性："道莫善于群，莫不善于独。独故塞，塞故愚，愚故弱；群故通，通故智，智故强。星地相吸而成世界，质点相切而成形体。数人群而成家，千百人群而成族，亿万人群而成国，兆京陔秭壤人群而成天下。无群焉，曰鳏寡孤独，是谓无告之民。"（梁启超，1989i：31）

总之，晚清以降，伴随着社会学传入中国，"群"这一概念开始成为中国思想界所使用的核心热词。戊戌时期，康有为、梁启超、严复等人都大力提倡群学，并以此来探讨国家强弱盛衰之理。在他们看来，只有"群力"强的民族才是强大的。戊戌时期思想界围绕群学而展开的论辩，形成了中国近代思想史上罕见的"群学共题"奇观，为古典群学的近代转型准备了思想基础和学术条件。

（四）东西文明比较论

进入20世纪第一个十年，伴随着中西社会、文化交往的进一步深化，中国思想界和知识界对中西社会群类的比较研究也开始走向深化。五四运动前后中国思想界以《青年杂志》和《东方杂志》为平台，围绕东方文化与西方文化特点、性质及其相互关系问题展开了思想学术论辩，此场论争始于1915年，迄于1930年代前，是五四新文化运动的重要组成部分。从群学转型的角度看，一些著名的思想家和政治家在其论著中，提出了一系列中西文明类群比较的重要命题，从群理的高度对中西文化展开比较，主要涉及"东西文化之优劣""东西文化是否可以调和互补""文化三路向"等重要主题。这种从群理构成高度来认识东西社会异同的观点，虽然容易因其话语过于宏观而流于空泛，但作为西方列强东侵70余年后，对东西文明展开宏观比较思考，还是具有特殊意义，在很大程度上推进了中国群学的近代转型与发展，而且，此种思潮在整个民国时期得到了持续性发展。

1. 关于"东西文明之优劣"

五四时期东西文化论战中的主题是东西文明比较。虽然各方论争的观点带有一定的抽象性和学理性，但其目标却是具体明确的。论战中各位思想者所提炼出来的诸多文明比较命题将国人对东西文化社会的认识提升到一个新的理论层次和历史高度，其所提炼出来的诸多合群、乐群、能群等"群理"也构成了群学转型的重要组成部分，当时最具影响力的群理命题应首推关于"东西文明之优劣"的比较。

对东西社会群类异同及文化优劣的比较，是由对中国传统思想文化的批判反思揭开序幕的。1915年12月，陈独秀率先发表《东西民族根本思想之差异》，认为中西社会的不同，不仅仅是轮船、火车、飞机等器物层面的差异，而且在思想层面上存在根本之差异。"世界民族多矣：以人种言，略分黄白；以地理言，略分东西两洋。东西洋民族不同，而根本思想亦各成一系。"（陈独秀，1987：28）具体概括起来说，主要表现在：西洋民族以战争为本位,东洋民族以安息为本位;西洋民族以个人为本位,东洋民族以家族为本位;西洋民族以法治为本位,以实利为本位,东洋民族以感情为本位,以虚文为本位(陈独秀,1987:28—32)。可见,陈独秀站在肯定西方文化和现代化的立场上对中国传统文化展开批判,他希望通过文化反思来实现启蒙救国。

1917年4月,李大钊发表了《动的生活与静的生活》一文,认为"东方文明之特质,全为静的;西方文明之特质,全为动的"(李大钊,2006a:96),表明了他对东西文化的基本看法。不久,李大钊又发表了《东西文明根本之异点》一文,进一步阐述了东西文化差异形成的原因与各种表现等问题。关于两种文化差异的来源,李大钊指出:"东西文明有根本不同之点,即东洋文明主静,西洋文明主动是也,溯诸人类生活史,而求其原因,殆可谓为基于自然之影响。"(李大钊,2006b:211)他认为,由于山脉的阻隔,人类祖先的分布移动,就形成两大系统:中国、日本、印度等国为南道文明,或可称为东洋文明;法兰西、意大利、英吉利等国为北道文明,或可称为西洋文明。由于地理位置不同,这两种文明表现出明显的差异:一为自然的,一为人为的;一为安息的,一为战争的;一为消极的,一为积极的……一为自然支配人间的,一为人间征服自然的(李大钊,2006b:211—212)。李大钊以西方文明为现代文明的模板,以东方文明为传统的样本,在相互之间的关联比较当中,对包括中国在内的东方文明发展的迟缓性进行激烈的批判,为其中国传统社会根本性改造方案提供前提。在李大钊看来,以大家族制度为基础构造的中国传统社会一切以家族为中心,缺少现代公共意识和国家意识,必须进行彻底的改造。应该承认,其将东西社会通过截然两分的范式对立起来,存在简单化问题,其对中国社会的认识也处于较为初级的阶段,表现在其对中国社会特质的分析主要还是通过一些宏观特征的比较分析展开的,还没有进入深度的专题研究阶段,但其分析研究为此后的中国社会分析提供了重要的基础性条件。

2. 东西文化是否可以调和?

作为五四时期文化保守主义的代表人物,杜亚泉是文化调和论的倡导者。从1916年开始,他连续在《东方杂志》上发表论文,系统提出东西文化的调和问题,认为:"中国固有文明,虽非可直接应用于未来世界,然其根本上与西洋现代文明差异殊多,关于人类生活上之经验与理想,颇有足以证明西洋现代文明之错误,为世界文明之指导者。"(伧父,1919)他坚信,中国"当确信吾社会中固有之道德观念,为最纯粹最中正者"(伧父,1917),但却不能故步自封,持一种封闭排外的心态,因为"世界各国之贤者所阐发之明理,所留遗之言论,精深透辟,足以使吾人固有之观念益明益确者,吾皆当研究之"(伧父,1917)。1919年,章士钊也提出东西文化调和论,认为文化思想演化最为突出的特点在于新旧杂糅,"此之谓调和。调和者,社会进化至精之义也"(行严,1919)。他在文化变迁的规律上提出:"一面开新,必当一面复旧。物质上开新之局,或急于复旧,而道德上复旧之必要,必甚于开新。此其所当知者。凡欲前进,必先自立根基。旧者根基也。不有旧,决不有新,不善于保旧,决不能迎新;不迎新之弊,止于不进化,不善保旧之弊,则几于自杀。"(行严,1919)

李大钊认为未来的世界文化不是两种文化的冲突,而是两种文化的调和,不是互相征服,而是相互融合:"东洋文明,宜竭力打破其静的世界观,以容纳西洋之动的世界观;在西洋文明宜斟酌抑止其物质的生活,以容纳东洋之精神的生活。"(李大钊,2006b:214)李大钊据此指出:"东洋文明西洋文明实为世界进步之二大机轴。正如车之两轮鸟之双翼缺一不可。而此二大精神之自身又必须时时调和。"(李大钊,2006b:214)"今日立于东洋文明之地位观之,吾人之静的文明,精神的生活,已处于屈败之势。"(李大钊,2006b:216)反之,"彼西洋之动的文明,物质的生活,虽就其自身之重累而言,不无趋于自杀之倾向,而以临于吾侪,则实居优越之域"(李大钊,2006b:216)。根据这一比较,李大钊明确指出:"吾人认定于今日动的世界中,非创造一种动的生活,不足以自存"(李大钊,2006a:97),须把"我之文明由静的文明变而为动的文明"(李大钊,2006a:97)。李大钊反对文化自卑和民族虚无的观点,提出:"中国于人类进步,已尝有伟大之贡献。其古代文明,扩延及于高丽,乃至日本,影响于人类者甚大。"(李大钊,2006b:215)虽然中国文明今天面临着衰颓的挑战,但我们应该看到,西方文明亦存在特定的危机,只有创造出"第三新文明",才能把握人类的未来。

3. 文化三路向

与新文化运动中的文化激进派和西化派不同,作为文化保守主义思潮流派代表的梁漱溟,则认为此时期诸多中西文化比较的流派所展开的观点只是一种平列的开示,不是一种因果的讲明,缺乏深刻的提炼概括。据此,梁氏提出了著名的"文化三路向"概括,认为西方和中、印属于不同类型的文化。梁漱溟是从文化概念的界定开启端绪的,他首先提出,所谓文化"不过是那一民族生活的样法罢了。生活又是什么呢?生活就是没尽的意欲——此所谓'意欲'与叔本华所谓'意欲'略相近——和那不断的满足与不满足罢了"(梁漱溟,1999:32)。探寻一类文化的根本或源泉,首先要去追寻那个文化的"根原的意欲"(梁漱溟,1999:32)。据此,梁漱溟将人类文化分成三种不同的路向:"(1)本来的路向:就是奋力取得所要求的东西,设法满足他的要求……遇到问题都是对于前面去下手,这种下手的结果就是改造局面,使其可以满足我们的要求,这是生活本来的路向。(2)遇到问题不要求去解决,改造局面,就在这种境地上求我自己的满足……他并不想奋斗的改变局面,而是回想的随遇而安。他所持应付问题的方法,只是自己意欲的调和罢了。(3)走这条路向的人,其解决问题的方法与前两条路向都不同。遇到问题他根本取消这种问题或要求。这时他既不像第一条路向的改造局面,也不像第二条路向的变更自己的意思。只想根本上将此问题取消。这也是应付困难的一个办法,但是最违背生活本性。"(梁漱溟,1999:61)

在此基础上,梁漱溟将这三种文化路向分别与西方、中国和印度文化相对应,认为它们恰好各自走了一条路。西方文化是"意欲向前"的文化,中国文化是"意欲自为调和持中"的文化,印度文化是以"意欲向后要求"为其路向的文化。因此,中西之间的差别不是时间上快慢的差异,而是走的根本就不是同一条路,中、西、印三个民族文化的基本方向是不同的,他们面对的文化问题、生活问题是不同的,他们是在不同的文化道路上行走。形象地说,并不是谁跑得快一点就可以赶上对方。梁漱溟宣称:"我可以断言假使西方化不同我们接触,中国是完全闭关与外间不通风的,就是再走三百年、五百年、一千年也断不会有这些轮船、火车、飞行艇、科学方法和'德谟克拉西'精神产生出来。"(梁漱溟,1999:72)

梁漱溟的"文化三路向"在民国年间东西文化比较的理论谱系中占据着重要的地位,其对群类文明比较理论的贡献在于:第一,通过其"文化三路向"的理论概括,建立起世界文明群类不同类型的比较模式,概括出以西方、中国、印度为代表的相互并列、不可融合的文化类型,深化了文明比较研究;第二,在民国初期东西文化大论战的过程中,回避了与东西文化新旧对立优劣论和东西文化调和论的主张,认为各类型文化不是简单的文化优劣问题,将三种文化变成了相互并列、不可融合的文化类型,三种文化因其根本精神和态度的差异而各自走上不同的路向,殆不相涉;第三,对以中国和印度为代表的东方文化的复兴建立起独特的理论分析框架。梁漱溟宣称:"质而言之,世界未来文化就是中国文化的复兴,有似希腊文化在近世的复兴那样。"(梁漱溟,1999:202)这种建立在深邃理论分析框架之上的东方文化复兴的预测,至今仍然具有重大影响。

四、群类比较视域下群理提炼的评价

如前所述,在中国古典群学向近代转型的过程中,晚清民国思想界和学术界群类比较思想的展开构成了群学转型的核心内容,对近代中国社会思想及理论体系的建构发挥了重要的作用。尤其是众多思想家围绕着中国社会特质而展开的群理提炼及反思,为我们深入理解近代中国群学理论的发生及其理论建构,提供了不可替代的重要启示。

(一)群学转型视域下文明群类比较研究演进的阶段性

19世纪晚期以来,伴随着群学近代转型的发生,晚清民国的思想界和学术界获得了一个通过比较研究理解分析中国社会的特定参照系,开始发现在世界上存在着不同类型的文明。而且还明确意识到,东西文明在起源、发展等方面往往呈现出不同的特色及发展轨迹,存在着明显的强弱差异。由此,近代以来世界体系内的所有争斗,其实质就是不同群类文明之间的生存竞争。正是在这一意义上,从19世纪六七十年代开始,一直到民国初期的 20 世纪二三十年代,晚清民国的思想家提出了系统的群类比较思想①,构成了近代中国群学思想理论的基本内容,并将古代群学的转型和发展推向了一个全新的演进阶段。

与晚清民国时期的社会变迁相伴随,近代中国思想界所展开的文明群类比较及群理提炼,经历了一个由浅入深、异常复杂的发展演化阶段。1922 年,梁启超在《五十年中国进化概论》一文中,曾对 19 世纪中叶以来中西文化观念的演变轨迹做了三阶段的概括,认为其文明观念经历了"从器物上感觉不足"到"从制度上感觉不足"再到"从文化根本上感觉不足"的变化(梁启超,1999b:4030),与之相对应而发生的政治改革及近代化运动,主要表现为洋务运动、戊戌变法和五四新文化运动。尤其是甲午战争,"国内有心人,真象睡梦中着一个霹雳,因想道,堂堂中国为什么衰败到这田地,都为的是政制不良,所以拿'变法维新'做一面大旗,在社会上开始运动"(梁启超,1999b:4030)。但在戊戌维新和辛亥革命接连宣告失败后,中国思想界开始意识到,任何意义上的政治改革及社会运动都必须以思想文化的变革为前提,因为"社会文化是整套的,要拿旧心理运用新制度,决计不可能,渐渐要求全人格的觉悟"(梁启超,1999b:4030—4031)。在这一意义上,五四新文化运动实际上是中国人"从文化根本上感觉不足"的发展阶段,"这次论战以'文化'和'文明'为主题,论争的焦点是究竟以什么文化及其价值为准则或目标确立中国社会、文化、国家的变革方向"(汪晖,2008:1292)。可见,自中国步入近代社会以来,由于思想界和知识界逐步确立起思想和文明比较研究的参照系,对世界的认识经历了器物、制度、文化三个阶段,古典群学向近代群学的转型呈现出一系列新的演进趋向。从总体上看,戊戌时期的群理思想对进化论的引进贡献最为巨大。而到五四新文化运动时期,建立在东西文明比较研究基础之上的国民性批判,则"无论在广度上,还是在深度上,都大大超越了康有为、严复那一代。人们对中国国民性的主要特征作了更富有创见的整体性综合研究,并努力从更多的侧面与更深的掘进中寻究产生这些特征的根源"(姜义华,1986:81)。

---

① 中国史学界认为:"中国学者自 19 世纪末即开始自觉地运用历史比较方法研究东西历史文化的异同。"(姜义华、瞿林东、赵吉惠,2010:142)

（二）群类文明比较中的命题化趋向

自晚清时期发轫到民国初年达到高潮的近代中国群学转型，涌现出一系列经典的文明群类比较观点和命题，对中国现代社会学理论体系的构建发挥了重要作用。一方面，中国思想界以开放的心态积极学习、摄取西方思想文化，从比较视角将中国社会及文明纳入世界文明群类的体系之中，展开系统的比较研究，在反思批判中认清自我，并从中提炼概括出中国文明的特色。中国作为世界文明古国，在其古典文明起源和发展的过程中，因地理空间的封闭性而缺少与其他文明古国畅通交往的条件，从而使得传统的中国群学理论体系中关于群类文明比较的思想并不发达；而步入近代之后，伴随着中西文化的频繁交流和思想碰撞，这种基于中外群类文明异同的比较，则将古代群学理论带入一个新的历史发展阶段。另一方面，思想界也试图通过中外社会的群类比较，通过命题提炼建立起一个可沟通的理解和解释系统，丰富了现代群学的基本理论体系，其中最具有代表性的是差序格局和差等法等命题概括。

众所周知，差序格局是费孝通20世纪40年代后期在《乡土中国》一书中提出的传统中国社会研究命题。以己为中心，像石子一般投入水中，和别人联系所形成的社会关系，不像团体中的分子一般大家立在一个平面上的，而是像水的波纹一般，一圈圈推出去，愈推愈远，也愈推愈薄，在这里我们遇到了中国社会结构的基本特性。相对于中国社会的差序格局，西洋是一种团体格局，团体格局就像砍柴一样，把一根一根的柴火放在一起，扎成一捆，这是团体的格局（费孝通，1998：25）。迄今为止，学术界关于差序格局的解读可谓见仁见智，众说纷纭，但我始终认为差序格局命题中所蕴含的社会批判性是极为突出的。将费老的观点置于当时特定的历史背景之下加以理解和分析，便会发现，其论述表现出极其深刻的批判性。为了展开其对中国传统社会的批判，费老引进了"公私"概念，他说我们社会的一些公领域的规则也是由差序格局派生复制出来的，是私的一种膨胀，由此便出现了中国人有私无公的判断，这实际上是对中国传统文化一种非常尖锐的批判（田毅鹏，2019）。

值得注意的是,稍早于费孝通差序格局命题,民国初年文化保守主义的代表者杜亚泉曾提出差等法命题,试图通过此学术命题将东西文明的差异提升到原理性的高度。杜亚泉认为在东洋社会,差等法堪称一个普遍法则,"为其组织社会之基础,固结深藏于各人之心里,以为应付社会之标准",该法则具体表述为"以自己为社会之中心,由亲以及于疏,由近以及于远,若算学中等差之级数然"(杜亚泉,1915)。杜亚泉在理解、界定差等法的过程中,重点强调了以下两点。其一,就差等法的思想源流看,其观念在以儒家为主体的思想经典中具有较为充分的体现:"《大学》以修身、齐家、治国、平天下为等差,《论语》以修己、安人、安百姓为等差,《孟子》以亲亲、仁民、爱物为等差。总之以自己为此级数中之首项,以禽兽草木土石等自然物为级数中之末项,而其中间各项级数之先后,则可以自然之理法、科学之系统证明之。"(杜亚泉,1915)可见,差等法的逻辑在中国传统社会思想体系中有着丰富的思想源流。中国古人的成人之路就是从己身出发,按照修齐治平的路径,最终达到平天下的境界。其二,从中西比较的视角看,虽然在西方社会中也会看到差等法所展现出来的外推的基本逻辑,但其主要不同在于:"至于西洋社会,非不能发见此差等法,但不普遍之以应用于政教,有时级数倒乱,中心点不定,常致两中心点互相冲突。"(杜亚泉,1915)"个人主义、国家主义、世界主义,在我人皆视为差等级数中之一项,可以差等法贯通之;而西洋人则于此等主义,任择其一以为主,而主项以外,不复列入他项,使成级数。以是之故,社会之中心点,屡起冲突,社会之组织,常动摇而不安定,宗教政治经济上之改革,充满西洋历史。"(杜亚泉,1915)正因为中西之间差等法逻辑存在着上述不同,东西文明发展演化才走上了截然不同的道路,现代西方文明因其缺乏外推的贯通性而矛盾冲突不断,现代西方社会所面临的种种危机都可以在差等法的逻辑中获得理解和解释。

(三) 群学转型中的文化心态变动

谈清末民国群学转型的社会文化背景,离不开对此时期知识界和思想界文化心态问题的研究考察。因为与中华古代文化发展相对的独立性不同,自 19 世纪中叶西方列强东侵以来,西方文化开始持续东渐,古今问题和东西问题开始成为中国思想文化界所面临的根本性问题。如何以健全的文化心态应对来自外部资本主义工业文明的挑战,实现文化学习和选择,成为文明古国文化更新的关键问题。从理论上看,所谓"文化心态",主要是指"人类在文化领域受到文化体系和观念影响形成的心理状态,是文化价值观念、文化规范和原则在人们精神生活中情绪化的反映"(江华,2008:204)。依据心态作用的方向和内外影响因素,文化心态可分别界定为积极进取心态和消极保守心态、开放包容和封闭排外心态等等。毫无疑问,历史上一定时期的文化心态需要具体的个体或群体作为承载者。伴随着晚清民国不同时期社会主要矛盾激化的程度,以及外来文化传入的情况,某种文化心态便成为特定历史时期带有社会主导性的心态,具有一定的典型性和代表性。具体说来,晚清民国时期,以传统士大夫和近代知识分子为载体的文化心态,经历了复杂的变化过程,表现出两个重要的特点:

其一,从时间上看,在晚清初期,主要表现为基于华夷观念而衍生出的自大心态,稍后变更为中体西用的文化观念及对外心态,到五四时期最具影响力的是以文化保守主义者为代表的东方文化观和以西化派为代表的慕外崇新的文化心态,呈现出两种相互对垒的二元文化心态,表现出民族危机、中西文化冲突融合背景下文化心态的特征和变动规律,也从一个重要的侧面诠释了中国古代群学向近代转型的轨迹。其二,就晚清民国文化心态的总体评价而言,我们应清楚地意识到,中西文化的互动和交融不是一个短时间的、单层面的、倾斜的文化现象,而是一个需要长时间积淀方可完成的系统工程。因此,我们应克服文化浮躁心态,避免走偏激极端的路线,"文化上的自卑感和优越感都不是健全的文化心态,所谓健全的文化心态应既承认中国固有文化的落后,虚心向其他民族文化学习,但不自卑,既认同和弘扬本民族文化的优秀传统,对民族文化的前途充满信心,然而不夜郎自大,唯我独尊,而是以世界的眼光,开放的心灵,努力取他人文化之长,补己文化之短,以建立民族新文化系统"(郑大华,1991)。这是我们研究晚清民国时期思想界和知识界文化心态所应持有的正确的态度和评价。

（四）文化形态的比较方法论

从方法论的角度看，晚清民国群类文明的比较，基本上是循着文化形态学的理路展开的。如撰著《东西文化及其哲学》的文化保守主义者梁漱溟，即运用文化形态理论展开比较分析的典范，他"以此说明中国文化的特质及其在未来世界文化中的发展路向。梁漱溟的《东西文化及其哲学》等著作虽然没有以文化学命名，但实在可以归入文化形态学的类型，并且可与斯宾格勒的《西方的没落》同其不朽"（李超，2020：42）。关于文化可比性，这些文化比较研究的巨擘"在东西文化之间发现了可通约性，建立了可比性的基础。既然东西文化没有种类上的根本区别，中国学习西方的先进文化才成为可能"（乔清举，2012：229）。概而言之，近代时期群类文明比较思想的展开，"在东西文化之比较方面，西化派重在中西文化之时代落差的分析，以说明中国传统文化比西方近代文化落后，文化保守主义者则重在中西文化之民族差异性的比较，以证明中国传统文化之所以能够存在的特殊价值；在新旧文化之关系方面，西化派重在揭示文化发展过程中的'质变'和'飞跃'，以说明文化发展、文化建设是'新陈代谢''弃旧图新'，文化保守主义者则重在揭示文化发展中的'量变'和'渐进'，以强调文化发展、文化建设是'新旧杂糅''存旧立新'"（龚书铎，2013：101）。

总之，在认识和改造中国社会、建构群学理论体系的过程中，比较研究是不可缺少的基本方法。只有将东西文明提升到文明群类异同比较的研究高度，才能提炼、概括出人类文明和社会一般性的理论，预测和把握人类社会发展运行的基本规律，凸显不同类型文明的本土特色，实现和而不同的永续发展。

参考文献

伧父，1917，《战后东西文明之调和》，《东方杂志》第 4 期。
伧父，1919，《新旧思想之折衷》，《东方杂志》第 9 期。
陈独秀，1987，《东西民族根本思想之差异》，载《独秀文存》，合肥：安徽人民出版社。

陈树德,1988,《"群学"译名考析》,《社会学研究》第6期。

陈旭麓,1984,《戊戌时期维新派的社会观——群学》,《近代史研究》第2期。

杜亚泉,1913,《吾人将以何法治疗社会之疾病乎》,《东方杂志》第6号。

杜亚泉,1914,《个人之改革》,《东方杂志》第12号。

杜亚泉,1915,《差等法》,《东方杂志》第4号。

杜亚泉,2014,《大战争与中国》,载周月峰编,《中国近代思想家文库·杜亚泉卷》,北京:中国人民大学出版社。

费孝通,1998,《乡土中国》,北京:北京大学出版社。

冯鹏志,2021,《哲学与中国》第10辑,北京:大有书局。

龚书铎,2013,《中国文化发展史·民国卷》,济南:山东教育出版社。

赫胥黎,1981,《天演论》,严复译,北京:商务印书馆。

江华,2008,《中国化马克思主义文化理论》,东营:中国石油大学出版社。

姜义华,1986,《中国国民性问题简论》,载中共上海市委宣传部编,《改革时代的理论探索》,上海:上海人民出版社。

姜义华、瞿林东、赵吉惠:《史学导论》,上海:复旦大学出版社。

蒋孝军,2015,《"群"与"独":个体性问题:康有为政治儒学研究》,合肥:安徽人民出版社。

景天魁,2015,《中国社会学源流辨》,《社会科学评价》第2期。

康有为,1990a,《万木草堂口说》,载《康有为全集》第2集,上海:上海古籍出版社。

康有为,1990b,《日本书目志》第5卷,载《康有为全集》第3集,上海:上海古籍出版社。

康有为,2007a,《变则通通则久论》,载《康有为全集》第2集,北京:中国人民大学出版社。

康有为,2007b,《日本书目志》,载《康有为全集》第3集,北京:中国人民大学出版社。

康有为,2007c,《大同书第三》,载《康有为全集》第7集,北京:中国人民大学出版社。

李超,2020,《"尚力"的时代之波:"战国策派"伦理思想研究》,南京:东南大学出版社。

李大钊,1984,《互助》,载《李大钊文集》下册,北京:人民出版社。

李大钊,1999,《东西村落生活的异点》,载《李大钊全集》第 3 卷,石家庄:河北教育出版社。

李大钊,2006a,《动的生活与静的生活》,载《李大钊全集》第 2 卷,北京:人民出版社。

李大钊,2006b,《东西文明根本之异点》,载《李大钊全集》第 2 卷,北京:人民出版社。

李细珠,2018,《立宪运动的酝酿与发动》,太原:山西人民出版社。

梁启超,1989a,《说群序》,载《饮冰室合集·文集之二》第 1 册,北京:中华书局。

梁启超,1989b,《南学会序》,载《饮冰室合集·文集之二》第 1 册,北京:中华书局。

梁启超,1989c,《十种德性相反相成义》,载《饮冰室合集·文集之五》第 1 册,北京:中华书局。

梁启超,1989d,《中国积弱溯源论》,载《饮冰室合集·文集之五》第 1 册,北京:中华书局。

梁启超,1989e,《新史学·论书法》,载《饮冰室合集·文集之九》第 1 册,北京:中华书局。

梁启超,1989f,《欧洲政治革进之原因》,载《饮冰室合集·文集之三十》第 4 册,北京:中华书局。

梁启超,1989g,《新民说》,载《饮冰室合集·专集之四》第 6 册,北京:中华书局。

梁启超,1989h,《论中国人种之将来》,载《饮冰室合集·文集之三》第 1 册,北京:中华书局。

梁启超,1989i,《变法通议》,载《饮冰室合集·文集之一》第 1 册,北京:中华书局。

梁启超,1999a,《变法通义》,载《梁启超全集》第 1 册,北京:北京出版社。

梁启超,1999b,《五十年中国进化概论》,载《梁启超全集》第 7 册,北京:北京出版社。

梁漱溟,1999,《东西文化及其哲学》,北京:商务印书馆。
马克思、恩格斯,1995,《马克思恩格斯选集》第 1 卷,北京:人民出版社。
明恩溥,1998,《中国人的特性》,匡雁鹏译,北京:光明日报出版社。
乔清举,2012,《多元理性的碰撞与选择:二十世纪三四十年代哲学论辩》,南昌:百花洲文艺出版社。
谭嗣同,1981,《通情》,载《谭嗣同全集》,北京:中华书局。
田毅鹏,2019,《"社会研究"的魅力——以费孝通为中心》,《济南大学学报》(社会科学版)第 1 期。
涂可国,2016,《社会儒学视域中的荀子"群学"》,《中州学刊》第 9 期。
汪晖,2008,《现代中国思想的兴起:科学话语共同体》(下),北京:生活·读书·新知三联书店。
王中江,2002,《进化主义原理、价值及世界秩序观——梁启超精神世界的基本观念》,《浙江学刊》第 4 期。
行严,1919,《新时代之青年》,《广益杂志》第 6 期。
徐新建,2015,《变动的"群"与转型的"学"——简论"社会"一词的中国演变》,《广西民族大学学报》(哲学社会科学版)第 6 期。
严复,1981a,《孟德斯鸠法意》上册,北京:商务印书馆。
严复,1981b,"第 38 页译者注",载斯宾塞,《群学肄言》,严复译,北京:商务印书馆。
严复,1986a,《群学肄言·序言》,载《严复集》第 1 册,北京:中华书局。
严复,1986b,《原强》,载《严复集》第 1 册,北京:中华书局。
严复,1986c,《庄子评语》,载《严复集》第 4 册,北京:中华书局。
严复,1986d,《天演论》,载《严复集》第 5 册,北京:中华书局。
严复,1986e,《原强修订稿》,载《严复集》第 1 册,北京:中华书局。
杨琥,2022,《清末民初的思想与人物》,成都:四川人民出版社。
姚纯安,2003,《清末群学辨证——以康有为、梁启超、严复为中心》,《历史研究》第 5 期。
虞和平,2018,《论戊戌维新在中国早期现代化进程中的地位》,载邓文初,《历史在此转向》,北京:东方出版社。
张灏,1997,《梁启超与中国思想的过渡》,崔志海、葛夫平译,南京:江苏人民出版社。

张启祯、周小辉,2017,《万木草堂集》,青岛:青岛出版社。

张玉法,2018,《戊戌时期的学会(1895—1898)》,载邓文初,《历史在此转向》,北京:东方出版社。

郑大华,1991,《自卑与自大:两种不健全的文化心态——胡适和梁漱溟的文化心态比较论》,《中州学刊》第1期。

郑义风,1996,《论近代子学复兴》,《济南大学学报》(综合版)第3期。

(特约编辑:翟学伟)

专题讨论
口述史

"单纯年代":国营工厂集体记忆的建构*
——以贵州省三线建设企业为例

常江潇**

摘要:三线工厂的早期建设者,常常将新中国成立后至改革开放之前的时期追忆为"单纯年代"。在其语境中,"单纯"不仅被用来形容他们这一代人的精神面貌,也通常被用来解释自己当年无私奉献的工作热情形成的原因。本文基于贵州省三线建设者(三线人)的口述史访谈资料,关注国家话语之下的底层叙事,以个体生命史为轴线,将三线人关于"单纯年代"集体记忆的形成分为三个历史阶段——集体主义乌托邦的建立、共同体的失落以及重建精神家园——动态揭示了工人如何远离家乡、满怀热情地开展三线建设,又如何随着计划经济的结束和三线建设政策的终结而面临认同危机,以及如何用"单纯"这一叙事框架解释自身的遭遇和选择,并重建认同感和归属感。本文认为,工人关于"单纯年代"集体记忆的形成,不仅是计划经济和单位制等社会结构的历史遗产,更是工人立足当下、锚定自身的主观实践的结果。对"单纯年代"的追忆不仅是一种怀旧情绪,也是工人在市场化过程中应对周遭社会剧变,重建内心秩序、寻求社会认同的表征。

关键词:三线建设 集体记忆 社会认同

国家需要到哪就到哪去,就是这么简单、单纯的事情。

——三线访谈 LZH,2019①

---

* 本文系南京大学"双一流"建设基金"卓越研究计划"项目"社会学理论与中国研究"的阶段性研究成果。
** 常江潇(changjiangxiao@126.com),南京大学社会学院博士研究生。
① 本文引用的访谈材料均来自南京大学"新中国工业建设口述史"课题组于 2019 年 7 月在贵州对 182 位三线企业职工访谈形成的录音逐字稿以及据此出版的《战备时期的工业建设:三线建设口述实录(1964—1980)》。

一、 问题的提出

"单纯"一词,是南京大学"新中国工业建设口述史"课题组在对鞍山钢铁公司、第一拖拉机厂、洛阳矿山机器厂、大庆油田和贵州三线工厂的职工进行口述史访谈时,经常出现的表述:回忆起当年热火朝天、不分昼夜的生产场景时,有人提到,"那时候我们很单纯,上班的时候尽量多干活,没想那么多,不是说干多了给你发奖金,没有这样的想法"(一拖访谈资料 LBZ,2019);谈到自己从北京前往贵州支援三线建设的原因时,QRY 说,"那时候最单纯,一听说当时的国际形势还有建设三线的重大意义,很多人迫不及待地想去三线,哪怕早去一天也好,觉得毛主席睡不着觉,我们好像也睡不着觉一样"(三线访谈资料 QRY,2019)。"单纯"作为一种个人品质,成为很多新中国工业建设者定义自身的叙事框架。值得注意的是,被访者不只用"单纯"来形容自身,也指代同时代的人,并进一步将改革开放前的计划经济时期追忆为"单纯年代"。与此相对应的话语,往往是"不像你们现在的年轻人,心眼儿多,很复杂"(三线访谈资料 MQX,2019)。由此,"单纯"进一步具有了代际意义,成为一代人的自我指称,并通过"我们—你们""单纯—复杂"的对立,划分出了内群体与外群体的界限。周晓虹(2020)认为,集体记忆的框架不仅决定了从事回忆"生产"的人们如何对过去的历史进行选择性的感知和复述,而且也决定了在生命共同体成员之间必然会发生摹写和复刻现象。笔者以"单纯"一词为关键词对研究团队积累的 300 余份国企职工访谈录音逐字稿进行检索,发现三线建设职工有关"单纯"的表述出现得尤其频繁,呈现出更为明显的共同体特征,对"单纯年代"的往昔追忆与"好人好马上三线""让毛主席睡好觉"等复刻特征明显的表述,共同构成了三线人集体记忆的叙事框架。①

---

① 周晓虹(2020)认为,集体记忆的框架不仅决定了从事回忆"生产"的人们如何对过去的历史进行选择性的感知和复述,而且也决定了在生命共同体成员之间必然会发生摹写和复刻现象。

"单纯"在三线建设亲历者的表述中一般包含两个层面的意义。其一，指思想上的单纯，具体表现为"听党的话"，服从安排，以集体利益为核心，不计较个人得失。无论是背井离乡、分配到艰苦的工作地点，还是加班加点的工作任务，抑或三线工厂严格的保密要求，亲历者们都认为那时候的自己思想单纯，"服从分配，到祖国最需要的地方去"（三线访谈资料 SJX，2019）。进一步，单纯成为个体思想进步和要求上进的表现，越是单纯地一门心思搞建设，把个人利益放一边，越是个体革命热情高涨、积极表态的体现。其二，单纯也具有人际关系层面的含义。从工人内部角度来讲，单纯往往被亲历者用来形容职工之间的守望相助，或师徒之间毫无保留的技能传授。从管理者与职工的纵向角度来看，干群关系极大地影响了工人对"单纯年代"的肯定和追忆。计划经济时期管理干部与工人无论在社会地位还是工资福利上差异都较小：政治身份上，工人是社会主义中国的领导阶级；同时，技术娴熟的高级工甚至比管理者拿到更高的报酬。这种平均主义的分配制度既满足了人们"不患寡而患不均"的朴素心理，也构成了人们对共产主义的美好想象。李静君（Ching Kwan Lee, 2007）的研究也发现，工资的相对平均和普通工人对干部的政治权力构成了部分工人怀念计划经济时期的要素。正如被访者 ZH 所言："那时候虽然比较贫穷，但人很单纯快乐，大家工资都差不多。"（三线访谈资料 ZH, 2019）从这种角度来讲，"单纯"源于社会总体物质资源的匮乏，改革开放前有限的可分配资源在一定程度上限制了贫富差距的扩大。李怀印等人对改革开放前国有企业职工劳动效率和忠诚度问题的研究中，也讨论了"单纯"的问题：工人最常使用"单纯"一词来解释生产上的积极性，而工人为什么显得"单纯"，则来自党和政府的宣传教育、政治运动和有关思想品德的日常话语给工人带来的压力以及国有企业职工身份的自我认同。同时，单位体制和客观环境也限制了他们的行为抉择。而将改革开放前的工人理想化为思想"单纯"的人，反映了老一代工人阶级面对当前财富分配不公、社会道德失范所产生的怀旧心理（李怀印、黄英伟、狄金华，2015）。

改革开放以来，中国经济社会发展取得的成就是毋庸置疑的。在人民的物质生活得到极大满足的同时，也有大量国企工人经历了下岗、失业、单位制瓦解后福利的缩减等改革的阵痛，这种落差难免会引发个体对过去产生怀旧情绪。简单地把工作、生活在不同时代背景下的群体二元对立为"单纯—复杂"是不可取的，但讨论这种关于"单纯"的自我认知形成的过程，有助于我们立足当下，理解单位制及其瓦解所带来的个体或群体困境，为改革开放的宏大经验做个体注脚。本文基于南京大学当代中国研究院在贵州三线企业进行的口述史访谈材料，试图以个体生命历史为轴线，以"命运共同体"①概念为视角，讨论国营工厂职工关于"单纯年代"集体记忆的建构过程。

二、好人好马上三线

三线人关于"单纯"的表述，首先集中于对自己最初奔赴贵州、支援三线建设原因的解释："咱们那一代的人，革命热情不得了。我当时年纪很轻，27岁，比较单纯，人也比较要求进步，别人有补助这样那样的，我一分钱也不要，没有讲任何条件，一听说毛主席睡不着觉，②就觉得要好好干，想去三线闯闯看看，就这么个情况过来的。"（三线访谈资料GSR，2019）20世纪60年代初，随着国际形势的变化和中国边境的不安定因素升级，出于国防战备考虑，党和国家领导人逐渐形成了重整工业布局、集中力量搞内地大三线建设③的战略设想。1964年，"以三线建设为中心"成为我国经济建设

---

① 周晓虹（2020）认为，区别于常规共同体，命运共同体的首要特征是该共同体此时面对着共同的危机或不可摆脱的命运境况。因此，共同体就会在某种程度上形成对危机、命运甚或使命的共同认知。他们不仅有着相似的人生经历、生活方式、谋生手段和物质资源，而且有着因鲜明的"我们感"而形成的包括语言、观点和价值观在内的相似的解释系统，它为个体以集体的框架记忆或复述提供了可能。三线建设者正是因为这种命运共同体的联结，在访谈中不约而同以相似表述对往昔进行了追忆。
② 为促进三线建设工作的开展，毛泽东曾做出很多重要指示，例如"没有钱把我的稿费拿去"，"没有路骑毛驴也要去"，"攀枝花钢铁公司一天不建好，我一天睡不着觉"，这些话语在动员群众参与三线建设中起到了很重要的作用，在其他三线建设亲历者的表述中也多次出现。
③ 三线地区主要是长城以南、广东韶关以北、京广铁路以西、甘肃乌鞘岭以东的地区，涵盖四川（含重庆）、贵州、云南、陕西、甘肃、宁夏、青海等多个省区，以及山西、河北、河南、湖北、广西、广东的部分地区。三线建设包括大三线和小三线建设，其中，西南的四川、贵州、云南和西北的陕西、甘肃、宁夏、青海被称为"大三线"，河南、湖北、湖南的西部地区则属于"小三线"。大三线建设是国家战略后方基地的建设，是三线建设的主要部分，以国防工业和基础工业为主体；小三线建设是各省、市、自治区战略后方地区以建立迫击炮、火箭筒等轻武器生产厂为主的活动，主要为满足地区自卫战中地方部队和民兵作战的需要。

的指导思想,三线建设进入了初期部署和实施阶段(孙东升,1995)。周恩来曾对毛泽东"备战备荒为人民"的思想进行解释:"帝国主义反动派和修正主义把我们作为主要敌人,我们也把他们作为主要敌人。""(所以)我们就要备战,备战是长期的,帝国主义一天不消灭,我们总是要备战的。""这样就可以动员全国人民,又有可能做到少花钱多办事。为什么要备荒?我们是农业大国,农业人口多,因此以农业为基础的方针是长期的。""要依靠人民,首先要为人民。"(金冲及,1998:1804—1805)随后,各大城市、工厂进行了积极有效的群众动员,在职工中引起了强烈反响,数以十万计的建设者不讲条件、不论得失毅然前往三线。《关于搬厂工作中的几个具体问题的规定》对挑选哪些人前往三线工厂做出了明确的说明:"'一分为二'的工厂,应该挑选优秀的管理干部、技术人员和生产工人成套输送,优先满足三线需要,保证新厂及早投入生产。""凡是属于地、富、反、坏和右派分子,直系亲属被镇压而心怀不满的分子,因隐瞒重大历史政治问题而被控制使用的政治嫌疑分子,严重的贪污盗窃、投机倒把分子,坚持剥削阶级立场的资产阶级分子,以及有其他严重违法乱纪行为的分子,都不得随厂迁移。"有的部委,如一机部又将这一规定扩大到"政治历史不清的人,不得调去"(陈东林,2003:144)。在我们的访谈对象中,有的前往三线时孩子还未过哺乳期;有的放弃便利、舒适的城市生活条件,拖儿带女"全家革命";有的是刚从重点学府毕业的高才生,拒绝了物质条件更为丰厚的工作毅然奔赴三线地区。大多数人都是政治过关、业务优秀、思想上进的先进者,"好人好马上三线"既是选拔三线建设者的硬性要求,也是三线人普遍的自我认知。

在"备战备荒为人民""好人好马上三线"的国家叙事下,亲历者虽然不乏心怀"为了让毛主席他老人家睡好觉"的热切愿望奔赴三线,但在口述中,则呈现出更为丰富和个性化的表达,众人前往贵州的原因可谓五花八门:有人是为了减轻家庭经济负担,有人是为了解决夫妻团圆问题,有人是为了解决子女或配偶工作问题,也有人是因为听说贵州吃大米管够。许多青年学生则服从分配,懵懂之中来到了贵州。正如家在无锡的 SXJ 回忆:

当时都是统一分配的,说到哪里就哪里。分配时学校也是做过教育的,什么党需要哪里,我们就到哪里,到祖国最需要的地方去,后来我们就过来了。一开始分到上海柴油机厂,后来通知到三线。我回去就跟我妈说:"我要到贵阳去了。"她也不知道贵阳在哪里,就问我一个问题:"贵阳离无锡远,还是上海离无锡远?"我说:"贵阳远得多。"但我们当时的思想都很单纯的,我也充满热情,一个是受教育,我们每个星期下班以后还有一个半小时的政治学习,我们那些学生很单纯,也充满激情,说来就来了。一方面,没有牵挂,不像那些老工人拖家带口,有了家庭他的顾虑就更多一点。像我们50多个要过来的人,虽然没有一个人反对的,但实际心里不高兴嘛。另一方面,党培养了你,现在党需要你,就应该服从党的安排。(三线访谈资料SXJ,2019)

也有部分人在组织的动员下,为了追求思想上的进步放弃了自己原有的工作支内贵州。原本在东海舰队工作的亲历者DSC在支部书记找他谈话时坚决表示:"搞革命,任何地方都是一样的。既然毛主席提出了三线建设,那么我就听毛主席的。"而之所以有这种觉悟,是因为"那时不比现在,思想与生活很单纯,年轻人很需要上进"。(三线访谈资料DSC,2019)

尽管三线人强调自己"好人好马上三线"的荣誉身份,但他们在叙述中通常将自己接受动员来三线的原因归结于当时思想上的"单纯"。一方面,心智是在社会的压力下重建其记忆的,社会要求人们在思想中不只是再现以前的事件,而且还要对其进行润饰、削减或完善(哈布瓦赫,2002:89、91)。思想单纯、易受动员的背后,亦可能是为了夫妻团聚、解决子女或配偶工作等包含功利性动机的理性选择。无论基于何种动机,通过将自己置于"备战备荒为人民"的宏大叙事中,个体能够赋予自身过去的选择以社会性意义,这也进一步促使其认同"好人好马"的荣誉身份,以及"为人民"的先进性。另一方面,个体立足于当下对过去的行为进行回忆和解释。正如哈布瓦赫(2002:310)所言,随着社会所处环境的变化,某些过去受到推崇的品性也会不再受到集体意识的推崇。思想单纯的人在计划经济时期受到褒扬,是因为这种不计较个人得失的品性符合以集体主义为核心的价值观念。改革开放话语对成功和财富的重新定义则改变了社会推崇的品性，"单纯"一词的含义在今天更为复杂，可能意味着对自身利益的损害、容易上当受骗，甚至被引申为"傻"或者"蠢"。尽管新中国成立以来，贵州省无疑在经济和社会层面发生了天翻地覆的变化，但相较于改革开放后沿海省市和具有工业发展基础地区经济的迅速腾飞，则仍然有局限性和滞后性。贵州省与沿海经济发达省份差距不断拉大的社会现实，显然会影响亲历者对过去放弃大城市工作、前往贵州这一选择的评价。被访者LSR谈到，毕业之际学院党委书记来找他谈话时，自己还没入党，"当时我也有点虚伪，说要到最艰苦的地方去，这是当时喊的口号。一开始我被分到了第三工业机械部，我当时非常激动，我一个乡下人要留在北京了。结果后来因为各种原因，我真的到了贵州，到了最艰苦的地方"（三线访谈资料LSR，2019）。从"有点虚伪，说要到最艰苦的地方去"，到一开始分在北京工作时"非常激动"，再到"真的到了贵州"，结合"单纯"一词在当下兼具褒贬的含义，我们能够体察到个体通过"单纯"来解释前往三线地区的原因时，对自身过去选择的复杂心态和些许遗憾。

三、既来之，则安之：苦难的集体记忆

作为思想单纯、"没想那么多"的结果，初来"天无三日晴，地无三里平，人无三文银"的贵州，气候、环境和生活上的不适应构成了三线人关于"苦"的集体记忆。"几乎下了一整年的雨""住牛棚和干打垒①"等自然环境和生活条件的恶劣，以及"一个月才半斤肉"等物资供应上的匮乏，是不少亲历者回忆起初来贵州时都会提到的共同记忆。尤其对于北京、上海、沈阳等大城市的三线人来说，贵州的生活条件与原来的落差更大。

面对这样的落差，从"新鲜"到"后悔了"，再到"也挺好"，沈阳人LSF

---

① 干打垒是一种简易的建筑方法，主要用于筑墙。具体来说，是通过将两块固定的木板中间填充黏土并夯实，从而形成墙壁。

的经历代表了一批从繁华都市迁徙到经济欠发达地区的三线人的心路历程。作为厂里的技术骨干,车间动员他几次后,抱着"你不来,他不来,就没人来了"的想法,LSF 积极踊跃地报了名,他认为当时自己思想单纯,"没想那么多,也没那些豪言壮语,说来就来了"。作为土生土长的北方人,贵州地处南方,山清水秀,有很多东北吃不到的水果,对他来说非常新鲜,然而刚来没几天就后悔了,由于海拔上的落差,LSF 产生了高原反应,拉了好几个月的肚子。生活上也比沈阳艰苦很多,一个月二两油、半斤肉,让作为"东北大爷们儿"的 LSF 难以充饥。当时要求"先生产、后生活",三线的初期建设者有住老乡牛棚的,有住山洞的,一年后 LSF 所在的厂才盖了一批干打垒房子供职工居住。

对于生活上的困难,尽管也有"只考虑我们的觉悟,不考虑我们具体的问题"(三线访谈资料 YFY,2019)的些许抱怨,但由于"那个时候人都比较老实、单纯,你叫我加班就加班"(三线访谈资料 HQJ,2019),大家还是能克服困难,积极完成工作任务。贵州气候潮湿,隐蔽在山洞里的进口电子设备经常因为空气太潮而发生故障,工人看不懂德文图纸,维修力量跟不上,只能边干边学,抢修设备。"计划经济的年代,不像现在效益好了给你提成和奖金,那个时候什么都没有,工人的思想很单纯,听毛主席的话叫你到三线来,就是为党为人民做贡献,建设社会主义。什么加班都不计较,一个月干 28 天活,只休息两天。"(三线访谈资料 HRS,2019)

对于究竟是"苦"还是"不苦",亲历者同样呈现出一种矛盾的表述。1965 年从辽源煤校毕业分配到六枝的亲历者 CM 回忆:

> 那时候的工作要多苦有多苦,住在牛棚里,钢笔掉到牛粪里面都找不着。当时有一个什么好处呢?那一年全国分配的特别多,大家都是天南海北的学生,人又单纯,身体又还好,正是 20 岁,所以也不觉得苦,大家在一起也像回到了学校时候,不管怎么苦都不觉得,还是挺好的。那时候贵州下雨,都是黄泥巴路,听说有电影了,不管有多苦,大伙都搀扶着去看电影,也是挺高兴的,不觉得苦。(三线访谈资料 CM,2019)

既定的社会位置限制了自我表达的范围,倾向于指向特定的行为、感觉和思维模式(曼海姆,2002:61)。从"苦"到"不觉得苦",从"没有一个有怨言"到"确实当时也有怨言",实际上是类似于知青"青春无悔"的记忆逻辑(刘亚秋,2003)。作为个体的亲历者的确在当时艰苦的生产、生活环境下体验着生活上的困窘,苦是客观存在的社会现实。一方面,群体共享了这种苦难,大家都苦,所以"你没有肉吃,大家都没有肉吃;你有的,大家也都有点,不觉得心里不平衡"(三线访谈资料 XGL,2019)。心理满足感是相对而言的,因此在缺乏比较的情况下,苦难也就不会显得特别沉重。另一方面,在国家话语的建构下,个人的苦实现了刘亚秋所言苦难的"意义的转置","苦"的意义放大了,"苦"是为了人民、国家和国家领袖,承受苦难是思想进步和觉悟高的表现,也就不觉得苦或者说不应该有怨言。无论是缺盐少肉的艰苦生活,还是在潮湿的山洞中不舍昼夜工作导致的风湿性关节炎,三线人身体力行地为了让"毛主席他老人家睡好觉",为了"赶英超美,完成国防生产任务"做出了贡献。正如亲历者 CBG 所言:"我不觉得是受苦,没有受什么大苦,为了国家的建设来了,是应该要出力的。"(三线访谈资料 GSR,2019)进而,"献了青春献子孙"就成为三线人共享的价值观念和自我认同。

四、失落的共同体

20 世纪 80 年代,随着国内外形势的变化,我国开始实行改革开放,发展市场经济,在发展中暴露出许多问题的三线建设也逐步走向终结。20 世纪 80 年代,三线建设进入调整改造阶段,意味着这一特定历史时期宣告结束(胡悦晗,2013)。很多三线企业亏损严重,或因军工任务不足而资源闲置,出现了大批科研技术骨干和一般技术人员流向东部沿海和大城市的现象(张勇,2019)。三线企业在这一时期的境遇通过 061 航天基地的状况可见一斑:1978 年毕业于北京航空航天大学导弹专业的 LSR,谈到刚分配到 061 基地时,市场经济还没有全面开始,在前五年甚至前十年的时间里,无论是干部还是一般员工,普遍心思比较单纯、尽心尽力,"把自己一切可用的知识和技能都用在工作岗位上",涌现出了很多模范人物。改革开放以后,061的工作环境受外部影响,沿海发达地区优越的薪资对员工的吸引力很大,"光有信仰不行了,尽管我们拼命宣传、弘扬三线精神,也留下了一部分人,但是毕竟高端的留不住,有相当一部分同事跑到那边去了"。留下来的人员以五十几岁的居多,"(他们)还在不断努力,还在忘我工作。他们感觉,这个企业是他们的家呀,要把它当成家,要在里面尽自己所能,贡献自己仅有的或者是全部的才华"。(三线访谈资料LSR,2019)

这一时期,三线企业的辉煌不再,相关企业在招工上也出现了困难。据亲历者FWJ介绍,20世纪90年代开始,企业去国防工科院校招聘时都会遇到尴尬的情况:最先去招聘会摆摊,一直待到一个人都没了为止,而有的企业一上午就招完了。军工企业的利润受到部队控制,所以给工人待遇不可能特别高,就无法吸引重点院校的学生到贵州。"咱们毕竟是三线企业,交通不便,信息不灵,气候不好,生活条件又艰苦,是吧?名牌院校的学生都不愿意来。不像我们刚来的时候,复旦大学的最后才能混个主任,清华大学的在我们一个仓库,分配来的都是一批一批的全国非常有名的高等院校毕业生。"(三线访谈资料FWJ,2019)曾经"好人好马"才能就职的三线企业,如今却难以"招兵买马"。对于这种今昔对比,放弃大城市户籍及其带来的一系列社会福利的三线人自然是会感到失落的。

以往学者对于转型时期国企工人的自我认同和身份生产已有相关研究,单位人对所属单位的高度依赖所形成的集体认同,在单位消解后也带来了认同瓦解、社会失范等问题(田毅鹏,2007;王俊、胡蓉等,2003;王小章、巫微涟,2009;张霁雪、陶宇,2014)。笔者认为,区别于一般国企职工转型期面临的认同危机,三线人身份的边缘化过程产生的心理落差更具张力。只有理解这种认同危机,我们才能更好地理解三线人"单纯"的自我认知的形成。

首先,"三线人"用以比较的参照群体具有特殊性。作为当年轰轰烈烈三线建设配套的"好人好马",很多三线人来自较发达的工业城市,其中不乏经验老到的技术工人、名校毕业生、优秀的管理人才和军人干部。相应地,他们的参照群体自然区别于较为落后的三线当地社区,而是仍然留在大城市的工人、干部和在城市地区发展的同学。以清华大学毕业的被访者ZBW为例,尽管他不后悔来到三线的个人选择,但谈到退休待遇时,也难掩失落:其留在上海工作的同学和同事,退休工资至少要一万多,而以"好人好马"身份来三线地区做贡献的自己,同样是高级工程师,现在退休工资却仅有4395元。让老人家介怀的不仅是金钱上的差距,还有作为同行中的佼佼者,却没有在经济价值上得到相应认可的失落。

其次,这种心理落差源于他们所属行业的特点。辉煌一时的三线工厂多为国防或军工企业,这些企业曾在国家经济的战略布局中具有举足轻重的地位,因而在渡过初期的建设阶段,工厂效益好转时,一度在社会地位和生活供给上享有较高的待遇。尤其与贵州当地社区相比,国有军工企业在福利待遇上的优越性是显而易见的,据亲历者ZH回忆:"那个时候有点像部队的供给制,我们厂经常用车到外面去拉货,火车车皮拉过来的冻带鱼、冻肉啊,都匀市区的人就说我们这里真好,肥皂、洗衣粉,甚至用的草纸都是发的。"(三线访谈资料ZH,2019)李怀印等人的研究也认为,国有企业与集体企业职工在就业、工资、福利和岗位流动性方面的不同待遇所形成的社会和心理障碍,影响各自的自我认识和相互态度(李怀印、黄英伟、狄金华,2015)。然而,随着三线政策的终结和单位制的瓦解,曾经的辉煌成为亲历者不能重现的往昔,这也是三线人怀旧情绪较为浓烈的原因。相关学者的研究也发现,改革开放前社会和经济待遇较低的非重工业工厂,其职工则较少表现出"怀旧感"(Unger & Chan,2007)。

大多数接受60年代末社会动员的三线人,政治上追求进步,工作上表现优异,在新中国面临紧张的国际局势之际,心怀对国家的忠诚和与国家共命运的觉悟,称得上是最具有建设社会主义热情、对共产主义美好未来充满愿景的一批人。改革开放后,由于工业基础薄弱和地理位置上的劣势,失去政策优势的三线地区发展速度相对变缓,原来处于优势地位的群体跌落为弱势群体,使三线人产生了更为强烈的相对剥夺感,并导致认知失调和认同危机。

五、 我与国家共命运:重建精神家园

实际上,"三线人"这一群体身份的认同是伴随着三线共同体的衰落形

成的。由于三线建设多与战备和国防建设相关,20世纪七八十年代,有关三线建设的信息尚未完全解密,公开出版物上很少出现"三线建设"这个名词,直到20世纪80年代以后,有关三线建设的介绍和研究才陆续出现(徐友威、周升起,2018)。三线企业职工也遵循保密规定,不能公开自己的工作内容和身份:"苏联卡我们,蒋介石要反攻大陆,所以我们这些人可听话了,从来不会吹厂里面是生产飞机的,回家了也很自觉,根本不敢讲。"(三线访谈资料LGY,2019)随着改革开放的深入,90年代包括三线企业在内的单位制社会的消解促进了已经进入退休、下岗阶段的老一代三线人对自我身份的追认,他们在与当地人、故乡人的交往互动过程中,才逐渐形成了"三线人"这一群体身份的认同概念(张勇,2019)。

改革开放话语改写了三线人对自身所处社会位置的认知和评价,三线工厂因亏损导致的破产、停工、人员削减给三线人带来了失业、下岗和福利削减的危机和困难。当"聪明""机灵"和获取财富的能力成为个体在开放的就业市场中的核心竞争力时,计划经济时期集体主义价值观所推崇和培养的"单纯""无私奉献""舍小家为大家"等品性则并不利于个人财富的累积。单位制变迁呈现的"共同体"向"原子化"趋向导致的认同迷思和身份焦虑,也反映在个体对自我命运与国家历史相勾连的理解和认同的重构之中。社会心理学的观点认为,行动者在认同重构时通常具有三种行动策略:脱离以前的所属群体;通过重新界定或改变比较标准,在内群体寻求积极的特异性;与外群体进行竞争(方文,2008)。很明显的是,贡献出青春年华的三线人大部分已进入老年阶段,向上流动的机会较小,很难通过与年轻一代人的竞争改变现状,这迫使他们重塑内群体与外群体的符号边界来重建社会认同,并对自己过去的人生阶段进行积极的认知评价,从而创造自我价值感与自尊。乔纳森·昂格尔(Jonathan Unger)和陈颖妍(Anita Chan)对国企职工的研究发现,中国工人的记忆是层级性的,强调的是工人与国家的关系,而不是工人之间或单位之间的横向关系(Unger & Chan,2007)。因此,许多人认为自己在过去是为国家和国家发展做出贡献的人。单位制度就是国家与个人得以建立起内在的制度性关联(田毅鹏,2007)。当单位制解体,个体失去了联结机制,但通过将自我特征界定为"单纯"及其涵盖的无私奉献、不计个人得失的品质,实现了自身命运与国家利益的关联,并与市场经济下成长起来的年轻一代人在价值观念上进行分割。

因此,"单纯"是初代三线建设者对自身行动进行的合理化解释,同时,通过强调自己的工作是为国家做贡献,过去的行动进一步在社会价值层面得到升华。例如,被访者 GSR 谈到当年长期在潮湿的山洞里工作导致自己和不少同事患了关节炎,但大家并不抱怨,因为他们为祖国的航空工业做出了贡献:

> 我跟国家同命运。我说"同命运",为什么?国家困难的时候,我是勒紧裤腰带过的,饿着肚子。经济发展了,我们的生活也改善了。现在三线把贵州的经济各方面开发出来了,我们也从中受益了,对不对?国家发展了我们才有,国家不发展我们有吗?没有。留在北京的人,现在工资都比我们高,住的也好,但我们这儿空气好,社会安定,这就行了。拿这点养老金高吗?实事求是地讲,按照现在的生活水平,不高,但是够用了。再多又能干什么?刚来贵州的时候,从心里感觉有点失落,生活上太苦,但今天我感觉挺好,也有点幸福感。(三线访谈资料 GSR,2019)

这种意义的转置和升华在三线工人中形成的社会认同,是他们共享的价值观念。通过对过去苦难的社会记忆的重现和单纯的自我认知,实现了哈布瓦赫所言,"只要在构成社会的个体及群体之间保持观点上充分的统一性,社会就可生存"(哈布瓦赫,2002:303)。通过强调自己对国家发展的贡献,个人生活事件被赋予了历史价值和意义,进而定位自身在社会发展进程中的位置。"我们白手起家,就能建立起一个厂,我从一个学徒、工人,变成工程师,这就是我的成就。"(三线访谈资料 GSR,2019)无论现阶段自己的待遇如何,建设三线被亲历者视为"义不容辞的责任,也是历史赋予我们的,要不然的话,谁来干啊?"(三线访谈资料 LSF,2019)这种表述未尝不给三线人增添了几分舍我其谁的英雄气概。三线人在单位制解体中形成的关于计划经济时期的集体记忆和身份建构的心路历程,不仅是客观社会结构的产物,也是工人主观实践的结果。把"单纯"作为一代人的精神写照,建构自我牺牲和奉献精神的解释框架,三线人通过形成"单纯的"与"复杂的"内外群体分割,重建了认同与归属感。将计划经济时期视为"单纯的年代",不仅是一种怀旧情绪,也是工人应对当前市场化带来的危机对自己过去行为和选择的解释路径,是个体在单位制瓦解后用来锚定自身、寻求认同的精神表征。

六、结论与讨论

当然,计划经济时期的人并非是全然"单纯"的。以往研究也对单位制中存在的磨洋工现象和生产效率低下的情况做出了大量论述(Walder,1986;于显洋,1991)。集体记忆理论认为,人们正是在社会中才能进行回忆、识别和对记忆加以定位,并且在社会的压力下重建自己的记忆。人们所认为准确无误的记忆,实际上是经过集体记忆的框架润饰和完善的,被赋予了现实不能拥有的魅力(哈布瓦赫,2002:68—91)。改革开放前的单位制企业不是世外桃源,但的确是一批单位人在社会原子化过程中直面风险、缺失保障时的精神避难所。

过去的历史是自我观的重要根源,我们的自我知识、对自己性格和潜力的观念,在很大程度上取决于看待自己行为的方式(康纳顿,2000:19)。一般来说,对人们产生最大影响的、令人难忘的时间和变迁,发生在一个同期群的青春期和成年早期。我们的被访者迁移贵州之时,正是他们年富力强的时候,远离家乡的孤独和为国家做贡献的热忱,以及三线孤岛的处境使强大的内部群体凝聚力得以形成,三线工作的经历无疑是他们人生历程中最重要、最关键的转折点,也是塑造其性格和价值观念的重要阶段。这一时期工人"单纯"的原因,从工厂外部层面而言,单位制形成的一整套福利分配和供应制度使工厂相对隔绝于外部社会,其封闭性往往使职工形成了区别于地方社会的行为方式,显得更为单纯、简单。对于"靠山、分散、隐蔽"的三线军工企业来讲,与外部的隔绝更为明显。一方面,军工企业的保密性质和地理位置限制了职工的交往范围。三线企业虽然在地理位置上位于农村和山区,但在组织结构、生产方式、生活方式、户籍管理等方面却具有城市社会的特征,形成了张勇所言的介于城市和农村之间的一种单位社会(张勇,2014)。此外,还有学者提出了"三线孤岛"的概念,也对三线企业与当地社会的隔离性进行了类似的论述(吴晓萍,2021)。除了煤场、液化厂、菜厂等后勤附属厂的设置,很多三线企业为解决职工子女教育问题,还建立了从托儿所、幼儿园,到小学、初中、高中,甚至职业高中的成套教育体系。职工子女也通常在本厂后代中找对象、结婚生子,自成一个小社会。另一方面,不少工厂由北京、上海等工业发达地区的车间整体搬迁而来,职工已经形成了较成熟的社会交往网络,与搬迁地的社会文化既有经济发展程度上的差异,也有民族文化上的磨合。为了使职工吃上家乡菜,很多厂在搬迁时自备厨师,因此很多从上海、天津、沈阳等地迁来贵阳的三线人至今仍保留着原来的饮食习惯,吃不惯贵州的辣椒。总而言之,三线工厂的封闭性是职工思想单纯的重要外部环境。

如果说单位制和三线企业的军工性质以及国有企业中常见的思想教育工作是造成三线人思想单纯的外部原因,那么个体将"单纯"作为当前困境的解释路径,则使三线人完成了群体特征认同的内化。改革开放构成了三线人人生历程的另一个重要转折点,不同地域、行业的工人在市场经济中所获得的收入、社会福利和社会保障之间的差异剧烈分化,这些因素都影响了个体对自身经历的历史的理解和评价。三线工厂共同体的衰落所带来失业、低度的社会保障和社会福利,以及工人社会身份的下降,使三线人在边缘化过程中遭遇了认同瓦解的危机。过去平均主义的分配制度和高福利的单位制,进一步促使他们修饰和美化了改革开放前的记忆。可以说,在我们的被访者中,越是在当下处于社会弱势地位的,越具有怀旧情绪。他们使用"为国家做贡献""献了青春献子孙"等主流话语来巩固自己关于计划经济时期个人选择的社会价值和意义,通过共享苦难的集体记忆来寻找自身的定位,这也是不同的被访者反复提到潮湿的天气、糟糕的居住环境和自己来贵州是为了建设三线以"让毛主席睡好觉"等相关话语的原因。

通过口述历史的研究方法,我们能够在被访者详尽的叙述中,观察到集体记忆叙事框架下的个性化表达。在大量关于"来贵州是为了让毛主席睡好觉"的集体表述背后,人们选择来三线的原因其实并非全然"单纯"。尽管集体主义促成了他们做出奔赴三线的决定,但在一定程度上是个体在政治环境下的理性选择。前述关于工厂师徒制中师傅对学徒毫无保留的技能传授,一方面的确反映了集体主义环境中人们单纯的人际关系;另一方面也归因于单位制下稳定的就业保障,师傅不用担心"教会徒弟饿死师傅"。可以说,"表现得单纯"在过去是一种行动策略,而坚持"过去自己很单纯"则是人们基于现状对自身的反思性解释,而人们在重构过去的行动时需要借助集体记忆框架的稳定性和普遍性,因此它是一种集体反思的产物。对于三线人而言,这种稳定性的基础就是坚信一代三线人以无私奉献的精神,通过与国家共命运,促进了全体社会的经济发展与进步。

参考文献

陈东林,2003,《三线建设:备战时期的西部开发》,北京:中共中央党校出版社。
方文,2008,《转型心理学:以群体资格为中心》,《中国社会科学》第 4 期。
哈布瓦赫,2002,《论集体记忆》,毕然、郭金华译,上海:上海人民出版社。
胡悦晗,2013,《地缘、利益、关系网络与三线工厂搬迁》,《社会学研究》第 6 期。
金冲及,1998,《周恩来传》,北京:中央文献出版社。
康纳顿,2000,《社会如何记忆》,纳日碧力戈译,上海:上海人民出版社。
李怀印、黄英伟、狄金华,2015,《回首"主人翁"时代——改革前三十年国营企业内部的身份认同、制度约束与劳动效率》,《开放时代》第 3 期。
李怀印、张一平、张春龙,2017,《毛泽东时代国营企业内部日常权力关系的再探讨》,《中共党史研究》第 5 期。
刘亚秋,2003,《"青春无悔":一个社会记忆的建构过程》,《社会学研究》第 2 期。
曼海姆,2002,《卡尔·曼海姆精粹》,徐彬译,南京:南京大学出版社。
孙东升,1995,《我国经济建设战略布局的大转变——三线建设决策形成述略》,《党的文献》第 3 期。
田毅鹏,2007,《单位制度变迁与集体认同的重构》,《江海学刊》第 1 期。
王俊、胡蓉、苏春燕、马展越,2003,《国有企业工人的阶层地位自我认同研究》,《理论月刊》第 5 期。

王小章、巫微涟,2009,《认知与认同之间——单位制解体背景下杭州市国企工人的自我身份意识》,《浙江学刊》第1期。

吴晓萍、谢景慧,2021,《从移民到"遗民":"三线孤岛"的时代演进》,《贵州社会科学》第4期。

徐有威、周升起,2018,《近五年来三线建设研究述评》,《开放时代》第2期。

于显洋,1991,《单位意识的社会学分析》,《社会学研究》第5期。

张霁雪、陶宇,2014,《单位人的集体记忆与身份生产——基于H厂三代工人口述历史的研究》,《学习与探索》第6期。

张勇,2014,《社会史视野中的三线建设研究》,《甘肃社会科学》第6期。

张勇,2019,《三线建设移民的内迁、去留与身份认同——以重庆地区移民为重点》,《贵州社会科学》第12期。

周海燕、吴晓萍主编,2023,《战备时期的工业建设:三线建设口述实录(1964—1980)》,北京:商务印书馆。

周晓虹,2020,《口述史、集体记忆与新中国的工业化叙事——以洛阳工业基地和贵州"三线建设"企业为例》,《学习与探索》第7期。

周晓虹、周海燕、朱义明,2022,《农业机械化的中国想象:第一拖拉机厂口述实录(1953—2019)》,北京:商务印书馆。

Amir, Y., S. Sharan & M. Rivner et al. 1979, "Group Status and Attitude Change in Desegregated Classrooms." *International Journal of Intercultural Relations*, Vol. 3, No. 137.

Ching Kwan Lee 2007, "What Was Socialism to Chinese Workers? Collective Memories and Labor Politics in An Age of Reform." in Ching Kwan Lee & Guobin Yang eds., *Re-Envisioning the Chinese Revolution: The Politics and Poetics of Collective Memories in Reform China*, California: Standford University Press.

Unger, J. & A. Chan 2007, "Memories and the Moral Economy of A State-Owned Enterprise." in Ching Kwan Lee & Guobin Yang eds., *Re-Envisioning the Chinese Revolution: The Politics and Poetics of Collective Memories in Reform China*, California: Standford University Press.

Hogg, M. & D. Abrams 1988, *Social Identification: A Social Psychology of*

Intergroup Relations and Group Processes, London: Routledge.

Walder, A. 1986, *Communist New-Traditionalism: Work and Authority in Chinese Industry*, Berkeley: University of California Press.

(特约编辑:胡洁)

事件、经历与叙事：口述史的三重面向[*]
——以三线建设为例

董方杰[**]

摘要：当我们充分意识到口述史介入历史与社会研究的重要性时，也应该同时反思现有研究中口述史理论建构的不足，一定程度上降低了口述史理论与口述史实践之间互动与互促的效率。本文从口述史理论的社会学新取向出发，以实证主义与建构主义的不同视角审视口述史真实性的争议，通过构建口述史事件、经历与叙事的三重面相，解剖口述史的复调属性，以求达到多元理解，为构建"口述史的元理论"提供思想路径。

关键词：口述史　三线建设　事件　经历　叙事　集体记忆

一、表征的跃动，或口述史理论的社会学新取向

虽然对于普通亲历者口头叙事的记录古已有之，但现代社会科学真正承认口述史学的学科合法性则需要追溯到1948年阿兰·内文斯于哥伦比亚大学创建口述历史研究室之时，但彼时内文斯领导的哥大口述史项目的目的在于利用录音机记录那些对社会做出卓越贡献或与领袖关系密切之人（Abrams，2010：4），带有鲜明的精英取向。彼时的美国尚困囿于种族歧视的泥潭之中，真正赋予口述史学科性格的其实来自欧洲学者的集体努力，他们将口述史作为赋权底层民众，使其重现于历史叙事的重要工具（里

---

[*] 本文系南京大学"双一流"建设基金"卓越研究计划"项目"社会学理论与中国研究"的阶段性研究成果。
[**] 董方杰（dongfangjie@smail.nju.edu.cn），南京大学社会学院博士研究生。

奇，2019：7）。相比于大部分学科对于从业者学院属性的强调，口述史诞生之初其核心参与者广泛来自民间力量和边缘群体，因此这种自下而上看历史的"草根"的理论与实践取向所具有的天然反叛性使其始终处于一种蓬勃激昂的挑战者位置，不断突破相关领域在研究内容与研究范式的视界。

20世纪六七十年代席卷全球的平权运动带动了整个人文社会科学范式的转换，口述史在时代浪潮的助推下终于从一种书面资料的补充手段转变为质性研究中具有独特能力的核心工具，它能够捕捉到传统历史资料忽略的主观与情感维度。正如罗伯特·吉尔迪亚（Robert Gildea）描述的那样："在激昂的20世纪60年代，口述历史扮演着双重激进与双重民主的角色：它重现了那些被快速行进的时代列车所忽略或遗忘的普通人的声音，这一切都肇始于大学的围墙之外。乔治·埃文斯和斯塔兹·特克尔这些非职业历史学家开创了这一进程，随后，保罗·汤普森、拉斐尔·塞缪尔、布莱恩·哈里森这些青年才俊于1968年在各自任职的大学里着手开展了对大学服务人员的口述历史研究，让口述史这种方式从此在学术界扎下了根基。"（Gildea，2010）口述史蕴含着"流动与无尽之感……它漂浮在现在和不断变化的过去之间，摇摆不定于叙述者和采访者的对话中，溶解与凝聚在口述—文本—背景的真空地带里"（Abrams，2010：1），吸引了来自各个领域研究者的关注，但也正因为其主观性与情境性招致了实证史学的尖锐批评。这种对口述资料的怀疑态度源于对个人回忆的可靠性和客观性的根本担忧，也是本文问题意识的来源：亲历者的口述内容是否是真实可信的（过去）？

正当欧美的年轻人纷纷上街参与声势浩大的街头运动之时，遥远的中国此时也正热火朝天地进行着一项"深挖洞、广积粮"的战备任务。1964年，新中国的领导人们在经过细密论证后，开启了以战备为目的的全国工业布局大调整，其核心内容是将沿海及大型城市中的重要工矿、军事企业、科研机构和大专院校或整体搬迁，或完全复制到所谓的"三线地区"。1965—1980年，国家累计对三线地区投资达2052.68亿元，占全国同期投资的39.01%，新增固定资产1145亿元，占全国同期的33.58%，工业总产值从258亿元增加到1270亿元（陈东林，2003：411—412），西部地区在国家工业和经济规划中首次获得主导地位（徐有威、陈熙，2015）。这一长达近

17 年的区域发展和人口迁移计划,深刻影响了中国的国防策略、科技发展、工业生产和城市布局(范松,2015;张勇,2020;周明长,2014;周明长,2016),也彻底改变了千万人的生命轨迹。

改革开放以后,虽然三线建设运动逐渐消逝在历史中,相对于整个新中国工业建设的研究依旧沉浸于自上而下看历史的单一叙事里,"在宏大的国家叙事之外,个体的鲜活历史和深邃感悟并没有得到应有的重视"(周晓虹,2020),但三线建设的相关研究则呈现出了"风景这边独好"的喷涌之态,尤其在研究范式上来说,"三线研究正在经历从宏大的政治经济叙事到日常的社会生活体验,从自上而下的精英视角到自下而上的底层视角,从传统史学范式到多学科交叉融合,从史实的罗列与考证到理解、行动、情感与记忆的机制机理分析"(董方杰、周海燕,2021)的转变。在这个过程中,口述史作为方法论意义上的重要性由此凸显。

这个重要性一方面来自口述史可以"通过个体的口头叙事及由此建构的命运共同体的集体记忆,实现我们对一个时代及其上所承载的宏观社会结构及其变迁的理解"(周晓虹,2021a);另一方面来自"通过口述史研究能够激活命运共同体及其成员的认同感,建构起值得叙事的一个时代的社会与文化记忆"(周晓虹,2021a)。当我们充分意识到口述史介入历史与社会研究的重要性时,也应该同时反思现有研究中口述史理论建构的不足,一定程度上降低了口述史理论与口述史实践之间互动与互促的速率,直接影响了口述史作为一种自下而上的"透镜"重新审视国家与社会、历史与当下、结构与行动、叙事与记忆的能力。

自 2019 年起,南京大学当代中国研究院展开了新中国工业建设口述史与新中国人物群像口述史两个以口述史为主要方法的社会记忆工程。其中新中国工业建设口述史着意以口述史和集体记忆的方式为新中国工业化的宏大叙事补齐来自人民群众的鲜活一角(周晓虹,2020),新中国人物群像口述史则通过选取新中国各个历史阶段的标志性人物群体,如"劳动模范""铁姑娘""知青""赤脚医生""乡村教师"等,以群体生命史的方式再现新中国筚路蓝缕的奋斗道路。正是通过群体叙述,我们得以发现以他们为代表的数以百万计的普通人及其个人生活经历正是我们民族横跨 70 年屡仆屡起的底层动力与精神源泉(周晓虹,2021a)。截至目前,当代中国研究院依托两大项目已累计访谈超过1200名亲历者,积累了4000余小时的口述录音与视频资料,收集了各类历史照片等实物1万余件,整理了数千万字的录音逐字稿和成文稿,为后续建立以民间档案、日记、工作日志、私人信件、票据、器物等民间生活史料为主要内容的中国特定社会调查(CSSS)数据库奠定了极为坚实的基础。

在这五年极具实践取向的过程中,当代中国研究院的同仁们以涂尔干主义的社会学理论传统与哈布瓦赫的集体记忆路径为思想武器,为传统实证史学取向的口述史理论与实践注入了来自社会学的新取向。该新取向聚焦于"结构—表征"(孟庆延,2022)的复杂关系,试图以集体记忆、社会表征、生命历程、身份认同四大理论关切重新审视历史与结构中的行动者以及行动者的心灵、情感与记忆维度。这种以口述史为方法,以"结构—表征"为路径的新认识论回应了题眼中提到的口述史从业者面临的最大挑战——亲历者的口述内容是否是真实可信的(过去),并重新赋予了口述史(料)最饱受质疑的"主观性窠臼"以合法性,也是对于"普通个体的情感与记忆究竟对于共同体有没有意义"的系统回应和强调。

事实上,有关南京大学当代中国研究院的研究工作已被诸多学者系统回顾。孟庆延从谱系学的角度出发,完整回顾了口述史研究传统在中国社会学研究中的发展脉络。他认为,相较于孙立平、郭于华等人主持的革命口述史研究,周晓虹主持的新中国口述史系列在问题意识上实现了从"革命"到"建设"的议题转换,在理论传统上则是从福柯权力技术转向涂尔干、哈布瓦赫的社会事实路径,在方法上从"过程—事件"过渡到"结构—表征"(孟庆延,2022)。通过分析社会学路径下的口述史谱系,孟庆延认为虽然上述两大项目的分析策略各有差异,但其内在的核心却有着一致性——回归了费孝通关于"社会学人文性"的主张,将"心态"与"意义"置于讨论的核心位置。刘亚秋从口述史科学性与人文性的张力出发,延续了上述讨论——口述史由事件史与生命史两大维度构成,周晓虹等人将生命历程与集体记忆带回到社会学路径下的口述史研究中,凸显了口述史人文性的核心在于其生命史的维度(刘亚秋,2023)。相较于追求信度与效度的科学取向的口述史而言,人文口述史不仅关注口述资料是否为"真"的问题,更关注"口述史史料在何种角度为真"的问题。相较于上述两位学者从社会学角度的评论,来自历史学界的金大陆则从"口述史"与"口述记忆"的概念分野为这场讨论加入了跨学科的争鸣:金大陆认为,周晓虹领导的新中国工业建设口述史与新中国人物群像口述史具有鲜明的"共同经历型",追求的是口述与"集体记忆—社会认同"的联系,突出亲历者的情感倾向与价值判断,核心要旨在于以社会建构论诠释历史,因此这种社会学取向的口述史研究应称为"口述记忆"研究更为恰当,而历史学则将口述放置于"史料"的位置,口述资料需要与档案为主的史料群进行考订和验证,更关注的是亲历者的经历与遭遇(金大陆,2023)。无论是当代中国研究院自身的口述实践与理论阐释,还是学界诸多学者的争鸣讨论,一种口述史理论与实践的社会学新取向正在探索中形成。

在本文中,我们将继续从上述的新取向出发,以实证主义与建构主义的不同视角审视口述史真实性的争议。以三线建设为例,通过构建事件、经历与叙事的三重面相,解剖口述史的复调属性,为构建"口述史的元理论"提供思想路径。

二、作为事件的口述史,或回归生活的事实

这里是实证史学最为熟悉的主战场,突然闯入的口述史学倒经常被指责得像是一个手足无措的孩子。虽然"历史在某种意义上是一系列真实的史料"(柯文,2000:序言1),但柯文在《历史三调》中依旧把"作为事件的义和团代表的是对过去的一种特殊的解读,而作为神话的义和团代表的是以过去为载体而对现在进行的一种特殊的解读。两条路径都在过去与现在之间建立了一种互动关系,在此过程中,现在的人们经常按照自己不断变化的多样化的见解有意识或无意识地重新塑造着过去"(柯文,2000:序言2—3)。

这种对于历史事实的理解呈现出鲜明的实证主义与建构主义的纠缠,也从侧面显示了人文社会学科在整个近现代科学狂飙突进的背景下自身科学化与去科学化的博弈,于是实证史学与口述史学便在这个认识范式的

连续统中展开激辩,我们将此抽象为历史事实—历史真实—记忆真实的连续统。

秉持实证主义的历史学者或实证史学认为存在一个客观的历史事实等待研究者去发现,这个客观的事实是固定且明确的,不受主观意志所影响。恰如兰克史学的倡导,历史事实存在于原始史料之中,只要搜集到足够的第一手史料,历史学家就能抛却自身的价值立场与喜好观念,"像录音机或镜子"(贾鹏涛,2012)一般呈现出客观的历史,正如斐斯特尔在课堂时的宣告:"请不要向我鼓掌,不是我在向你们讲话,而是历史通过我的口在说话。"(古奇,1989:368)这位法国实证史学家坚信:"他的研究结果与己无关……历史是一种客观的科学,他的奥秘,我们可以使用同自然科学一样的方法来探索……他不仅已获得了真理,而且真理是容易获得的。"(古奇,1989:368)在这样的认识论指导下,实证史学对口述史的质疑不言而喻。

在社会建构论者看来,根本不存在一个所谓"绝对客观"的历史事实,"历史事实只是史料和史学家根据史料编纂、重建的事实,是一种再现"(王霞,2013),"历史学家重塑的历史实际上根本不同于人们经历的历史。不论历史学家能够选择和实际选择的史料多么接近真实,多么接近人们的实际经历,他们最终写出来的史书在某些方面肯定有别于真实的历史"(柯文,2000:2)。其原因在于"只有当历史学家要事实说话的时候,事实才会说话:由哪些事实说话、按照什么秩序说话或者在什么样的背景下说话,这一切都是由历史学家决定的"(卡尔,2007:93),以至于年鉴学派的旗手费弗尔疾呼"没有历史,只有历史学家",这与社会学家雷蒙·阿隆"理论先于历史"的倡导彼此呼应。尽管这确实会被部分实证史学批判为"历史虚无主义",但我们应该看到无论是实证主义还是建构主义,都不应该否认"真实性"问题。问题的实质在于我们需要追求的是一种实证主义的真实还是建构主义的真实——对于实证主义的真实来说,它执着于确定性,反对因为不客观所导致的不真实;对于建构主义的真实来说,它迷恋于不确定性,这种不确定性恰恰会带来有关"人"的真实。

这根源于两者研究对象的转变——对于秉持实证主义取向的传统史学来说,它的研究对象是一个确定的"过去";对于秉持建构主义取向的口述史学来说,它的研究对象是时间中复数的不同的人(布洛克,2011:序言

12)。于是在这个过程中，一场有关历史认识范式的革命由年鉴学派推至高潮，他们反对实证主义者盲目追随自然科学，"不再认为必须对所有的认识对象都强加一种从自然科学借用来的统一的思想模式"（布洛克，2011：序言8），重新回归对"复数人"的关注，于是诸如社会学、经济学、地理学、人类学、心理学等学科加入其中，由此打开了历史空间的桎梏。

因此，实证史学对口述史的质疑在一定程度上被消解了。作为事件的口述史，即口述史的事件面向，由于其叙述主体的主观性常被实证史学所诟病，但这种被实证主义所弃如敝屣的"主观性"特质却被建构主义所珍视，尤其是在"自下而上"看历史的范式浪潮下，这种由亲历者娓娓道来的带有鲜明主观性的"事件"为我们打开了传统史料中较为少见的日常生活细节，即所谓"日常生活的历史"，更为确切地说是重大历史事件下日常生活的历史。这些日常生活的事件保存于亲历者的记忆中，是真实的，但同样容易受到建构，正如哈布瓦赫所言："过去是一种社会建构，这种社会建构，如果不是全部，那么也是主要由现在的关注所形塑的。"（哈布瓦赫，2002：45）这里涉及了记忆真实与历史真实的问题，也是口述史的事件面向中较为棘手的问题。

口述历史真正让我们意识到了历史真相的复杂性，于是历史学家在重塑历史的过程中，唯一能做的只是尽可能地收集相关史料，努力还原历史真相，这是一个无限接近的过程，我们便无法将其称为"历史事实"，而只能以"历史真实"冠之。如果是这样，连专业的历史学家都无法做到触碰"历史事实"，为何还要对普通的口述亲历者加以苛责？而正是因为亲历者的口述，为我们带来了充满个体喜怒哀乐与悲欢离愁的"日常生活历史"，这是一种生活真实。即使个中叙述细节可能出现偏误，但情感是真切的，于是这种充满个体情绪的介于真实与非真实地带的记忆，为社会学研究提供了一个无限遐想与解释的空间，这个空间包括但不限于探索社会结构与行动者之间的互动关系、国家话语、集体表征与共同体意义的锻造、历史变迁、生命历程与叙述框架的共振等。所以，对于致力于口述史研究的从业者来说，口述史的研究重点不仅是人们说了什么，更需要关注人们是如何说的，为什么说这些以及它意味着什么（刘亚秋，2023）。

回到三线建设的相关研究中，当我们分别以实证主义和建构主义的视角回溯三线建设的相关研究时,可以清晰地看到两种取向下研究内容的差异。如果秉持的是实证主义立场,追求的是客观性与可验证性,优先考虑的是线性时间下的事实性和历史事件的呈现样态(刘亚秋,2023),所以研究者一般比较从宏观与中观的角度切入,"宏观研究涉足三线建设的原因、背景、决策、实施过程、后续影响及后世评价,侧重于宏观经济史与政治史,中观研究涉足三线建设在具体区域的实施情况,侧重于区域经济史与当地城市化"(董方杰、周海燕,2021)。这种实证主义的追求固然有其重要的学术意义,有助于帮助我们理解三线建设为何而来、如何实施、有何影响的确定性问题,但是在宏大的国家叙事下却忽略了最广大的普通亲历者以及他们自身的鲜活历史,个体的生命历程只是宏大历史事件的伴生物。

秉持建构主义立场的研究者更喜欢从微观角度切入,强调尊重历史过程中的个体主观,认为历史事件也是通过个人记忆和情感建构起来的,所以会以一种自下而上的视角探索三线建设亲历者的日常社会生活体验,寻求理解其行动、情感与记忆的机制机理,相较于探索三线建设"上层建筑"的来龙去脉,秉持建构论立场的口述史研究者更愿意倾听三线建设亲历者"日常生活"的鲜活事实。由此,三线建设不仅仅是一系列战备行动,而是影响亲历者一生地域迁徙、职业选择、家庭境遇与情感粘连的集体与社会语境。

生命历程理论为理解口述史事件维度的建构性以及其集体与社会语境提供了一个宝贵的框架。该理论用于研究个体生命历程中的长期模式和发展阶段,以及这些模式和阶段如何受到社会结构、历史事件和个人选择的影响。通过考虑时间、社会结构和个人行动的相互作用,用于理解个体生命历程中的复杂性和多样性,以及个人生活路径是如何被广泛的社会力量所塑造的(埃尔德,2002)。与之相关的核心原则为:"(1)个体的生命历程嵌入了历史的时间和他们在生命岁月中所经历的事件之中,同时也被这些时间和事件所塑造着;(2)一系列的生活转变或生命事件对某个个体发展的影响,取决于它们什么时间发生于这个人的生活中;(3)生命存在于相互依赖之中,社会—历史的影响经由这一共享的关系网络表现出来;(4)个体能够通过自身的选择和行为,利用所拥有的机会,克服历史与社会环境的制约,从而建构他们自身的生命历程。"(埃尔德,2002:426—432)

在这样的视角下,生命历程理论意义上的"转变"(transition)和"转折点"(turning point)概念在此显得尤为契合。转变即个体生命历程中发生的那些关键变化或事件,这些变化标志着从一个生命阶段过渡到另一个生命阶段,相较于另一个生命历程的重要概念——轨迹(trajectory)——"转变"嵌套在长期的"轨迹"中,但更多的时候指向的是一种短期观,描述的是各种状态的变化(包蕾萍,2005),比如入学时的新生懵懂、结婚时的新婚燕尔、毕业时的离别思绪以及刚工作时的踌躇满志。与之伴生的是转折点,它代表着生命历程方向性的更改,例如"文革"导致的求学中断,"广阔天地大有可为"后带来的千万知青上山下乡,1977年恢复高考后的鲤鱼跃龙门以及"九二派"的下海热潮,这些转折点往往与社会的结构性因素有非常巨大的关联。因此,生命历程理论中的生活真实是指个人在其生命的不同阶段和转变时期的实际经历、日常生活与情感体验。回到三线建设亲历者,他们口述的三线往事所呈现的最鲜活部分往往集中于转变的阶段,尤其是涉身三线地区前后的林林总总。这种生命历程状态的改变,在三线亲历者口中可以继续细化为动员、动身、动工三大主题。

"动员"代表着国家观念的植入与认同,是一种思想状态的变化。作为一项新中国在20世纪60年代最为重要的战备工程,中国共产党有一整套承袭于革命时代的动员法宝,尤其是在动员中注重情感工作的实施,使得参与者能以高度情感化的方式参与到崇高正义的事业中去(裴宜理,2001)。所以当时的一系列口号,诸如"让毛主席他老人家睡好觉""好人好马上三线""备战备荒为人民""毛主席的战士最听党的话",在如今依旧是亲历者陈述其克服各种困难支援三线建设的普遍性陈述:

> 我怎么会到贵阳来呢?那时候毛主席号召搞三线建设嘛,说三线建设不好,他老人家睡不好觉。(ZZX,2019)①
>
> 当时只知道要内迁,具体选址选在哪里,谁也不知道。从整个的

---

① 本文引用的访谈材料均来自南京大学"新中国工业建设口述史"课题组于2019年7月在贵州对182位三线企业职工访谈形成的录音逐字稿以及据此出版的《战备时期的工业建设:三线建设口述实录(1964—1980)》。

氛围来讲,广播里边(每天都)不断地播送这个问题。我们下班以后要走到食堂区域,我们去的路程当中,它就播放音乐,那个音乐到现在我还记忆犹新,是《毛主席的战士最听党的话》。这个歌词我都能背下来:"毛主席的战士最听党的话,哪里需要到哪里去,哪里艰苦哪安家,祖国要我守边卡,打起背包就出发……"天天放,大家都情绪非常高涨。我是自愿报名的,从当时那个情况来看,真的是满腔热血、毫不反悔。(AHC,2019)

"动身"则意味着生活场景、工作环境与物理空间的彻底变换。在我们访谈的150余位三线建设亲历者中,"动身"过程虽然短则三五天,长则半个月,但其叙述的厚度、情感的绵延与细节的关注甚至远超后续十数年的生活经历:

在10月22号左右,当时矿务局作为一件大事,由矿务局党委书记、局长亲自带着队伍。场面很热烈,政治气氛很浓,我们戴着大红花,戴着语录章,背着行李,提着箱子,就和参军一样;人情味也很浓,路两旁老百姓也给我们送行,锣鼓喧天,送到火车站。两个车厢,全部是支援三线建设的人员,我们门口有人把门,有警卫,谁也不能上,有点神秘。一车拉到上海,上海也是事先把最高级的饭店留给我们,上海最高级的饭店就是国际饭店。大家头一次到上海,周游周游。

第四天乘上专列。因为我们乘坐的车皮是单独的,就直奔贵州了,整整走了三天三夜。那时候湘黔线没通,必须绕过柳州——经独山、都匀到贵阳。到了以后,去接我们的是苏联的那种基尔车,大吨的,又高又大。把这个行李往上一放,爬上去,站着。那时候我们也觉得是一种欣慰,客车什么样都不知道,坐这种车已经算不错了。

车接了我们以后,往山里面开,周围漆黑,到那儿已经是晚上7点左右,我记得要爬山。第二天一看没有高楼,全部是一层一层的平房。什么平房? 油毛毡,什么干打垒、铁皮房,什么帐篷,全部是一派在建的工地。那个房子像梯田状地一个一个盖,顺着山坡这么盖上去,顺势而建,看了以后你觉得是个高楼。每一个平房闪出灯光,垒起来看

着很像个高楼,实际上不是。(YJH,2019)

"动工"则是正式开启了亲历者三线建设的人生岁月。由于三线建设的战备属性,大部分亲历者进入到三线地区"动工"之时,所在厂区按照"分散、靠山、隐蔽"的保密方针,从无到有,重新建设,处于"一穷二白三没有"的极为艰苦的状态。因此这里的"动工"带有明显的加速工业化意味。这种加速工业化一是由于周边安全局势的客观要求,更为我们所关注的则是加速工业化背后的情感动员、共同体的意义感锻造与劳动者的自我驱动。在"动工"这段持续不长的状态里,三线建设者们讲述了一系列仪式展演与劳动场景,诸如劳模宣讲、典型示范、突击队宣誓、劳动竞赛、成果报喜、忆苦思甜,是他们在艰苦岁月里的人生闪光时刻,也构成了后面我们将重点阐释的命运共同体叙事:

> 我们厂1966年开始建的,在山沟里,绝对的深山沟。我们到的时候,已经有两三千人了,厂房刚建起来,但是宿舍、一些办公设备都还没有。因为当时提倡"先生产,后生活",我们去了以后没房子,就住在山洞里。当时正好在收稻子,问老乡要一些稻草铺在地上,然后就铺床,把褥子铺在稻草上,就睡在地上。因为有农场劳动锻炼的底儿,还能坚持住。后来我们单位在单身宿舍里为我挤出一间房子,是干打垒的房子,也很简陋。我当时买了一个蚊帐,下雨或下雪的时候,雨水就直接从水泥预制板缝里溅到蚊帐上再顺流到床上,所以挂了蚊帐以后,上面弄上报纸多少挡一挡,湿了以后滴答水了,就赶快把这报纸扔了,再换新报纸。预制板就只有这么厚,缝很大,从屋里就能看到天上。晚上外边下雪,早晨起来洗脸盆里的水都是冻上冰的,挺艰苦的。(ZBW,2019)

我们发现这些叙述篇幅最大、细节最生动、情感最饱满的普遍集中于亲历者的转变时段。这一发现在我们对第一拖拉机厂、洛阳矿山机器厂等企业进行口述史访谈时同样得到印证:"无论是从上海或东北调来的工程技术人员,还是从河南农村招收来的普通工人,20世纪50年代入职的第一代亲历者都对参加'新中国工业建设'这一生活事件给予了详细的叙事,以致大多数亲历者的完整生命历程都给人以'虎头蛇尾'的感觉。这说明,不仅作为个体记忆的复现形式的口述历史,其内容及其意义是由特定社会建构的,而且具体的建构逻辑还受制于个体的生命历程的具体时点尤其是转折点。"(周晓虹,2019)

这些转变与转折点的叙事特征充分反映了口述史事件维度的情感真实和记忆真实,这里的情感真实是指与生活事件相关的感受和情绪,而记忆真实是指个人对过去经历的回忆和解释。在三线建设中,这些情感真实和记忆真实让我们了解他们是如何回忆和解释这些事件的,而这些背后则是个人经历、观念与情感在更广泛的历史和社会背景下塑造与建构的结果。所以,正如我们一再强调的,口述史的研究重点不仅是人们说了什么,更需要关注人们是如何说的、为什么说这些以及它意味着什么(刘亚秋,2023)。

三、作为经历的口述史,或跨越个体经验的藩篱

这里是口述史引以为豪的根本,亲历者以自身经历为轴心,在回忆中重新把自己置身于历史变迁与社会结构之中,不仅"历史的意义从记忆里被提取和保存"(里奇,2019:1),而且在叙述的过程中亲历者也在逐渐寻找自身主体以及所属共同体的意义。尽管在实证史学看来,口述史"作为一种通过记录访谈的形式,收集记忆和有历史意义的个人观点的史学分支学科或历史研究方法"(里奇,2019:1),似乎只是个体经历与记忆的主观表达,如果需要采用,必须与以档案为核心的"合围型"史料进行比对(金大陆,2023),以保证其史料的信度和效度。但在社会学看来,虽然人文取向的口述史至今依旧受到兰克史学"科学性"观念的批判,但当我们将其放置在涂尔干、米尔斯以及布迪厄的三条脉络中考察,则会发现其蕴含着的学术和现实意义远不止于此。

米尔斯曾言:"个人只有置身于所处的时代之中,才能理解他自己的经

历并把握自身的命运,他只有变得知晓他所身处的环境中所有个人的生活机遇,才能明了他自己的生活机遇。"(米尔斯,2005:4)这种倡导将生活世界中的个人困扰与社会结构之间的公共议题相联系的"社会学想象力"有助于口述史跨越个体经验的藩篱,"获得对更大的时代和社会结构的解释与说明"(周晓虹,2021a),我们会更加明白亲历者所口述的经历"不仅在自己的生活历程之中,而这个历程又存在于某个历史序列之中"(米尔斯,2005:4)。正如在三线建设的口述史中,我们发现几乎所有的亲历者论述自己之所以来到"荒山野岭"的三线地区时,都会不约而同地谈到当时共和国面临的战争危机以及在战备动员下的紧张氛围,这种将自身的生命历程与整个共和国重大危机紧密结合的叙述方式让我们真切地感受到个体的生命历程是如何深深嵌入在社会结构与历史事件之中,命运共同体又是如何激发起普通亲历者的意义感,并使其全身心地成为宏大的国家行动与叙事的自觉一员:

> 解放以后,毛主席对我们的国防很担忧。我们刚刚解放,底子比较薄,而且工业都集中在东北地区或沿海地区。一旦打起仗来,怎么办?东北地区在苏联的导弹射程之内,几颗导弹几个炮弹,工厂炸了,后续的工业从哪儿来?1964年5月,毛主席在听取第三个五年计划编制的时候第一次提出"三线建设"的主张,指出国家计划要考虑到打仗,为了防止帝国主义对我国发动侵略战争,要下决心把东部、中部的部分国防工业基地,搬迁到西部去,要搞三线基地。毛主席觉得,我们当时的国防企业要进行调整,把沿海的搬到内地去,分作一线、二线、三线。三线在四川、贵州、陕西、湖南、广西等地,就是西南部。(JBJ,2019)

如果米尔斯的"社会学想象力"为口述史跨越了个体经验的藩篱,那么涂尔干的社会学主义传统则为口述史提供了一个极为牢固的整体分析框架,促其度过所谓"碎片化"和"还原论"的方法论危机。在涂尔干看来,虽然社会由一个个单独的个体组成,但是这些个体一旦联结形成社会后便因为"突生机制"拥有了个体所完全不具备的特性,于是其分析单位就不能再还原为个体，而应该寻求"社会事实"的解释。对于口述史来说，涂尔干意义上的"社会事实"不仅有作为"物"的传统理解，更有作为"心"的重要启示，这里的"心"代表着以集体记忆、集体信仰、集体规范、集体价值、集体心态为核心内容的集体表征，它们在每一个人的心灵之中，只有通过主体互通的作用过程才能显现（叶启政，2004）。"社会学对于精神世界的理解，应该是把它和社会运行机制联系起来"（费孝通，2003），费孝通对于社会学人文性的倡导提醒我们不仅需要探求"社会事实"的特性，更需要探索"社会事实"的突生机制，而分析亲历者的经历则是寻求"社会事实"突生机制的重要窗口。

我们曾在研究三线建设亲历者的社会心态与集体表征时，对"中国体验"概念进行了时间维度的跃升（董方杰、周海燕，2021），用以概括中国社会从传统走向现代时亲历者的复杂体验："它是内外紧张局势下，国家主导的现代性项目快速嵌入地方的过程中亲历者们跋山涉水时的牺牲感与崇高感，是工地社会欢腾景观下为了'让毛主席睡好觉'的朴素奋进感，是类军事化社会保密网络中的紧张感与蓄势感，也是局势稍待稳定后单位社会里的优越感。"在战备时期的工业建设这样大的社会背景下，三线人作为一个极为独特的群体，其共同经历所带来的集体心态为他们提供了一个理解当下处境、解读国家政策、触发情感共振和构建身份认同的认知框架，并为后续从个体记忆融汇为集体记忆奠定了极为重要的心理基础。最终，以共同经历为基石，我们得以发现从个体记忆到集体记忆的三重突生机制，即"命运共同体所经历的共同历史事件以及彼此关联而成的社会结构，因共同经历和相互联系而成的客观性所铸就的集体记忆主观框架，与集体框架所匹配的具体的思想、语汇、修辞乃至各类象征性仪式"（周晓虹，2020）。

如果说米尔斯的"社会学的想象力"为口述史带来了跨越个体经验藩篱的思维方式，涂尔干的社会学主义从方法论层面破除了口述史"碎片化"与"还原论"的危机，那么布迪厄"个人性即社会性"的疾呼从实践层面，则彻底为作为经历的口述史打开了空间。1999年，社会学家布迪厄联合其余22位合作者通过对社会疾苦的大规模调查，出版了一部名为《世界的重量：当代社会的社会疾苦》（*The weight of the World: Social Suffering in Contemporary Society*）的著作，在三年的时间里，研究者以"最具个人性的也就是最非个人性"(布迪厄、华康德,1998:263)的研究假设,访谈了以社会底层为主的普通民众,通过"对社会的疾苦、悲惨的境遇、难以名状的不满或怨恨进行探索性的考察"(郭于华,2011:1),发现"许多最触及个人私密的戏剧场所,隐藏着最深的不满、最独特的苦痛。男女众生但凡能体验到的,都能在各种客观的矛盾、约束和进退维谷的处境中找到其根源"(布迪厄、华康德,1998:263)。对于研究者来说,我们需要"在充分了解了个人的社会阅历和生活背景之后,进一步进行非常详尽、高度互动的深度访谈,以协助被访者发现和表述他们生活中所存在的惨痛的悲剧或日常的不幸背后所潜藏的规律,帮助他们摆脱这些外在现实的禁锢和袭扰,驱散外在现实对他们的内在占有"(布迪厄、华康德,1998:264)。

布迪厄的学术实践不仅明确指向亲历者经历中的情感维度,而且希望从这种极具私密化的情感背后寻找到社会的根源与规律,释缓亲历者的苦痛,驱散社会结构对个人心灵的阴霾,因此"帮助他们复述并重构其生活事件的历史意义,就是包括社会学家在内的研究者的基本使命"(周晓虹,2019),这为行动化的口述史指明了路径。在三线建设的访谈过程中,我们深切地感受到,虽然是亲历者在讲述自己的经历,但在口述史访谈的场域中,我们不仅只是端坐的倾听者与提着录音笔的资料收集者,更应该是彼此生命的互动者与情感的共鸣者,而情感的共鸣源自对其经历的充分了解与理解。

四、作为叙事的口述史,或集体记忆形塑中的群己颉颃

这里是口述史最迷人的地方,它将原本私密性的个体记忆回归集体记忆,而集体记忆一旦形成便又会为个体记忆设定叙述框架。这个理论传统发源于哈布瓦赫开创的集体记忆框架,个体的记忆只有"在社会之中才获得……也正是在社会中,他们才能进行回忆、识别和对记忆加以定位"(哈布瓦赫,2002:68—69)。哈布瓦赫有关记忆只有在社会框架内构建和维持

的观点,使得记忆的社会属性开始得到重视,并在20世纪80年代记忆研究浪潮下成为显学。在前文中我们将作为经历的口述史放置到米尔斯、涂尔干和布迪厄的学术脉络中考察,从方法论层面获得了从个体向集体的跨越;而在口述史的叙事层面,我们将立足中国实践探讨集体记忆、命运共同体的共同经历与国家话语之间的复杂关系。

在哈布瓦赫的集体记忆框架中,"集体记忆具有双重性质——既是一种物质客体、物质现实,比如一尊塑像、一座纪念碑、空间中的一个地点,又是一种象征符号,或某种具有精神涵义的东西、某种附着于并被强加在这种物质现实之上的为群体共享的东西"(哈布瓦赫,2002:335)。如果对社会表征的理论传统有所涉猎,莫斯科维奇强调的社会表征是"通过对社会影响的沟通而支撑起日常生活的真实性,并建立起不同群体之间边界的原则和方式"(莫斯科维奇,2011:2),其产生过程非常重要的一点来自共同体内部的集体创造和不断分享对现实的共同理解,我们就会惊喜地发现哈布瓦赫对于集体记忆的类型划分与涂尔干的集体表象、莫斯科维奇的社会表征有一种天然的亲和性,这里我们继承周晓虹在《转型时代的社会心态与中国体验——兼与〈社会心态:转型社会的社会心理研究〉一文商榷》一文中对于集体表象与社会表征的处理,以"集体表征"统合,诸如"传统、风俗、习惯、国民性、集体记忆或集体无意识,以及时代精神、社会价值观、社会氛围、舆论与时尚、社会共识甚或意识形态都视为集体表征的不同形式"(周晓虹,2014),不同类型的集体表征与集体记忆之间存在着相互建构的复杂关系,而作为叙事的口述史不仅应该被视为集体记忆的载体,同样也是集体表征的重要类型。

保罗·康纳顿曾经在《社会如何记忆》一书中强调"我们对现在的体验,大多取决于我们对过去的了解;我们有关过去的形象,通常服务于现存社会秩序的合法化"(康纳顿,2000:导论4),而其前提在于"任何社会秩序的参与者必须具有一个共同的记忆"(康纳顿,2000:导论3),于是"从未谋面的人们可以体认共同的传统,也可以在没有地缘与血缘的联系下汲取过去的记忆"(Lipsitz,2006:5)。集体记忆的重要性不言而喻,这与福柯在一次访谈中表露的意思异曲同工:"记忆是斗争的重要因素之一……谁控制了人们的记忆,谁就控制了人们的行为的脉络……因此,占有记忆,控制它,管理它,是生死攸关的。"(Foucault,1975)而口述史中"由个人的口述构成的叙事,具有标准的集体记忆的性质,或者说个人的叙事在本质上依旧是与更大的群体或命运共同体、与社会、与民族或国家的叙事交织在一起的,并且归根结底其叙事框架是由后者所决定的"(周晓虹,2021b),由此给予了国家形塑集体记忆的原动力。国家话语带有天然的权力优势,是集体表征的重要来源,同时也是形塑集体记忆的重要力量。它可以通过各类组织架构与宣传网络对事实进行有意识的筛选,包括强调、遗忘、扭曲乃至改写,从而确立一套民众认可的符号象征系统。在这套符号象征系统里,政治口号、先进榜样、学习典型与英雄人物都被囊括其中,以作为活生生的集体表征嵌入个体的日常生活,协助完成情感与政治动员,重构社会关系,建立国家和集体认同,最终形塑集体记忆。

在三线建设亲历者的口述中,由于受到命运共同体的共同经历与国家话语的双重建构,其叙事特征呈现出两大逻辑,即动员叙事和献身叙事。首先是动员叙事,它是战备年代国家行动与个人选择的记忆表征。在前文中,我们曾经表述过"让毛主席他老人家睡好觉""好人好马上三线""备战备荒为人民""毛主席的战士最听党的话"等一系列当时政治宣传的口号已经成为如今亲历者回忆三线往事时的普遍叙事,这充分说明了动员时的国家话语作为一种强势的集体表征内嵌于群体交流与个人回忆之中,融汇于其生命历程,以至于亲历者回溯以往,如果脱离了上述话语,几乎无法表达其经历是如何开端与持续的。埃尔德(2002:415—416)在《大萧条的孩子们》中有过这样的评论:"重大危机往往产生广泛分享的经历……当一个全国都处于危机状态下并且危机波及的范围会威胁共同生活方式时,集体经历就具备了解释力度。国家的生存为此超出了个人、团体、社会阶层和区域的特殊的分散利益……他们个人的艰难历程成了国家经历的一部分。根植于这种经历的是一种精神框架……全国处于紧急状态并服从于生存至上的目标,使个人和团体利益服从更高目标的呼吁所导致的全国团结一致,号召全民把自己的才智和努力贡献给国家的全面动员,因参与集体的努力而且最终获胜而感到骄傲。"国家话语同样塑造了三线亲历者的意义世界,在国家遭受如此重大的危机之时,正是亲历者的无悔付出和艰苦努力才挽回危机,避免了共和国再入战争之泥潭,这样的心理动机将个人的行动与国家的命运紧密联系,由此产生强烈的意义感与认同感不仅让当年的"自己"拼命努力,也是其晚年寻求人生意义、解释当下处境的重要方式。

其次是献身叙事,它既展现了三线故事落幕后亲历者的人生回望与重构,也隐含着代际传承中记忆断裂的危机。如果说动员叙事解决的是亲历者阐释"自己为什么来"的问题,那么在"献了青春献终身,献了终身献子孙"的献身叙事里亲历者不仅解释了"我们为什么留",更回答了"我们是谁"的问题。三线建设有过辉煌的过去,但由于国际局势的改善以及国家工作中心的再次调整,因战备而兴起的工矿企业在改革开放后的市场经济大潮中陷入了不适与停顿,大量的三线企业由此倒闭、破产或调迁,随之而来的是"铁饭碗"的破碎与下岗潮的产生,共同体的生活由此瓦解。三线亲历者们从受人歆羡的"单位人"到自负盈亏的"社会人",其身份认同遭遇了巨大的困惑:如何看待三线建设?如何看待过去的自己?如何面对自己的孩子?如同知青们之间广泛流传的"青春无悔"的话语叙事,其社会记忆的核心逻辑是将个体的苦难上升为国家的苦难,并进而阐释成"为国家扛着苦难",由此"青春"具备了历史的意义,"无悔"更是拥有了一种群体身份和社会认同(刘亚秋,2003)。献身叙事具备着同样的心理逻辑和群体逻辑。但相较于知青在改革开放以后大规模返城的结局,三线建设亲历者们需要面对的心理和历史重建任务不仅在于自己与同辈之间,还在于代际之间:

> 我想(过)这个问题。现在有些年轻人可能不理解。对我们父辈,过去有个说法,叫献了青春献子孙。因为我父亲(他们)来的时候都是三四十岁,那会儿青春正好。你看像我师傅1964年(来三线),他还没成家就从北京到这来,那不是整个青春就交到这了?献子孙,像我们这代人就交到这了。(从北京来的)这有好几个没走的,很多人子孙就在这,走不了。他们这代人牺牲就牺牲了,为共和国的国防工业,青春也献了,儿子孙子也献了,他们纯粹就是为了国家。你说他们有没有想法,他们也有想法的。从现在回想起来呢,我站在他们的角度上,我不知道他们这一代人是自豪感多一些还是失落(多一些)。从大角度上来看,他们那代人,我认为是参半。有些子女条件好一点,他过得比较幸福,比较安逸,可能他心情要好一些。那有些呢,子女没有考上大

学,没有走出去的,这边的工作没有了,子女工作也没有了,你说他有什么想法?他们从北京、上海、成都、武汉、南京(过来),(那边)就业的机会广,他们子女的就业机会(也)广。这边就业环境你也看得到,他们怎么想?他们现在老了,都80多岁了,我不知道他们怎么想,你有时候想起来也寒心。(HXQ,2019)

代际视角为我们从时间与关系的双重角度去看待集体记忆如何随时间演变提供了窗口。在这一视角下,口述史揭示了三线建设亲历者及其后代是如何看待、理解、内化乃至重构这场以战备为中心的工业运动。献身叙事的背后隐含的是代际集体记忆的破裂危机,这源自三线子弟们的生命历程。

生命历程理论认为"一系列的生活转变或生命事件对某个个体发展的影响,取决于它们什么时间发生于这个人的生活中"(埃尔德,2002:428),并且与事件发生的情境和生活期望有非常大的关系(埃尔德,2002:429)。第一代建设者在国家的动员下奔赴三线地区,虽然条件艰苦,但无论是社会地位、工资薪酬、物质供给还是文化生活,在整个国家的阶层分布中是享有"主人翁"地位的,这个心理比较过程在三线地区整体"一穷二白"的状况中又得到了放大,因此"献了青春献终身"是带有那一代人的集体主义情节与认同的。但三线子弟们的生命历程与父辈们截然不同,"透过家庭和家庭成员'相互关联着'的命运,历史性事件和个人经历被联系在一起"(埃尔德,2002:429—430),此时"黄金年代"已然过去,他们在成长的过程中感受到的是三线企业的逐渐衰败与集体主义生活方式的解体,并进而在改革开放的大潮中处于极为不利的竞争地位,由此带来了对于父辈当年选择的不理解以及父辈集体叙事的不认同。如果说"献了青春献终身"的话语尚且带有工人阶级"主人翁"身份的认同与骄傲,那么"献了终身献子孙"的叙事总归是夹杂着些许对于现实和命运的落寞与不甘。

"历史具有伸缩性,我们把历史塑造成形,它反过来又影响我们。"(柯文,2000:180)我们以三线建设为例,深入剖析了口述史中蕴含的事件、经历与叙事的三重面向,它可以帮助我们探索与理解这个塑造成形的过程,但也对我们研究者自身有了更高的要求。当我们立足于口述史的事件面向时,不仅需要做到客观与中立,尽力还原历史真实,更要把握其中生命历程意义上的生活真实;当我们涉足口述史的经历层面时,则需要和亲历者怀着同样的心情,产生情感共振以寻求重回历史时的真正理解;当我们看到口述史的叙事维度时,则需要有极高的敏锐度去发现历史与记忆的被建构部分,这时候我们是解构者与分析者。值得注意的是,事件、经历与叙事是一个随着历史与结构变迁、亲历者与研究者互动而不断发生变化的复合体,正如本文在开头所言:"(口述史蕴含着)流动与无尽之感……它漂浮在现在和不断变化的过去之间,摇摆不定于叙述者和采访者的对话中,溶解与凝聚在从口述—文本—背景的真空地带里。"

参考文献

埃尔德,2002,《大萧条的孩子们》,田禾、马春华译,南京:译林出版社。
包蕾萍,2005,《生命历程理论的时间观探析》,《社会学研究》第4期。
布迪厄、华康德,1998,《实践与反思:反思社会学导引》,李猛、李康译,北京:中央编译出版社。
布洛克,2011,《历史学家的技艺》,黄艳红译,北京:中国人民大学出版社。
陈东林,2003,《三线建设:备战时期的西部开发》,北京:中共中央党校出版社。
董方杰、周海燕,2021,《三线建设、现代性嵌入与中国体验——以口述史为中心的考察》,《社会科学研究》第5期。
范松,2015,《论"三线建设"对中国西部城镇发展的推进》,《贵州社会科学》第3期。
费孝通,2003,《试谈扩展社会学的传统界限》,《北京大学学报》(哲学社会科学版)第3期。
古奇,1989,《十九世纪历史学与历史学家》,耿淡如译,北京:商务印书馆。
郭于华,2011,《倾听底层:我们如何讲述苦难》,桂林:广西师范大学出版社。
哈布瓦赫,2002,《论集体记忆》,毕然、郭金华译,上海:上海人民出版社。
贾鹏涛,2012,《历史事实的从容与窘迫》,中国哲学社会科学:自主创新——上海市社会科学界第十届学术年会文集(2012年度)青年学者文集。
金大陆,2023,《"口述史"与"口述记忆"——新中国史口述研究的历史学和社会学取向》,《中共党史研究》第3期。

卡尔,2007,《历史是什么》,陈恒译,北京:商务印书馆。

康纳顿,2000,《社会如何记忆》,纳日碧力戈译,上海:上海人民出版社。

柯文,2000,《历史三调:作为事件、经历和神话的义和团》,杜继东译,南京:江苏人民出版社。

里奇,2019,《大家来做口述历史》,邱霞译,北京:当代中国出版社。

刘亚秋,2003,《"青春无悔":一个社会记忆的建构过程》,《社会学研究》第2期。

刘亚秋,2023,《口述史研究的人文性及其难解之题》,《社会学研究》第1期。

陆远、黄菡、周晓虹,2022,《工人阶级劳动传统的形成:洛阳矿山机器厂口述实录(1953—2019)》,北京:商务印书馆。

孟庆延,2022,《口述史的社会学中国谱系:理论传统与本土经验》,《求索》第1期。

米尔斯,2005,《社会学的想像力》,陈强、张永强译,北京:生活·读书·新知三联书店。

莫斯科维奇,2011,《社会表征》,管健等译,北京:中国人民大学出版社。

潘桐,2022,《扎根中国大地的社会学实践史:从陕北公学到人民大学》,《社会建设》第4期。

裴宜理,2001,《重访中国革命:以情感的模式》,《中国学术》第4期。

王霞,2013,《历史事实,历史真实——从客观实证论到主观建构论》,《沈阳大学学报》(社会科学版)第5期。

王小章,2021,《学人、学科与时代》,《读书》第12期。

徐有威、陈熙,2015,《三线建设对中国工业经济及城市化的影响》,《当代中国史研究》第4期。

叶启政,2004,《进出"结构—行动"的困境:与当代西方社会学理论论述对话》,台北:三民书局。

张勇,2020,《区隔与融合:三线建设内迁移民的文化适应及变迁》,《江海学刊》第1期。

周海燕、吴晓萍,2023,《战备时期的工业建设:三线建设口述实录(1964—1980)》,北京:商务印书馆。

周明长,2014,《三线建设与中国内地城市发展(1964—1980年)》,《中国经济史研究》第 1 期。

周明长,2016,《三线建设与贵州省城市化》,《中共党史研究》第 12 期。

周晓虹,2014,《转型时代的社会心态与中国体验——兼与〈社会心态:转型社会的社会心理研究〉一文商榷》,《社会学研究》第 4 期。

周晓虹,2019,《口述史与生命历程:记忆与建构》,《南京社会科学》第 12 期。

周晓虹,2020,《口述史、集体记忆与新中国的工业化叙事——以洛阳工业基地和贵州"三线建设"企业为例》,《学习与探索》第 7 期。

周晓虹,2021a,《口述史作为方法:何以可能与何以可为——以新中国工业建设口述史研究为例》,《社会科学研究》第 5 期。

周晓虹,2021b,《口述史、三线研究与社会学想象力的锻造》,载张勇等,2021,《多学科视角下三线建设研究的理论与方法笔谈》,《宁夏社会科学》第 2 期。

Abrams, L. 2010, *Oral history theory*, London: Routledge.

Foucault, M. 1975, "Film and Popular Memory: An Interview with Michel Foucault." *Radical Philosophy* 11.

Gildea, R. 2010, "The Long March of Oral History: Around 1968 in France." *Oral History* 38(1).

Lipsitz, G. 2006, *Time Passages: Collective Memory and American Popular Culture*, Minneapolis: University of Minnesota Press.

(特约编辑:胡洁)

何以言商：义乌初代草根企业家的底层叙事与商业实践*

高玉炜**

摘要：本文以改革开放以来第一代义乌草根企业家为研究对象，借助亲历者的个体叙事，不仅关注草根商人的生存理性对其经商行为的影响，也分析了"鸡毛换糖"如何反映义乌农民的底层经历和体验，进而折射出他们的情感世界。同时，探讨情感叙事如何塑造一种新的话语结构，以增进我们对历史或曰"社会事实"的把握和理解。最后，在义乌农民的"鸡毛换糖"过程中，我们进一步证实，流动是中国农民现代性形成的重要因素，也是传统农民向专业化商人转变的关键一步，遂提出把流动性带回乡土中国的主张。

关键词：义乌草根企业家 "鸡毛换糖" 生存理性 情感叙事 商业实践

一、问题的提出与资料来源

当我们探讨义乌民营企业家的草根性（grassroots）时，就不得不首先回到与草根商人有着千丝万缕联系的农业经济以及农民研究。如何看待小农经济（peasant economy），既是一个产业经济上的重要问题，也关乎我们如何理解在市场化转型中发挥特殊作用的农民群体的创造性力量。对农民研究所采取的视角和方法各异，在此基础上，我们可以将不同理论派别归

---

* 本文系南京大学"双一流"建设基金"卓越研究计划"项目"社会学理论与中国研究"的阶段性研究成果。
** 高玉炜（yuweigao135@gmail.com），南京大学社会学院博士研究生。

纳为对小农的三种假设,即"被剥削的小农""生存小农"和"理性小农"。经典马克思主义视角下的农民研究认为,小农经济的主要特点是地主和小农生产者之间剥削与被剥削的阶级关系,农民的反抗是极端贫困和被剥削状况下阶级斗争的表现形式(马克思,1967:782—802)。因此,这种视角可以被称为"被剥削的小农"假说。斯科特(J. Scott)以自己在东南亚农村的田野工作为依据,提出了农民的道义经济模式。道义经济包含三条原则,一是互利规范,二是生存理性,三是安全第一,即以村落共同体为纽带,尽力回避风险,追求最低限度的生存保障(斯科特,2013)。俄国农业经济学家蔡亚诺夫认为,不应以资本主义原理去理解家庭农场。小农为生计生产,依靠自家劳动而非雇佣劳动力,具有自我剥削的特征(Chayanov,1987)。在此基础上,斯科特分析了农民的反叛和起义,认为贫困本身不是抵抗的原因,只有当伦理道德和社会公正受到侵犯时才会突破界限。

与以上观点不尽相同,针对蔡亚诺夫和斯科特等人的"生存小农"假说,舒尔茨提出了"理性小农"假说。他认为,小农作为理性的经济主体,绝非懒惰、愚昧或缺乏理性的,而是潜在地具有企业家的进取精神并且能够合理利用资源,通过对现代生产要素进行投资,农民可以实现产业和自身的现代化(舒尔茨,2006:132)。波普金(S. Popkin)利用弗里德曼(Friedman & Savage,1948)的消费者选择理论(效用最大化),以及利普顿(Lipton,1968)的"理性"经济行为分析,进一步阐明了舒尔茨对理解小农经济行为的意义。小农农场可以类比资本主义"公司",小农在权衡长期和短期利益后为追求最大利益做出合理选择;由理性的个人主义者组成的村落只是空间概念,缺少利益认同纽带,并不以互利为核心原则,农户之间相互竞争,偶尔也照顾全村的利益,但一般都自行其是、自谋其利(Popkin,1979)。对此,黄宗智综合以上两种观点,提出农民既是维持生计的生产者,也是追求利润的经济人(黄宗智,2023:7)。在社会控制十分严密的时期,当农业生产无法满足基本的生存需要,同时农民追求利润的经济行为受到抑制,生存动机和经济动机的结合就产生了一种农民日常的反抗形式(everyday form of peasant resistance),即农民与体制的基层代言人之间的斗争(比如"打办"),这些日常的反抗形式包括偷懒、装糊涂、开小差、假装顺从、逃跑等(斯科特,2007)。这一发现揭示了在农民抗争研究中被忽视的以生存而非政治为目的的日常性非暴力对抗方式,即斯科特所称的"弱者的武器"。在此基础上,也有国内学者对这一概念进行延伸。基于对农民抗争的观察,董海军发现作为弱者的农民在抗争中的另一种力量——"作为武器的弱者"。"作为武器的弱者"强调以自身的弱者身份为抗争手段,公开自身的弱势,反衬权力的横暴,不惜以身体、尊严甚至生命的损失为代价进行抗争,从而引起政府重视和社会关注(董海军,2008)。

值得注意的是,随着斯科特对底层民众的反抗议题产生兴趣,几乎在同一时期,底层研究(subaltern studies)开始在印度兴起。20世纪80年代,起始于印度史研究的底层研究学派在代表人物古哈(Ranajit Guha)、查特吉(Partha Chatterjee)、哈蒂曼(David Hardiman)等学者的带领下,对殖民主义研究中的精英史观展开批判,强调一种"自主的"底层意识历史观。而底层研究在中国学界受到重视,也得益于哈佛大学裴宜理教授(Elizabeth Perry)等西方学者近年来在中国开展的学术活动(赵树凯,2012)。令人费解的是,同样以反对精英史观为学术立场,本应站在同一阵营的斯科特与底层研究学派之间却并未有太多交集。对此,徐小涵的解释是,斯科特视底层为有公开行动而无统一意识形态,而底层研究学派视底层为有统一意识而无公开行动(徐小涵,2010)。从义乌农民的早期经商实践来看,他们更倾向于在自利的基础上形成集体行动,以亲缘和地缘为纽带的宗法社会规范在流动性交易网络的建立过程中作用有限。由于他们涉足的主要是准入门槛低、竞争性强的贸易流通领域,即使合作也是在保持生意独立开展的前提下进行的,没有绝对一致的集体利益,也并不以直接对抗体制作为其行动目标,因而是一种没有明确政治意识的反抗形式。正如斯科特对底层研究学派提出的批评,大多数底层阶级对改变宏大的国家结构和法律缺乏兴趣,他们更关注的是霍布斯鲍姆所称的如何"使制度对自身的不利程度降至最低"(Scott,1985)。

通过抗争性实践表达自己的意愿与选择,除了对刚性的生存压力的直接回应,也有商人群体地位获取的情感动因。在对草根商人的口述访谈中,我们发现,个人成就动机在从商选择中同样发挥了重要作用。不同的被访者分别从家庭的政治出身以及在地方社区中所处的劣势位置出发,解释其从商的最初动机。作为亲历者,如何对过往的经历进行言说,本身就具有一种重新建构历史叙事的动力。如果当言说者恰好处于政治经济生活的底层时,那么,这种建构与主流叙事之间的张力则会更加显著,足以影响宏大叙事和官方书写的正统历史。以往关于义乌农民经商的研究,多关注于草根商人的生存理性对其经商行为的首要影响,这可以从收入水平变化、地方资源禀赋情况等事实层面较为直接地得出结论。然而,草根商人的个体叙事则为我们揭开了另一个侧面:在改革开放前后的义乌,鸡毛换糖如何反映了义乌农民的底层经历和体验,进而折射出他们怎样的情感世界?

但是,用情感动因来解释义乌农民的商业实践,仍面临许多需要进一步讨论的问题。例如,情感叙事作为一种事后对记忆的再建构,这种言说方式又会如何塑造一种新的话语结构,使我们增进对历史或曰"社会事实"的把握和理解?所谓的"社会事实",引证自埃米尔·涂尔干(Emile Durkheim)、莫里斯·哈布瓦赫(Maurice Halbwachs)的研究,是指口述中呈现的"人们对某一特定事件、某一历史时期的认知、情感和付诸行动背后的判断与抉择",从而帮助研究者"理解人们的主体性是如何在社会中、在其经历的变化和遭遇中形成与改变"(周海燕,2021)。其中既有历史的再现、因果的关联,又有情感的特征。借助对大量亲历者的口述文本进行分析,这将是本文试图解决的问题。

本文主要基于南京大学当代中国研究院开展的新中国工业建设口述史研究课题,于2021年7月到2023年5月在浙江省义乌市进行的一系列实地调研。该研究以义乌商人的个体生命史为主轴,重点关注他们在不同时期的流动经历与城市体验、社会关系与角色转变、商业实践与交易网络等,力图把握三个层面的历史叙事:事实、感受与反思,重建亲历者的经营和生活场景,充分呈现地方社会中个人与时代和国家相遇的过程。为保护受访者的隐私,本文在呈现文本资料时采用匿名化处理。

二、生存理性:流动性交易网络的形成

在小商品市场诞生之前,义乌的民间商业活动经历了一系列转变。20

世纪 60 年代末期，"鸡毛换糖"逐渐由一种传统积肥方式转变为直接追求经济利润的商业行为。到了 70 年代末期，"鸡毛换糖"的货郎担商人开始从事小百货经营，即由"行商"向"坐商"演变。进入 90 年代，市场上的批发商纷纷购置机器设备、雇佣工人、开办家庭手工工厂，由小百货经营转为小商品生产。而在这一过程中，促成转变的关键机制就是流动性的交易方式。总的来说，流动性交易网络为他们的小百货经营和投资办厂提供了关键性的市场信息和经验，在跨地区的流动中他们得以在一定程度上跳出本地思维的局限，建立多元化的商业纽带，而流动的"鸡毛换糖"为他们经商办厂积累了最初的启动资金，这既是农村非农经济的发展过程，也是一个草根企业家的资本积累过程。

（一）农商互补与边际利润

由于传统的"鸡毛换糖"作为一种流动的交易行为本身就具有商业属性，这种交易行为又与农业生产节律保持着高度同步，义乌农民在这种流动交易中很自然地看到了远高于农业生产的经济利润。这成为他们宁愿冒着被打击的风险从事这项活动的主要原因。

> 鸡毛换糖只能在农闲的时候去，其他时候要在生产队里做事。除了冬天，我们一年有三个季度可以出去，从阳历 6 月 5 号到 7 月 5 号是农闲，麦子收好了，稻子还没有收割，要做的事情都做完了，这时候就可以出去。第二个时间是 9 月初到 10 月 1 号左右，"双抢"结束了，还没有开始收稻子，10 月 1 号回来开始收稻子、种麦子。第三个时期是 12 月底到春节之后，这个时间最长，有两三个月。加起来一年有四五个月都在外面。和家里的收入相比，如果出去卖小商品一个月赚个 30 块钱回来，可以抵生产队 100 个工分，差别就很大了，(出去)一个月顶在家里干三个月。(CMC，义乌市后乐村，2023)

"文革"时期实行严格的人口户籍制度，限制人们随意流动。探亲、访友、出差去外地，都要单位开证明，不然就算"盲流"，被派出所抓到要遣送回原地。这就出现了农民因"逃荒"或其他原因需要流动时都需要找公社大队开证明的情况。① 从1980年开始,义乌为鸡毛换糖商人发放临时许可证。② 据义乌市工商局统计,截止到1981年,全县累计发放"小百货敲糖换鸡毛临时许可证"5000余份,还批准了200个小百货个体经营户。每当农闲期间,农村的男性劳动力几乎"倾巢而出",有力地推动了个体经济的起步。

  1978年左右,政策放松了,出去要带介绍信,大队盖好公章开出来,等于是放你出去了。介绍信上写着"浙江省义乌市廿三里乡后乐大队第四生产队某某某,请你们单位给予出入方便",证明你是这个村的人。开介绍信不收费,也没有名额限制,按照规矩就能开。(CPS,义乌市后乐村,2023)

"鸡毛换糖"不只是换糖和针,实际上走乡串户的货郎发挥了乡村里的小百货零售点的功能,提供的货物主要有针线、纽扣、麦芽糖等。贫困的农民极度缺乏现金,靠鸡毛可以以物换物,几乎免费地获得这些必需品。而货郎们以极其便宜的价格收来鸡毛用于肥田,增加土地肥力用于增产。在当时乡村如此困难的条件下找到利润空间,显示出义乌货郎们顽强的生存理性和商业智慧。

  第一次鸡毛换糖时我18岁(1974),跟着我的大哥,还有二哥,我们一起坐火车到诸暨。货郎担里摆着从廿三里批来的针和扣子,那时候东

---

① 时任国务院总理的李克强曾在2014年全国两会上回忆自己在安徽凤阳插队时的经历。尽管自己作为大队支部书记每天起早贪黑安排生产,但粮食还是不够吃。缺粮严重的时候甚至需要拿大队的公章,给村里的妇女儿童开"逃春荒"的证明,允许农民外出讨饭。据不完全统计,在最高峰的时候,全县有18 000人在外逃荒,几年内全县农村人口骤减十万。
② 1980年10月22日,义乌县工商局下发《关于颁发小百货敲糖换鸡毛什肥临时许可证的通知(义工商〔1980〕43号)》,从当年11月20日起开始发放,并先后向江西、安徽、福建等省发出《关于颁发临时许可证的确函(义工商〔1980〕41号)》,要求对持证人员给予支持与管理。

家借完西家借,凑了20块钱本金。诸暨离这里100多华里,我们拉着独轮车,把小商品推去,回来再装上三四百斤鸡毛,一天多的时间就可以走到。我们住在农户家租来的房子,一个小房间两三个人一起住,早上五六点钟起来,挑上货郎担,穿街走巷,边卖小商品边收鸡毛。一个大公鸡的鸡毛能值两毛多钱,颈毛、翅膀毛、尾巴毛,义乌的三把毛是有名的。母鸡的毛可以用来种田,我们收回来交给生产队换工分。(CMC,义乌市后乐村,2023)

(二) 文化渊源与地方治理

义乌廿三里作为"鸡毛换糖"的发源地,地方政府的作用同样不可忽视。廿三里当地给从事"鸡毛换糖"的农民开证明,而不是把他们死死拴在无法养活自己的5分薄地上,既有当地文化传统的历史渊源,也折射出地方乡村治理中一定的灵活性,这两者是后来义乌能够成长为最早的小商品集散地的宝贵基因。

有学者认为,义乌民间商业传统的兴起,最早可以追溯到明朝戚继光在义乌招募抗倭的义乌兵,这也是义乌形成鸡毛换糖的契机(陆立军、白小虎、王祖强,2003)。义乌兵常年背井离乡,有相对开阔的视野和冒险精神,熟稔当地语言和风土人情,这种流动性的军旅文化在义乌根深蒂固,也影响了货郎担商人们的商业惯习,促使他们从"鸡毛换糖"到小商品经营转变。

我们后乐人有到温州当兵的,那边有什么特产我们都知道,他从部队回来就开始卖这个东西,就不挑货郎担了。我们村子里就有好几个,他们经常专门跑到上海的外贸公司去,外贸公司经常要出口,有一些尾货需要处理,他们就把这些东西弄回义乌,赚个差价。(CMC,义乌市后乐村,2023)

义乌早期市场的形成,离不开关键性人物的能动性,他们或与其他商人结成上下游联动的商业网络,或与基层政府管理者直接对话,利用"作为武器的弱者身份"向体制进行自下而上的倒逼。

> 那个时候廿三里的市场生意很好,可我还觉得不够,心想如果义乌有市场该多好。义乌市政府旁边有一块空地,原来是五金交电公司,后来被火烧掉了,就一直空在那里。从1978年下半年开始,我就在那块空地上搞了一个市场。我能说会道,(卖照片)四五个月做下来,已经有了一定的知名度。我就把鸡毛换糖的人组织起来,跟他们说明天到义乌来卖,我给你们赠送两张照片……到了第一天开张,卖的人来了四十几个,买的人来了三四十个,一共七八十个人,除了卖照片,还有卖纽扣、针、糖、线、鞋垫的……什么都有。现在很多人不知道,实际这是义乌的第一个市场,比湖清门还早。(HHM,义乌市国际商贸城,2021)

鸡毛换糖作为一种商业活动,其中一个显著的特点就是组织化的分工协作体系。作为小农经济的主体,农民本是以家庭为单位的小生产者,缺少社会分工协作的基础。而义乌农民在某种程度上继承了义乌兵军旅文化中的组织性和协作精神,进而形成义乌商业文化中最突出的特点:"通过组织和合作将千万个分散的农民组成一个商业团队,商业团队之间有着明确的市场范围,在一个市场范围内又有组织地形成了商业网络。"(白小虎,2006)义乌人只要到一个地方,他就能依靠着一个网络和组织在短时间内开始商业活动。而个别的农民即使有非常敏感的市场头脑和强烈的求利动机,如果离开了组织、网络和他人的合作,也很难顺利地转变成商人。

> 有一天我路过县委门口,看到(谢高华)转过来去了对面的理发店,我说今天书记来了,我的机会到了,他一出来我就马上拦住他。他说:"你干吗?"……我站在那里说:"我叫冯爱倩,我有五个小孩,我妈妈也没兄弟,我来找你为了要吃饭、要做生意,你如果不给我摆摊的话,我带着小孩和妈妈,都到你家里吃饭。我没有办法,你是共产党父

母官,我总要来找你。"他说:"你不要哭,这个真的不好做规定……困难是有的,政策是不允许的,怎么办呢?你暂时去摆好了。"他这句话讲出来,我这个心里真是不知道怎么高兴,他也没有完全同意去摆,但还是可以摆了。(FAQ,义乌市农贸城,2021)

在这个"卖货女拦住县委书记"的案例中,我们可以发现,草根商人虽然缺少强大的资本力量,但却实现了对地方政府的倒逼。相比于其他地方,这一特性恰恰反映了义乌的营商环境较少受到资本的干预和权力的僭越,也说明基层的社情民意可以顺畅地传递到政府决策者,从而为市场主体营造相对公平透明的制度环境。从改革开放之初直到今天,义乌市政府依然保持着高度开放、服务为本的工作作风。义乌的小商品市场之所以能够在不断变迁中始终保持活力,与义乌相对均衡的政商关系密不可分。

(三) 市场形态与商业网络

除了商人的商业活动在不断转变,市场本身也在经历着持续的分化与整合。买方、卖方和信息流在短时间内迅速流动,促进着市场的迭代升级,优势资源形成集聚效应,不适应市场需求的因素被迅速淘汰,市场始终保持着活跃和高效。

1976—1979 年,廿三里地摊就摆起来了,先是在村里的晒谷场搞,后来又搬到前店那里去。那时候"打办"已经开始收管理费,那些人都是村里"五毒俱全"的人,他说了算:他说能卖就能卖,说不能卖就不能卖,高兴收你多少就收你多少。如果不是廿三里"打办"盯得太紧,义乌城里就不会发展起来——这里一赶,城里那边来接盘。本来廿三里"一四七",义乌城里逢双赶集,刚好时间不重叠。"打办"一搞,全都跑到义乌去了,北门街市场就慢慢形成了。(WSX,义乌市廿三里街道恒盛纺织公司,2021)

流动的交易方式本身具有突破地域的扩展性和开放性。与温州人不同,义乌人商业网络的建立在很大程度上并不依赖亲缘和地缘关系的纽带,在家族内部也存在着同业竞争,这使得他们更倾向于与外界建立新的关系网络,得以超越以情感和血缘为纽带的村落共同体,人情原则逐渐让位于商业原则。

> (货源、价格)信息人人都想知道,这个要自己探透,不可能有谁来教你。我弟弟就是做杭州丝绸被面的,哪个地方有便宜的货,我也不会告诉他,父子兄弟之间都不教的,要靠自己去闯,到处去找货、去问。我和我弟弟是有竞争的,我可能会和外面的人建立联系。村里关系比较好的,我可以借钱给你,甚至送钱给你,但是不能送条路给你。(CPS,义乌市后乐村,2023)

> 我不认同所谓义乌人"抱团"的说法。到现在为止,义乌人合伙的企业也很少。为什么台州人和温州人是抱团的?他们靠海。集体出海必须要分工协作……温州商会相比义乌商会,实力、团结度会更强一点。义乌人不抱团,这是文化决定的。我们有句话:商业的本质就是利益,利益第一位。(WQ,义乌市廿三里街道恒盛纺织公司,2021)

布罗代尔认为,贫困往往是工业发展的先导,工业奇迹总是诞生于困境(布罗代尔,1993:322)。义乌人在面临巨大的生存压力时,更具有自主谋生和自主创业的冲动,这种冲动因其以"鸡毛换糖"为主要形式的商业习俗的外向性和流动性,客观上又为保存并拓展这种商业活动提供了可能性。布罗代尔在论及社会流动促进商业发展时曾指出:"他们被迫背井离乡,而远离家乡使他们财运亨通。"(布罗代尔,1993:160)费孝通认为,在拥有亲密关系的血缘社会中商业是难以存在的,"商业是在血缘之外发展的"(费孝通,2012:122)。因此,只有外来者、异乡人才能在地缘、血缘关系的传统社会中,成为专业的商人。正是在不同的地区之间,其商品才可能互通有无,产生比较利润,由此形成商机。

三、情感叙事：为承认而斗争

在对义乌草根企业家的访谈中，当问及"经商的最初动机"时，除了生存理性，被访者往往也会从情感补偿和成就动机的角度进行解释。社会学对情感与成就的关系研究，可以参考霍耐特（A. Honneth）关于不承认或者蔑视的分析。霍耐特认为，社会蔑视具有三种形态：一是强制剥夺肉体自由，这种对肉体的伤害会摧毁一个人的基本自信；二是剥夺了作为共同体成员参与制度秩序的权利，这实际上剥夺了对道德责任的敬重，会削弱一个人的道德自尊；三是对于个体或群体生活方式的贬黜，也就是特定的自我实现的方式在社会文化环境中处于卑微的位置，这种社会蔑视导致个人自尊的失落，其特质和能力得不到重视和社会赞许（霍耐特，2021：185—186）。传统社会对经商的贬黜态度，以及在集体化时期处于非法地带的不利境地，与"黑五类"的政治标签相结合，形成了一种多重歧视，然而这种不利位置给义乌的草根商人一种豁出去的勇气，外出经商几乎成为他们改变命运、自我实现的唯一出路，这恰恰使他们成为最早一批破局的人。

> 我没有给抓过学习班的经历，但我知道有几个人偷偷摸摸出去被抓的。当时来抓的时候我们心里都很紧张，只想着能逃就逃一下，经常被抓的那些人用村里土话来说就是比较"顽"，做事情不怕规矩，家庭不是那么好，他不怕死的，再加上年纪比较大，本身也不能去生产队劳动，只好出去闯一下。（CPS，义乌市后乐村，2023）
>
> 我16岁就开始跑江湖了，人也好，事也好，苦也好，手铐也铐过，关也关过，什么人都见过，什么事都做过……相对来说，在"黑五类"当中，我（的遭遇）算好的，这个跟我们老爸老妈上辈人的做人有关系，但是正常的"黑五类"流程还是要走的，做"三忠于四无限"的时候，要站到前面去被批斗，在村里面的日子是很难过的……1983年，老爸的"帽子"一摘掉，我马上在村里造了一栋房子……当年我很自信，我要做的

事永远没有做不好的。(WSX,义乌市廿三里街道恒盛纺织公司, 2021)

大办农业这股风来了之后,当时(生产队)把家庭不积极劳动的帽子扣在我的头上,初中就不让我上,我趴在床上哭了半个月。书不让我读了,我就下决心做一番事业,一定要把这个家撑起来,我不甘心,要让大家看看我是怎样一个人,于是就开始做"鸡毛换糖"生意。我16岁跟舅舅去"鸡毛换糖",我做工作特别认真,不怕苦。(JYZ,义乌市金诺打火机公司,2021)

(一)"这个市场是我们这些'黑五类'建起来的"

义乌草根企业家由于早期不同的生命历程和从商经历,对从商动机的描述也会有所不同。比如出身于"黑五类"家庭的人会倾向于表达一种补偿心理,他们经常会使用类似于"翻身""争口气"的叙事逻辑,以及强调在市场建立过程中这些群体做出的特殊贡献,这恰恰印证了霍耐特所说的社会蔑视下对于尊严和承认的需求:"在与羞耻相关的情感反应中,蔑视经验可能是为承认而斗争的动机。因为,只有通过再次获得承认的可能性,个体才能驱散那种因羞辱而被迫进入其中的情感冲突状态。"(霍耐特,2021:192)

阶级成分在那个时候真的是要流眼泪的。我在东阳有一个堂哥,他听老婆的话,连我们家的供应粮都不给我们,苦死了。有一次我问我堂哥:"我这个家里的成分会不会改掉?"他说:"不会!一生一世都不会改掉的!"如果地主成分的帽子一直戴着,就像有一个(紧箍)戴在头上,我真是世世代代都翻不了身的……改革开放以后,我真是大翻身了!……以前我家是地主,现在成家立业了,虽然家里不太富裕,生活总归过得去。(DXS,义乌市王店村,2023)

那时候他们讲我们三代不能翻身。我们不要三代,一代就能够翻身了,我就是要争口气。"大跃进"、大炼钢铁之后,我27岁就去当了货郎担,是我们村里有一个老人家带我去的,(我跟他)要求说:"你帮帮忙,带我去做生意。"我是1991年入的党,从1983年开始,我在大队里干了15年(支部委员),管村里的事,到60多岁从大队里退下来。(DYL,义乌市王店村,2023)

(二)"我人生的改变是借助了政策的改变"

除此之外,另一些人同样把自己在商业上的成就与政治联系起来,所不同的是,他们倾向于选择一种诉诸感恩的叙事框架,强调自己商业上的成功是借助了政策的改变。

1981年我开始做省个体劳动者协会的副会长,1985年我被评为省劳模,2016年被评为全国先进个体经营户代表。我人生的改变实际是借助了政策的改变,要感谢谢书记的伟大,他敢担当,思想开放。归根结底是党的政策好,领导们做出了榜样。(HHM,义乌市国际商贸城,2021)

我原本做小五金生意。治保主任的工作忙不过来,就不做生意,坐办公室了。共产党员要付出,我知道的,但我不计较……公家选你当治保主任,这个担子你一定要挑,这是为了市场呀,不是我一个人的问题,是整个义乌的问题。这件事总要有个人去做的呀!共产党的事情叫你做,是抬举你,培养你!1994年我入党了。我一直讲,我们发展到现在那么好,不能忘记党的政策。领导培养你,你说我不来做,多不像话呀,是不是?党培养你,你要珍惜。(FAQ,义乌市农贸城,2021)

无论是哪一种叙事框架,许多亲历者都表达了政治对商业实践的影响。这种影响既有意识形态和情感的意义,同时也是实用主义的考量。在我们访谈的义乌企业家中,入党和加入行业协会的比例几乎占到了七成。这种戴红帽子的私营企业主现象曾是改革开放初期一些地方的普遍做法。"一些民营企业家经过一段时间的观察后发现,通过入党进入政治体制可以获得更好的政治保障,有利于维护他们从市场化改革中获得的经济利益,从而激励更多的民营企业家申请加入党组织。"(黄金辉、魏倩,2020)党对优秀民营企业家的政治吸纳,以及商人对参与政治的理性考量,使企业主阶层越来越成为社会主义现代化的一支重要力量。

(三)"我们义乌人终于可以扬眉吐气了"

中国古代长期奉行重农抑商政策,商人被当作奸诈成性、囤积居奇的形象而受到轻视和贬抑。清末以来,中国被迫开放通商口岸,加之外来技术观念的输入以及工商业的发展,商人地位有所提升。新中国成立后,私有产权和自由市场被视为资本主义制度而遭取缔。商人不仅被视为扰乱国家建设的投机主义者,更是社会主义政权的打击对象。在这种文化环境下,义乌的"鸡毛换糖"商人往往遭到权力的围追堵截,游走于国家法规的灰色地带。他们回收的大多是人们视为无用的鸡毛、破布、塑料鞋底等废物,从事别人不愿从事的卑贱生意,与流浪乞讨者相差无几。

> 当时卖点针线、纽扣这些东西就是为了能换个饭吃。看到好一点的人家,就到门口拼命摇(拨浪鼓)。有一次,我中午肚子饿了,当时跟我一起的还有一个人,结果这个人饭量太大了,也不识相,一桶饭拿出来,他一个人全部吃光了。后来这个事情就在山里面传遍了,说这帮换糖的太能吃,太厉害了。我们后面再去,一般人都不跟我们换饭吃了。所以说得好听我们是"鸡毛换糖",说句难听话,实际上是变相的讨饭啊!(CPC,义乌市后乐村,2021)

有一次我从福州到湖南去摆摊,在火车上碰到几个上海人。他问我们是干吗的,那时候还不好意思说,有点难为情的感觉,因为当时去"鸡毛换糖"的都是低人一等,跟要饭一样的。他们上海人看得出来我们是义乌人,跑出去玩是不可能的,肯定是做小生意的。他们不说别的,只说现在自由了,包产到户了。可以说,我们义乌人真正扬眉吐气是我们这个市场建起来的时候,大家都赚到了第一桶金,腰包鼓起来了,那个时候杭州人、上海人都羡慕我们义乌人做生意有钱了,在这之

前都觉得做生意是丢人的事情。(CMC,义乌市后乐村,2023)

随着1982年义乌市政府提出"四个允许"政策①,义乌在全国范围内率先开放市场,领全国改革风气之先。个体户不再被视为资本主义尾巴,而是社会主义经济的必要组成部分。更为重要的是,体制内外事实上形成了巨大的收入倒挂,在义乌甚至有铁饭碗不如摆摊位的说法,辞职下海一时成为风潮,这导致商人的社会地位显著提升。通过对草根商人的访谈,我们可以看到,改革开放如何塑造了新的社会观念,又如何塑造草根商人的叙事逻辑,同时,他们的底层实践又如何反过来书写改革开放的历史。

四、义乌实践:中国式现代化的底层叙事

改革开放是中国式现代化的一次伟大实践,是实现中华民族伟大复兴的关键事业。改革肇始于农村,发端于农业,是中国农民的伟大创造。这种成就何以可能,关键在于无数普通人的探索与实践。党的十一届三中全会召开后,在解放思想、实事求是精神的鼓舞下,农村地区突破既有政策的限制,逐渐探索出多种形式的生产经营方式。以义乌为代表的农村非农经济的发展,正是得益于充分调动地方实践的能动性,并对体制突破给予明确肯定,在政策上积极引导,使义乌从一个贫困县成为举世瞩目的商业中心。因此,如何理解中国式现代化,除了制度和政策的顶层设计,我们还应该关注来自地方社会的底层实践,义乌的初代草根企业家大多成长于落后的农村社会,他们的底层叙事则为我们理解义乌实践呈现了一幅独特而生动的历史画卷。

---

① 1982年11月25日,义乌县委、县政府召开全县农村专业户、重点户代表大会。时任县委书记谢高华在会上正式提出了对日后义乌小商品市场起到关键催化作用的"四个允许"政策,即允许农民经商、允许从事长途贩运、允许开放城乡市场、允许多渠道竞争。

义乌的创业者们出身底层,劳其筋骨,苦其心智。他们出来闯天下,本是受生计所迫的无奈之举,带着缺点,也难免犯错误,甚至遭遇挫折,身陷绝境。但义乌这片土地和地方文化赋予了他们坚忍不拔的心态和灵活机敏的智慧,使他们能从容应对挑战,不断锤炼自己的品格与精神,从而实现身份的跨越和商业的成功。

张乐天认为,义乌成功的秘密在于,义乌草根工商业者在从事小商品生产、销售的过程中,在与国内外人们的交往中,主动或者被迫抛弃了传统农民身上某些自私、狭窄的旧价值,把自己打造成诚实守信、积极进取、具有商业头脑的现代商人。所以,他们就能够与不同信仰、习俗、价值观的人们建立起良性互动的共生关系,创造和谐互利的商业秩序。义乌的初代草根企业家在独特的商业实践中逐渐超越了村落共同体中"情"的局限,成就了适合市场经济的"经济结义"(张乐天,2023)。

在《鸡毛换糖:事件、经历与神话——义乌农民的历史三调》的演讲中,周晓虹借助美国历史学家保罗·柯文所指出的"认知"历史的三条路径(柯文,2005),提出可以对"鸡毛换糖"进行分析:作为事件的"鸡毛换糖"的叙事主要关注这一民间经商行为的形成、沿革与兴衰;作为经历的"鸡毛换糖"的叙事重点展现的是"货郎担"的商业实践、情感体验与流动经历;作为神话的"鸡毛换糖"的叙事则着眼于义乌人艰苦奋斗和敢为人先的精神(周晓虹,2022a)。正如何海美在作为义乌个体户代表向李克强总理献拨浪鼓时所说:"我们这个市场是从'鸡毛换糖'开始的,'鸡毛换糖'有300多年的历史,正是有了这个历史才能形成这个市场。这个拨浪鼓我要送给你,它象征着义乌鸡毛换糖的历史,这就是义乌精神。"(HHM,义乌市国际商贸城,2021)可见,从事件、经历和神话等不同维度出发去分析历史,都有其相对的合理性。而作为一种研究方法的口述史则可以帮助我们透视历史这一复杂光谱上的多维图景,探寻富有温度的个体生命历程,进而发现超越个体记忆的集体调性。

通过对口述史学的理论梳理,刘亚秋指出:"口述史在社会学中的意义,不仅在于可以通过口述记忆研究个人在大叙事中的生命沉浮,更在于它提供了深挖人的精神世界的社会性的方法。"换言之,"社会记忆研究,处理的就是人的精神世界的问题"(刘亚秋,2021b)。刘亚秋举例奥斯维辛集中营起义事件幸存者的口述①说明,包括情感真实在内的"社会事实",都是社会记忆研究的关切对象。正如历史学者定宜庄所说,近年来口述历史开始把普通人的"愿望、情感和心态等精神交往活动"当作研究主题,"使人们可以观察到冷冰冰的制度和结构以外的人性"(定宜庄,2017)。

周晓虹提出,在一个命运共同体中,由共同经历的历史事件形成了个体成员间的密切联系,进而形成了个体进行历史叙事的集体框架(周晓虹,2022b)。金大陆认为,"共同经历型"口述史研究是将同一时间、同一空间的同一群体聚集在采访的平台上,通过倾诉值得寄怀的生命历程来建构集体记忆(金大陆,2023)。义乌初代草根企业家成长于相似的历史时期和地理环境,共同经历了改革开放前后义乌市场的创立和发展,因此对他们的访谈当属"共同经历型"口述史。概括而论,作为普通人的口述史,这类叙事具有"自下而上"和"集体记忆"的特点。在我们进行口述史访谈的义乌廿三里镇,"敲糖帮"的成员虽然都是以个人为单位进行鸡毛换糖,有"两个货郎担听到拨浪鼓来了就转身各自走开,免得一点生意要两个人抢着做"的说法(CPS,义乌市后乐村,2023),但要想在举目无亲的异乡做生意,难免被当地人排挤和欺负。为了保证生意的顺利开展,不仅在定价上会互相通气,遇到危险和不公待遇时,所有义乌人则会团结在一起抵御入侵。② 正因为如此,对他们进行的个体口述史才能集合在一个共同经历、共同记忆的圈层即"同类别普通人群体"之中,讲述自己的人生故事,为他们所共同体验的集体叙事补齐一角。

---

① 如何理解口述史料的真实性,常常成为历史学和社会学争论的焦点。在奥斯维辛集中营起义事件中,一位年近七旬的幸存者回忆道:"我们看见四个烟囱着了火,爆炸了。火焰冲上天,人们四散奔逃。真是不可思议。"然而据历史学家考证,被炸的烟囱是一个而不是四个。虽然这份口述记忆因为事实错误而失去了历史学意义上的证据价值,但刘亚秋认为:"作为情感的口述记忆,它也是真实的,有价值的,是应该给予严肃考虑的社会事实,因为它所证明的并不是爆炸的烟囱数量,而是情感真实所具有的力量。"(刘亚秋,2021a)

② 正如一位廿三里的被访者回忆道:"在贵州做生意,强盗、扒手很多,没有关系是不行的,如果有人被当地人欺负,所有义乌人都会团结在一起。一个朋友的舅舅在安顺做公安局局长,在安顺做生意的义乌人就都管他叫舅舅,拼命和他打好关系,如此一来,整个义乌的货郎担都和他搭上了,平时有什么麻烦他都会照顾一下,相当于有了一个靠山。"(CPS,义乌市后乐村,2023)

五、余论：把流动性带回乡土中国命题

从经济的角度来看，在集体化经济时代，大量过剩的劳动力被锁定在土地，自由市场交易被取消，极端的劳动密集化导致边际报酬递减，这解释了直到集体化经济结束，从事农业生产的地区其经济发展长期徘徊在低限度平衡的水平，以及过密化生产为什么无法发展出资本主义经济形式的原因。而从文化的角度，韦伯则认为，虽然中国也有理性主义（rationalism），也肯定了儒家的入世性格，但是"中国的儒教就像佛教一样，只是一种入世的道德伦理，它所要求的是对世上的万物采取一种随和（unbefangen）的态度来适应这个世界及其秩序和习惯，而不是像清教伦理那样对俗世存有一种巨大的、激烈的紧张对立"（韦伯，2003）。换言之，中国的宗教伦理无助于产生结构性变革的经济动力，与内卷化的生产方式相适应，使中国的经济和社会面貌呈现出一种超稳定的复合型结构。

在《华北的小农经济与社会变迁》一书中，黄宗智用"过密化"概念解释了华北小农经济长期未发展为资本主义经济形式的原因。但是当我们把眼光放到浙江地区时，就会发现义乌是一个典型的反例。对义乌来说，过密化同样带来了人地矛盾的激化，但是与华北地区相比，却从中产生了商业的萌芽，具体就体现在"鸡毛换糖"这种商业活动。义乌人没有固守传统的农业生产方式，而是想方设法克服既有的先天不足。在长期的农耕实践中，为了提高土地生产力，义乌人发明了"塞秧根"的施肥方法，也就是将鸡毛等动物毛发碾碎后拌以草木灰、人畜粪便等，在插秧后七天左右塞入秧苗的根部，从而有效地提高粮食产量，由此衍生出"鸡毛换糖"的交易模式。在这里，过密化不仅带来了义乌农业生产投入的精细化，而且形成了义乌人精耕细作、不弃微利的商业惯习，并在改革开放后得以继承和延续。

近代以来中国社会研究的许多命题，往往都是围绕土地概念建立起来的，直到费孝通提出"乡土中国"这一概念，乡土性几乎主导了我们对中国传统社会的想象，无论是被土地束缚的中国还是内卷化社会，抑或是儒家的入世观念，实际上都沿着这一想象展开。然而传统中国社会是一个"水

与土""生与熟""居与游""农与商"并存且多元的复合整体,以往的研究过于强调了传统社会熟人、定居、农耕的一面,却忽视了流动、陌生、商业的要素同样在传统社会发挥着重要的作用。虽然乡土中国的命题为我们理解中国社会提供了一个卓有启发的思考框架,但作为乡土性的补充,重新将流动性和商业要素纳入研究的视域,有助于我们重新理解近代以来中国的基层社会变革,尤其是农民与商人的流动与转换,及其背后深层的结构性动因,进而呈现出中国传统社会的总体性图景。

传统农业社会何以能够突生出绵延不绝的商业传统,并在改革开放后发扬光大,对于乡土中国命题难以解释的这一义乌"悖论",我们有必要重新审视主流社会学关于乡土社会的理解。20 世纪三四十年代,在中国社会学"燕京学派"的推动下,学界关于乡土中国的讨论达到了顶峰,一时间涌现了大批关于中国乡土性的经典学术论著,其中以费孝通的《乡土中国》颇具代表性。费先生在其开篇《乡土本色》中,即对乡土中国意象做了开宗明义的概括:"从基层上看去,中国社会是乡土性的。……乡土社会在地方性的限制下形成了生于斯死于斯的社会。常态的生活是终老是乡。"(费孝通,2012:1,13)这一命题影响深远,在很长时间里成了中国社会学的主流话语和学科表征。从知识社会学的角度看,乡土中国命题对于农民与土地依附关系的强调,除了延续明清时期以来士大夫对文化秩序和乡村风俗的关注,一定程度上也是时代和现实的压力所致。杜赞奇认为,20 世纪二三十年代中国社会学对乡土性的强调,时常被政治精英和知识分子当成抵制外来商业化、都市化和殖民化潮流的有效手段。在这一过程中,主流话语有时可能强调"乡土"相对于都市/商业现代性的存在价值,有时可能强调其作为国家"移风易俗"的具体场景的作用(杜赞奇,2007;王铭铭,2005)。也就是说,早期中国社会学对乡土中国命题的讨论,很大程度上是在乡土性与现代性的对立中建构的一种理想类型,费孝通引用滕尼斯对 Gemeinschaft 与 Gessellschaft 的区分以及涂尔干对"机械团结"和"有机团结"的对立,遂提出"礼俗社会"和"法理社会"之间的差异,背后的理论旨趣殊途同归。

考虑到乡土中国的命题是在特定语境和时代背景下产生的学术回应,对中国传统社会的理解就不得不考虑到区域性及历史性差异。事实上,包括费孝通本人,社会学和人类学界对乡土中国命题一直不乏反思和突破,其中最显著的特点就是把流动性带回分析的视域。早在20世纪上半叶,南派人类学开创的海外中国和移民群体研究就呈现出以流动为主要特征的"超越本土"视野。其中,凌纯声对中国边疆地区和环太平洋文化之间密切关系的分析,强调了族群流动和内外交流在传统社会的普遍性(凌纯声,1979)。与此同时,一些关注移民史的学者开始把眼光从中国本土的北南流动拓展到海外,或以下南洋为个案(冯承钧,1998),或聚焦于中国殖民史的整体叙事(李长傅,1998),成为海外中华文化圈研究的先声。

而对中国本土社会流动性的研究,自20世纪90年代以来,许多学者对乡土中国命题进行了反思和质疑,其中具有代表性的当属文史研究者关于中国文化中"游"的发掘和阐述。这些学者意识到,在悠久的中国历史中,正统意识形态长期推崇定居的、宗法的农业社会理想模式。这就使"主流的"历史话语将大部分笔墨耗费在这种理想模式的建构上,而无形中压抑了原本在中国社会中也同样重要的"游"的传统(龚鹏程,2001)。在南派人类学者和社会文化史研究者的启发下,王铭铭通过对侨乡塘东社会历史文化的阐释,提出了足以挑战乡土中国命题的"居与游"说:自古以来,乡土的安居乐业被视为长治久安的根本,但在农民的生活追求中,离开乡土却可能包含着成为富商巨贾、官僚士大夫的可能。他以闽南侨乡"以海为田"的传统为例,指出在从"贫贱"到"富贵"、从"乡土"到"海外",自下而上、自内而外的社会生活情境中,创造着中国社会的另一种历史(王铭铭,2005)。除了流动对社会经济发展的影响,周晓虹则从社会心理学的角度,分析了流动和城市体验对农民精神世界或个体现代性的塑造作用(周晓虹,1998)。在义乌的案例中,个体现代性的形成集中体现在义乌农民向专业化商人转变过程中,受到现代城市和商业文明的熏陶,主动或被动地抛弃传统的价值观、生活态度和行为模式,养成吃苦耐劳、敢闯敢拼的精神特质,进而逐渐在城市中立足,实现由农而商、由乡到城的双重转换。

上述的研究为我们揭示了,中国传统社会并不是纯粹以"乡土性"为特色的,多数时间里处于一种乡土性和流动性相互嵌入、互为补充的状态。在一些流动频繁的地区往往也保持着"耕读传家"的传统,每当社会动荡、生活窘迫之时,他们又能适时变定居为迁徙,变农耕为经商,从而保持着族群的生存和延续,甚至最终发展成为盛极一时的商业中心。于是,"居与游"及其衍生出的"农与商"的联动在太平光景和灾荒年代的交替中起着缓冲和调节的作用。这种思考的意义在于,在乡土中国的理论视域下,以义乌为典型的农业社区内生出的商业传统通常被视为一种现实的"悖论",而把乡土性和流动性结合起来,理解义乌"悖论"便豁然开朗:与农业社会的其他地区一样,义乌素来以农业为基础,相比之闽南侨乡,义乌没有濒临海洋的地理优势,甚至与相邻的浙北地区相比,耕地资源稀缺且肥力低下,但义乌人却很好地发挥了"居与游""农与商"转换的生存智慧,在土地难以养活人们的年日,通过"鸡毛换糖"换取生活资料,获得商业利润,而换得的鸡毛又可以作为农业生产的补充,实现商业对农业的反哺。正是从传统社会的流动性中突生出的商业基因,成就了日后的义乌小商品市场。

参考文献

白小虎,2006,《文化内生制度与经济发展的文化解释——鸡毛换糖、义乌兵与板凳龙》,《浙江社会科学》第 2 期。

布罗代尔,1993,《15 至 18 世纪的物质文明、经济和资本主义》第 2 卷,顾良、施康强译,北京:生活·读书·新知三联书店。

定宜庄,2017,《口述史料的独特价值与史料的整理鉴别》,《光明日报》1 月 16 日。

董海军,2008,《"作为武器的弱者身份":农民维权抗争的底层政治》,《社会》第 4 期。

杜赞奇,2007,《地方世界:现代中国的乡土诗学与政治》,《中国人类学评论》第 2 辑。

费孝通,2012,《乡土中国》,北京:北京大学出版社。

冯承钧,1998,《中国南洋交通史》,北京:商务印书馆。

龚鹏程,2001,《游的精神文化史论》,石家庄:河北教育出版社。

黄金辉、魏倩,2020,《改革开放以来党对民营企业家的政治吸纳与整合研究》,《社会科学》第 12 期。

黄宗智,2023,《华北的小农经济与社会变迁》,桂林:广西师范大学出版社。

霍耐特,2021,《为承认而斗争》,胡继华译,曹卫东校,上海:上海人民出版社。

金大陆,2023,《"口述史"与"口述记忆"——新中国史口述研究的历史学和社会学取向》,《中共党史研究》第3期。

柯文,2005,《历史三调:作为事件、经历和神话的义和团》,杜继东译,南京:江苏人民出版社。

科尔奈,2007,《社会主义体制:共产主义政治经济学》,张安译,北京:中央编译出版社。

李长傅,1998,《中国殖民史》,北京:商务印书馆。

凌纯声,1979,《中国边境民族与环太平洋文化》,台北:联经图书出版公司。

刘亚秋,2021a,《口述史作为社区研究的方法》,《学术月刊》第11期。

刘亚秋,2021b,《口述史方法对中国社会学研究的意义》,《学习与探索》第7期。

陆立军、白小虎、王祖强,2003,《市场义乌:从鸡毛换糖到国际商贸》,杭州:浙江人民出版社。

舒尔茨,2006,《改造传统农业》,梁小民译,北京:商务印书馆。

斯科特,2007,《弱者的武器》,郑广怀、张敏译,南京:译林出版社。

斯科特,2013,《农民的道义经济学》,程立显等译,南京:译林出版社。

王铭铭,2005,《西学"中国化"的历史困境》,桂林:广西师范大学出版社。

韦伯,2003,《儒教与道教》,洪天富译,南京:江苏人民出版社。

徐小涵,2010,《两种"反抗史"的书写——斯科特和底层研究学派的对比评述》,《社会学研究》第1期。

张乐天,2023,《新马路12号:从义乌到世界》,上海:文汇出版社。

赵树凯,2012,《农民的政治》,北京:商务印书馆。

周海燕,2021,《个体经验如何进入"大写的历史":口述史研究的效度及其分析框架》,《中央民族大学学报》(哲学社会科学版)第6期。

周晓虹,1998,《流动与城市体验对中国农民现代性的影响——北京"浙江村"与温州一个农村社区的考察》,《社会科学研究》第5期。

周晓虹,2022a,《鸡毛换糖:事件、记忆与神话——义乌农民的历史三调》,《中国农业大学学报》(社会科学版)第1期。

周晓虹,2022b,《集体记忆:命运共同体与个人叙事的社会建构》,《学术月刊》第 3 期。

Chayanov, A. 1987, *The Theory of Peasant Economy*, Madison: University of Wisconsin Press.

Friedman, M. & L. Savage 1948, "The Utility Analysis of Choices Involving Risk." *The Journal of Political Economy* 56(4).

Lipton, M. 1968, "The Theory of the Optimizing Peasant." *Journal of Development Studies* 4(3).

Popkin, S. 1979, *The Rational Peasant: The Political Economy of Rural Society in Vietnam*, Berkeley: University of California Press.

Scott, J. 1985, *The Weapons of the Weak: Everyday Forms of Peasant Resistance*, New Haven: Yale University Press.

(特约编辑:周晓虹)

专题讨论
公共服务与社区治理

合同关系治理：社会服务供给方式选择的内在机制探析[*]

徐盈艳[**]

摘要：合同制是我国现阶段政府购买社会服务的政策工具之一，其具体实践随着政策实施条件而发生变化。合同关系治理是影响社会服务供给方式变迁的重要内在机制与分析框架。本文以两个整体性案例为研究对象，探讨不同类型的政府购买服务如何发生变化及其内在的影响机制。案例呈现了合同治理从横向整合为主到加强纵向权威，甚至尝试通过准纵向一体化来规避社会服务供给风险的变迁过程。社会服务供给的复杂结构、政府的合同管理能力、社会服务承接主体的服务供给能力、政府与社会服务承接主体的信任程度是约束性条件与调节因素。合同关系治理与合同类型的匹配程度影响社会服务供给有效性，最终影响社会服务供给方式的选择。

关键词：社会服务供给方式　社会服务绩效　合同关系治理　约束性条件

一、研究背景与问题提出

1949年以来，我国社会服务供给方式经历了从单位制、社区制到项目制，再通过购买服务引入专业组织提供精细化服务的变迁。政府购买服务

---

[*] 本文系国家社科基金项目"新时代社会工作服务第三方评估及其外溢性研究"（项目批准号：21BSH127）的阶段性研究成果。

[**] 徐盈艳（xuyingyan1102@163.com），博士，广东外语外贸大学社会与公共管理学院、广东省社会组织研究中心副教授、硕士生导师。

主要通过与不同的服务承接主体或者专业人员缔结合同,以服务外包的形式鼓励市场、社会和个人力量参与,寻求多样化的服务供给方式和社会服务的合作生产机制,提高公共服务的效率,减轻行政体系的压力。政府购买服务的政策实践回答的是国家通过什么制度和方式来提供社会服务的问题。作为社会服务主要提供者,政府通过与社会组织或者是专业人员签订合同来提供精准化与专业化的社会服务,所购买的项目成为专业服务供给的新组织形式和空间载体。但政府购买服务是否能如预期的那样精准地为社区内各类人群,尤其是弱势群体提供专业服务,提升基层服务供给效能是合同制社会服务供给方式关注的焦点。

已有研究在总结梳理先行先试地区政府购买服务的经验基础之上,从政社关系(徐盈艳、黎熙元,2018)、制度壁垒与角色偏差(方琦、王伯承,2020)、社区治理情境(黄晓星、熊慧玲,2018)、专业服务供给及购买服务困境(刘丽娟、王恩见,2021)等各方展开讨论,都不免得出相对悲观的结论,服务碎片化、服务专业性不足(林顺浩、李朔严,2022),难以回应社区居民和社区治理的需求、社会组织的服务供给能力弱及存在机会主义,服务绩效难以体现等。服务外包的绩效未必优于公共部门的供给,出现了政府回收外包服务的合同转由政府供给的合同外包"逆流"现象(吕芳,2021)。前述研究对政府购买服务的政策实践提出了挑战,也促使职能部门思考未来社会服务的供给究竟应该购买还是进行内部生产。要回答上述问题,需要关注政府购买服务产生的基础——合同及合同关系治理。社会服务合同既涉及科层纵向权威的渗透,也涉及与社会组织/企业/个体缔结合同时的横向关系整合,从纵向权威到横向整合会形成社会服务合同不同类型的连续谱。政府购买服务模式的兴起使得社会服务的供给从传统的纵向科层供给走向横向合作供给,而购买服务的"逆流"则从横向组织间合作供给重新走向纵向一体化供给。合同是政府购买服务模式下社会服务供给组织间合作的基础,纵向权威和横向整合构成了社会服务合同关系治理的两个维度。合同关系治理在纵向权威和横向整合之间的摆动使得政府与社会组织之间形成不同的合作关系与合同类型,也会产生不同的服务绩效。但是什么影响了合同关系的摆动?其内在机制是什么?这是本文试图回答的问题。

二、合同关系治理：社会服务供给方式选择的一个分析性框架

政府通过与不同的社会服务供给主体签订合同提供社会服务是我国社会治理创新和社会服务供给的基本方式，其区别在于这种合同关系是组织内部不同层级或不同部门之间还是在与外部其他组织或者个人形成的合作。不同的合同主体之间的关系与不同的合同内容会形成不同的社会服务供给网络，呈现了复杂的合同关系治理的图景。合同关系治理构成我国社会服务供给方式的一个分析性框架。

（一）社会服务领域的合同关系治理

1937年，科斯（Ronald H. Coase）提出一个问题：公司基于什么原因来决定是自己生产一种产品还是从外部购买？传统的经济学理论认为产品的生产和交易取决于价格系统，但科斯认为公司对产品进行"生产或购买"的决策并不仅仅只是价格系统，还受到使用价格系统存在的成本，即交易成本的影响（Coase,1937）。基于对"交易成本"的概念自由度过大的质疑（Fischer,1977），威廉姆森（Oliver Eaton Williamson）以合同为视角，以交易为基本单位，通过匹配交易的维度与治理结构引入古典的、新古典的和关系的三种合同类型：古典合同比较接近自由市场的合同，强调法规、正式文件及自我执行的交易；新古典合同主要是针对面临不确定条件下执行的长期合同，强调通过涉及不同的缔约关系来维持交易活动，同时新加入如第三方仲裁协调机构等形成新的治理结构；关系合同是随着合同的期限和复杂性的增长，古典及新古典合同均不能估计交易成本时所采用的一种方式，其将合同建立的整个关系考虑在内，是一种交易专用性治理，合同的变动性和复杂性构成了合同类型划分的基础，针对复杂性程度的不同采用不同的治理结构（Williamson,1979）。

科斯的提问及威廉姆森等关于合同类型与治理结构的讨论对社会服务也同样适用,针对不同类型的合同及其复杂性,政府部门通过对服务合同内容、合同涉及的多方关系的约定实现服务的有效供给,即合同关系治理。对于政府部门来说:政府基于什么样的原因来决定是自身提供社会服务,还是从外部购买?如果政府部门提供社会服务的成本低于从市场中获取社会服务的成本,理性政府的决策是由政府部门统一生产;如果政府部门提供社会服务的成本高于外部获取的成本,则会采取服务外包的形式从市场购买,但社会服务的产品较一般的产品其生产周期更长、复杂性更大,具有其特殊性:其一,社会服务的供给主体范围大,非营利部门发展程度不一,呈现较大的复杂性,不同政府部门和非政府组织都是有限理性的,且可能存在机会主义,政府部门不一定能通过市场的方式寻获合格的承接主体,非营利组织也会失灵;其二,社会服务带着较强的不确定性,服务成效难以简单测量,也难以通过简单的合同保障;其三,社会服务的供给情况还影响到作为社会服务主要供给者的政府的治理绩效和合法性。社会服务输送比公司购买具有更大的复杂性,公共—非营利的合同执行也较为复杂,公共部门和非营利部门如何更有效地服务人们以及满足公共责信的要求,在合同管理上有一定的困难(Bowen et al.,2017)。因此,在社会服务供给中,古典合同和市场治理很难适用,更匹配交易专用性治理,如双方责任型缔约的双边治理,甚至进一步将社会服务供给主体纳入统一内部管理。

公共服务的合同外包从20世纪70年代末开始盛行(Andrej et al.,2017;Bowen et al.,2017;Ronald et al.,2005),成为权力分享和协商治理的重要方面(Bing & Huiting,2017)。作为新公共管理的重要策略,合同外包强调绩效,强调公共服务的私营化和市场化,关注产出,包括经济的、服务的、管理的还有组织等的绩效成为管理者的目标(Andrej et al.,2017;Janice et al.,2016)。合同过程中存在着组织(企业)之间的、跨专业的,合同的不同执行过程这三个知识上的差距,这些差距的存在意味着不同部门的协同合作是合同外包有效的基础,部门内部之间、部门之间缺乏合作是导致服务预算扩大、效果弱化的重要原因。在合同初期,合同的策略性关系实践(Stefania et al.,2016)、政府内部合同管理的努力是解决这个问题的重要方面(Colin & Marc,2016),有助于弥补这三个方面的差距。公共部门基于风险评估模型,对外包决策中所面临的风险进行评估,与可供选择的治理模式相结合,选择适合自身的治理模式(Farneti Federica et al.,2016：240)。库珀(Phillip Cooper)分析了从美国内战时期到20世纪80年代后新公共管理时期政府与不同部门合同制的变迁认为,公共服务从以往的权力强制逐步走向合同方式的供给,通过鼓励市场的力量来寻求不同的供给方式,从而实现公共服务的外包及缩小政府规模,这种合同模式具有横向的、企业取向的、以谈判为动力的特征(库珀,2007：19—53)。但公共服务合同不是简单的购买关系,而是结盟,其合同关系还涉及横向的整合与纵向的权威之间的交叉运作,需要将合同管理纳入公共管理中来分析即合同还受到纵向权威的影响(库珀,2007：13—15)。

结合以上文献,对社会服务领域的合同关系治理可以形成一个初步的解释路径:首先,社会服务领域的合同关系治理包括纵向权威和横向整合两个维度,公共服务供给往往伴随着制度限定;其次,横向整合的合同要求政府具有从建立合同、管理合同到结束合同的合同管理能力,能够明确合同预算、监督合同执行并有高质量的合同管理者(库珀,2007：116—118);再次,作为服务供给的主体需要具有专业服务的供给能力,且能与政府结盟,建立信任关系;最后,在政府的合同管理能力、供给主体的专业服务供给能力、合同双方之间的信任关系程度的影响下,政府与社会服务供给主体形成不同的合同关系,产生不同的交易成本,影响着社会服务供给方式的选择。

(二) 中国社会服务供给的本土化情境与供给方式

社会服务的供给方式有一定的选择空间和制度惯性,不同国家在这个制度空间内选择了适合自身国情的社会服务供给方式。与西方情境相比,中国不同区域面临从中央到地方、地方政府内部不同层级部门、从条到块等的复杂治理结构,中国的政府购买服务与西方"形似神异",构成了多种逻辑并存的"混合式"图景(杨宝、杜晨阳,2024),其内在的合同关系治理也需要更进一步分析提炼。

首先,合同关系治理面临不同的区域/城市状况及治理结构。当社会服务外包的交易成本低于内部生产成本,理性效率的政府会选择将社会服务交由市场主体供给(吴月,2015)。这个判断有两个前提:第一,政府是整合的、单一的行动主体;第二,政府强调纯粹的理性和效率。但社会服务供给面临着复杂的外部治理结构,效率也并非我国政府购买服务的唯一逻辑(杨宝、杜晨阳,2024)。分税制实施影响了央地关系(周飞舟,2006),央地关系又重塑不同地区的治理结构(徐晨光、王海峰,2013)。财政结构和资源差异影响不同地方的社会服务投入(徐盈艳、黄晓星,2015),地方政府在购买服务中有较高的自主权和独立性(肖雪、颜克高,2020)。政策执行还会受到政府部门内部条块关系影响(陈思丞,2020;朱光磊,2009),即便是地方政府内部也会通过控制权在不同层级部门之间分配来调整服务外包的实施(徐盈艳、黎熙元,2018)。所以政府购买服务的外包合同远非双方的关系合同,而是复合型的多方关系合同,也非只有效率的单一逻辑,而是希望通过政府购买服务增强公共服务的回应能力,实现回应性治理(杨宝、杜晨阳,2024)。地方政府的治理目标、服务效能、条块结构和治理体系等都会影响到地方政府社会服务供给模式的选择。

其次,在社会服务的复杂治理结构下,政府合同管理能力的差异影响了社会服务模式的选择。我国的社会服务供给从以往的单位制走向社区制再到购买服务,社会组织领域具有模糊发包和弱激励的特征(黄晓春,2015),地方政府要承担较大的制度风险。合同管理是依循行政逻辑还是市场逻辑有较大的探索空间,政府部门通过观察和参与项目实施,具有习得的能力(杨宝、殷小娟,2024)。社会服务的供给又涉及不同条块部门的整合(黄晓春、嵇欣,2014),尤其是政府购买服务更是涉及复杂的部门间网络(肖雪、颜克高,2020),不同管理部门的部门目标、管辖权与自由裁量权均有所不同。加之现有的政府购买服务的制度环节设计和执行都还有较大的完善空间(向羽、张和清,2023)。不同的社会服务供给模式对基层政府部门的合同管理能力,尤其是对合同的管理意识、管理策略、跨部门的协调沟通能力,对社会组织的监管能力等都不同,也会影响到政府的选择。

再次,合同管理的另外一方是企业/社会组织/专业从业者,社会服务合同关系治理中承接社会服务组织的能力和从业人员的技术能力、社会基础等,是合同关系治理的重要约束性条件。政府购买服务中,政府掌握着较大的自主权和选择权(管兵,2015)。如果有较为丰富的专业服务主体,政府部门更可能通过服务外包的方式来供给社会服务;反之,则更可能将服务限定在相对纵向的供给方式。从服务主体上看,社会组织、企业、社会工作者都是可能的承接主体。第一,政府部门与社会组织建立社会服务的合同关系(苗红培,2015)。从合同关系角度上看,社会组织作为合同的承接方,与政府应是一种平等的伙伴关系。但我国的政府购买服务的改革是期望通过培育和调动社会力量,实现公共服务的大幅增长从而优化公共服务而非促进社会力量的竞争(吕芳,2019)。社会服务外包还需要承担社会组织培育和专业人才培养的成本,组织公信力不足会影响到市场竞争机制的发挥(向羽、张和清,2023)。资源依赖使得社会组织要么过度强调非正式关系,要么强调合同指标(叶托,2019)。第二,政府部门向企业购买社会服务。社会服务类企业成为社会服务供给的主体,如兰州市城关区"虚拟养老院"中企业作为服务提供的加盟方承接服务(刘红芹、包国宪,2012)。这一类企业往往能够在专业技术上有更大的突破,如各种养老服务技术、智能设备的运用等,从而提升服务的水平,但合同如何避免企业完全地以利润为导向,忽视服务对象的实质需求和服务质量,忽略难以通过支付市场价格获得服务的兜底困境群体的需求需要更多的考虑。第三,政府部门与专业的个体行动者建立合同关系,如广东"双百计划""双百工程"中乡镇(街道)与社会工作者签订合同(张和清、廖其能,2021)。在该类合同关系中,如何保障专业服务提供者提供服务的专业能力和空间是与行动者建立合同时所必须要考虑的风险与成本。

最后,与前述三点相关的是,政府和承接主体在政府购买社会服务中应达成基于信任的合作关系,共同开展服务。但在过去十余年的社会服务外包实践中,由于治理情境的过渡性以及社会组织的半专业化,社会组织仅仅按照合同完成指标任务往往导致各种服务的困境(黄晓星、熊慧玲,2018),已有文献也指出政府部门往往摊派了诸多合同外的任务,出现合同之外的"剩余控制权"(郎晓波,2020),政府购买服务准市场化会发生异化而导致失灵(向羽、张和清,2023)。在承接服务的过程中,某些社会组织、个体也可能还存在着机会主义,导致服务资源被截留或侵吞,也会影响到政府和承接主体之间的信任。

(三)合同关系治理:中国情境中社会服务供给的分析框架

综上,我国的社会服务本土化情境与西方有较大不同,结合合同关系治理中纵向和横向两个维度,本文将我国社会服务供给方式划分为层级制、混合制以及市场制三种理想类型。在不同的情境约束性条件下,这三种类型会产生替换或变迁,影响社会服务供给。

层级制体现了纵向一体化的特征,通过扩充基层工作人员,与基层工作人员签订合同进行人事管理和岗位职责管理。如20世纪80年代以来的居委会建设,通过居委会来实现居民的自我服务,承担基本的社会服务的供给责任,强调由上而下的任务安排与服务输送。其生产主体是从上至下的各类政府部门、街道办事处、居委会或者是通过合同雇佣、购买岗位等内嵌于原有的行政治理体系之中,提供基本公共服务,强化兜底性,包括对困难群体的福利性服务、行政事业性服务、商业性服务等(唐钧,1992)。社会服务生产内容由上级政府部门通过行政发包的方式下达,基层政治组织需要完成上级下达指标,任务被数量化、分解及派发(荣敬本,1998)。社会服务的生产成本主要是内部人员的工资福利安排以及由上而下的行政成本等。

市场制通过外部生产的方式来提供社会服务,尤其以引入企业或社会组织作为服务的主体来提供社会服务,通过服务外包的合同与企业、社会组织等达成合作伙伴关系,通过市场运作生产服务,如物业管理、社区家政服务、早期的社区专业化服务试点项目等。市场制的社会服务供给主要由政府通过市场的方式购买专业化、多元化的服务,其成本主要取决于市场所提供的产品的价格体系、由此产生的交易成本等。

混合制既强调层级制的纵向权威,也强调引入企业、社会组织或公民个体作为协同主体共同提供社会服务的横向整合。混合制被视为公共服务市场化的替代方案(杨宝、李秋月,2017),所提供的社会服务也更为复杂,强调合作生产,要求提供服务的主体能尽可能地提供整合性、专业性、多元化和精准性的服务。混合制主要回应的是专业化、差异化、精准化的社会服务供给,既强调国家责任,又强调运用市场解决社会服务的问题。理想类型的混合制社会服务供给模式下纵向嵌入和横向整合同样重要,主要的供给成本来自于行政成本、生产成本和交易成本。

上述为我们呈现了三种理想类型的特征,但实际上纯粹的层级制、市场制和混合制都仅仅只是理想类型,现实实践中的服务供给合同由于受到服务生产成本、交易成本、行政成本以及服务使用者和购买方的支付能力的差异而形成不同的亚类型(杨宝、李秋月,2017),形成混合制服务供给的不同亚类型的连续谱。当政府机构扩大或者社会服务需求差异性增强,通过内部生产难以实现社会服务供给时,就会倾向于通过横向整合的市场制来完成服务供给;政府的合约管理能力、承接组织的服务供给能力、政府和社会服务供给主体的互动和信任程度会影响社会服务外包的交易成本,当社会服务外包的交易成本不断增加,提高到购买方难以接受的程度时,纵向权威则会增强,以避免社会服务供给的失败。由于社会服务供给选择所考虑的约束性条件比企业产品生产更为复杂,社会服务的供给类型不太可能完全更换,更可能在两个不同维度上做一些调整和修正,如下图:完全强调纵向权威的内部生产(见图中的 H);强调横向整合的市场制(见图中的 M);混合制(见图中的 C),由于纵向权威和横向整合的程度不同,图中用C1—C4 来代表不同的位置。不同类型的合同关系与社会服务供给类型如下图所示:

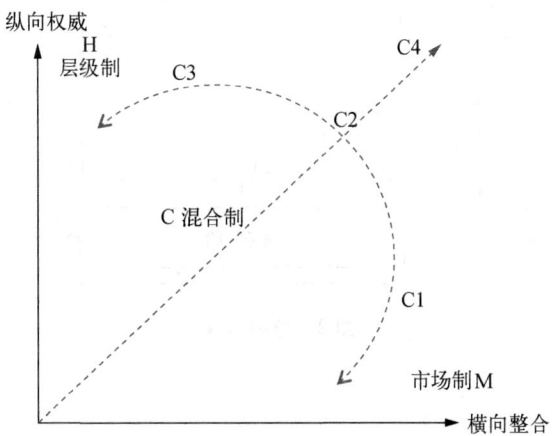

图 1　合同关系与社会服务供给类型的摆动

本文在已有文献的基础上发展出合同关系治理的分析框架,提出中国社会服务供给方式选择的理论命题是:中国的合同关系治理并非仅仅满足服务绩效,而是对社会服务治理体系的全方位回应。社会服务的复杂治理结构、政府部门的合同管理能力、社会组织的组织能力/个体的专业能力和不同主体之间信任程度构成了社会服务类型选择约束性条件,影响了社会服务供给的初始类型选择和后续调整。这些条件促使政府部门选择不同的合同关系和不同的治理机制,产生不同的社会服务供给成本和服务绩效,并反过来影响社会服务的合同关系的选择。复杂的治理结构指向复杂的多方合同关系及外部治理情境;合同管理能力指向购买方及相关的管理部门实现合同规定的目标及合同外的目标的转化与监管能力;组织能力包括多方的组织能力,如针对服务对象服务提供的专业能力、组织内部针对多目标的服务整合能力以及外部的资源整合能力、从业者个体的专业服务的供给能力;信任程度则是治理格局中不同主体的互信程度及合同内外任务的履行情况。

本文的分析框架图如下：

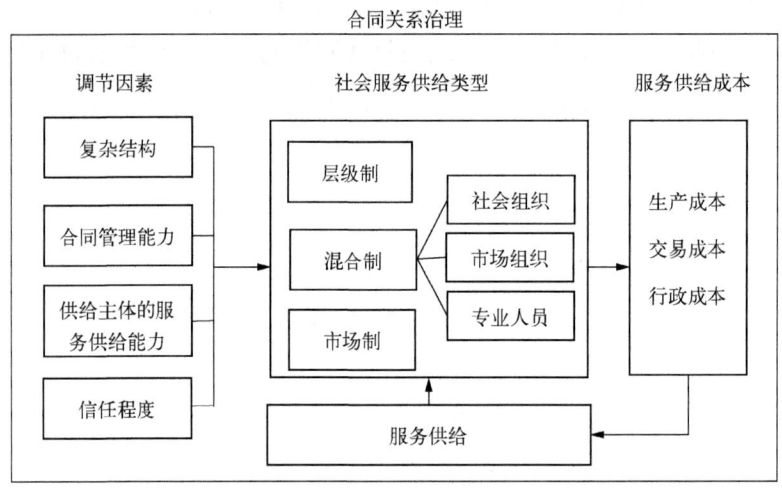

图2 分析框架

三、研究方法及案例介绍

为了回答合同关系治理和社会服务类型选择的问题,本研究的案例需选取在合同类型、合同关系以及社会服务方面经历过调整和变更的历时性案例。Z项目自2010年开始实施,实施过程中随着合同实施过程中的服务绩效、实施的具体情境等多次进行调整,是国内较早采用政府购买社会服务的形式推进且一直延续至今的综合性社会服务项目。B项目则是在借鉴Z项目的基础上采用不同的合同签订主体来推进社会服务供给的项目,两个项目的主要目标都是为了更好地推进社会服务的供给,满足社区居民的需求,两者既有延续也有区别。所以本文选择这两个项目作为整体性案例,在回答本文的研究问题上具有一定的典型性和代表性。

案例的研究资料主要来源于两个项目自实施以来颁布的正式的政策文本及研究团队在项目推进过程中,尤其是项目进行阶段性调整时对相关政府部门、社会服务机构、从业人员、评估机构等的深度访谈与参与观察以及项目的相关宣传资料等。笔者自Z项目实施以来一直持续深度参与和观察其具体实践,关注其推动、发展以及项目的实施成效、外部评价等。而对于B项目,笔者及研究团队在项目执行初期通过参与观察了解项目运作,并于2022年7月前往B项目位于S市的多个项目点开展调研,了解项目自实施以来在具体的运作方式及社会服务供给方面的变化情况,也有持续关注项目运营的公众号等,了解项目的相关信息。

Z项目是国内较早尝试通过政府购买来实现社区社会服务供给的项目之一,由Z项目所在城市的市级民政部门统筹,市区两级财政支持,通过在街道与具备资质的社会组织签订合同,在街道成立综合服务中心提供社会供给。自2010年实施以来,Z项目在合同关系、合同内容、合同评估等方面经历多次调整,在不同类型的社区群体的服务供给、社区治理、社区社会组织和社区基金会的培育、党建引领等方面不断回应社区内群体服务及社区治理的需求,以便于形成更加完善的合同设计,更好地实现服务品质、服务绩效与治理绩效的监管。Z项目的变迁较好地呈现了政府购买服务过程中社会服务供给方式的选择及其背后的合同关系治理要素的影响。

B项目是在深入分析原有的先行先试地区的政府购买服务发展经验的基础上,总结原有发展模式的不足以及所实施区域特点的基础上综合设计推进。自2017年开始实施,B项目由其所在省份民政厅进行统筹,市县级民政部门参与,通过直聘专业服务人员的形式,由街道与专业人员签订服务合同推动乡镇社工站的建设。B项目通过立足镇街、深入村居,为乡镇困难群众和特殊群体提供服务。项目实施初期财政经费主要从福彩公益金支持,后来纳入省级财政预算,由省级财政配备资金、地市级财政依据区域经济社会发展情况适当予以配套,省职能部门统一规划、市级职能部门负责推进的方式开展。B项目尝试通过乡镇社会服务供给点的设置解决社会服务供给的最后一米以及社会服务地区发展不平衡的问题,更为强调纵向一体化的服务供给,既有对Z项目服务目标的延续,也有社会服务供给方式的调整。自实施以来也经历了多种挑战与调整。

四、合同关系治理与社会服务供给方式变迁:两个案例的政策实践

原有的治理结构等不同因素决定了社会服务供给方式的初始选择,其发展过程受到社会服务绩效以及服务供给成本的影响。Z项目和B项目均是以政府购买服务的形式将辖区内的社会服务外包给社会组织或社会工作者来开展,是加强社区治理体系改革和社会服务供给的重要机制。Z项目涉及不同层级的政府财政部门、政府职能部门与基层政府部门、社会组织、社区组织与社区居民等,在发展的过程中形成了一个复杂的社会服务供给网络与多重政策目标,最终促成了社会服务的供给与社会政策的要求和社区治理实践的适配。B项目则是在吸收其他地区的政府购买服务的经验基础上结合实施区域的社会经济发展特点,采用政府直聘专业人员的方式来提供社会服务,两个项目均涉及了政府部门内部层级结构、政府与社会力量的社会服务协同供给,项目实施受到社会服务绩效和外部评价的影响,是我国政府购买服务与复杂合同关系治理实践的典型体现,但两个案例呈现了不同的发展路径:Z项目从最初强调横向网络合作的社会服务供给方式逐步趋向于逐步加强纵向权威的供给方式,而B项目则是试行准纵向一体化的服务供给方式。

(一) C1 到 C3：Z 项目的社会服务供给方式变迁与合同关系治理

Z 项目最初是为了更好地推动社会治理与社会服务供给，由 Z 市财政出资，通过政府向社会组织购买服务在街道内设立社区综合服务中心，为辖区内的居民提供专业服务，回应社区治理的难题。项目实施初期，主要由市级职能部门规划，通过动员街道、培育专业社会组织来实施，区级职能部门配合。

在项目的执行上，初期职能部门与基层行政部门、社会组织对于如何执行该项目均存在较大模糊性，期望通过动员专业人士成立社会组织来承接项目，试图保证服务的专业性和试点工作的顺利开展。而随着政府购买服务在全市范围的铺开，社会组织的数量迅速增加且参与动机和参与能力也不尽相同。职能部门通过合同、日常监管与第三方评估加强对项目实施的监管，强调专业服务与服务绩效的同时也强调量化指标与服务特色和亮点，逐步加强纵向权威。而另一方面，项目落地在社区，要求项目回应在地社区问题的解决、培育和联动其他社区服务主体等，实现特殊困难群体服务的全覆盖，培育社区组织，联动社区基金会、社区其他服务主体等解决社区问题，与社区建立定向联络机制，整合和链接社区内的各项资源，发挥项目的枢纽性作用，加强项目中的党组织建设与党建活动的开展，配合基层职能部门的党建工作，服从基层职能部门党委的领导，属地管理也逐步加强。

项目的验收考核统一采用第三方评估的形式。项目实施在不同周期内尝试过市级统一分包招投标与区级自行包投标评估机构等多种方式，并通过不同评估指标的侧重以及评估指标的细化来体现不同周期的验收侧重点，强调服务开展的特色和亮点，以定性评价和量化评价相结合的方式推进评估工作的开展。项目的评估体系和评估指标不断完善，最后统一评估指标规范项目开展的具体内容与评价指标，使得社会服务项目设计更符合制度设计要求。

合同内容和合同验收方式的调整体现了我国社会服务供给的特色，强调服务绩效与治理绩效的双重满足、行政化与专业化的逐步融合。社会服务供给方式的调整还涉及了服务供给的成本,即服务的生产成本、交易成本与行政成本之间的交互影响。

试点时期,合同各方都在尝试如何提供更专业的服务,协调沟通较为顺利,交易成本低。随着项目的全面铺开和项目内容的增加,项目在回应社会服务供给与回应社区问题的同时也在一定程度上增加了项目实施的交易成本:主要包括:(1) 纵向上政府内部不同职能部门之间的协调沟通、对于购买服务的新的社会服务供给方式的认知和实施;(2) 横向上基层职能部门、社会组织、其他社区组织、社区居民之间的协调沟通以及对于政府购买服务项目的认知与尝试;(3) 社会组织有较严重的机会主义,存在寻租和获利的空间,组织能力和从业人员的专业能力参差不齐,对执行部门的甄别能力要求较高;(4) 社会组织与基层行政部门之间的谈判能力差异导致部分项目被吸纳到街区治理结构中,未能实现政策实施初期的政策目标。

交易成本的增加促使政策实施的职能部门调整合同内容与合同管理,加强合同的统一规范及其指导性,减少合同执行中的交易成本,如强调困难群体需求的回应、社区问题的解决、社区组织之间的协调沟通机制的建立,强调党建与社会组织能力建设,试图通过加强纵向权威的引导来降低基层整合中的交易成本,使社会服务能更加有效地回应社区居民的需求。但社会服务的交易成本依然存在。

(二)准纵向一体化的社会服务供给:B 项目的合同关系治理

B 项目不同之处在于,以往政府部门通过与社会组织建立合同关系来提供社会服务,而 B 项目则通过与个体建立合同关系来提供社会服务逐步转向准内部生产模式,以趋向纵向一体化的社会服务供给为特征,强调纵向权威。

B 项目在合同实施上主要通过强化岗位设置、招聘环节和考核环节等来加强对于从业人员的管理。在岗位设置中,根据服务性质的不同设置事务性岗位和服务性岗位,事务性岗位主要负责统筹协调的工作,而服务性岗位主要是分散在不同村居,开展专业服务并要求覆盖辖区内的重点服务群体。B项目的工作人员采用统一招聘的形式进行,由省级职能部门组织,但与当地基层职能部门签订服务合同,其工作任务主要是协助职能部门建立服务档案,统筹提供专业服务,链接和协助有关部门落实相应的保障政策,疏解服务对象的负面情绪,促进服务对象与家庭成员的良性互动,修复服务对象弱化的社会功能;推动"五社联动",扎根社区,链接整个社区公益慈善资源,全面激发社区活力,推动社区治理专业化、精细化。在人员的考核上,以定性和定量相结合,以定性为主的考核方式考察专业人员的德能勤绩。"绩"的方面重点考核履行岗位职责的成效,包括督导人员指导社工站(点)制定计划、开展服务、质量管理、专业学习、团队建设等情况,以及社工经办事务、入户走访、政策宣讲、识别对象、评估需求、落实政策、统筹服务、推动"五社联动"等情况。B项目仍以合同的形式推进社会服务的供给,只是合同的乙方从社会组织转变为社会工作者个体。购买经费主要用于保障从业人员的薪酬,稳定从业人员的队伍,降低(取消)了培育社会组织的成本。B项目更接近层级制的社会服务供给模式。

B项目从岗位设置、从业人员的招聘和考核、服务内容设计等都彰显了职能部门的服务职责,体现了纵向权威的作用。一方面将职能部门的服务充分下沉到服务点,力图打通为民服务的"最后一米",另一方面也将服务点置于基层行政部门的管辖之下。社会服务的横向整合依靠从业个体进行,直聘模式降低了与组织的交易成本,以准内部化的生产方式进行,但也加大了个体与行政部门之间的交易成本,难以形成组织合力以及服务空间,可能导致行政化和应付性两方面的问题。

(三) 两种政府购买服务项目的模式及合同关系治理的探讨

前述呈现了政府购买综合性社会服务项目在合同关系、合同内容、合同评估的历时性变动及其随之而形成服务绩效、服务成本与不同服务供给模式。Z项目从试点时期的横向整合为主到后期纵向权威为主、横向整合为辅的合同设计,希望能克服社会服务失灵以及社会组织的机会主义,作为"条条"的职能部门也在力图与作为"块块"的基层政府沟通,将项目所提供的社会服务聚焦于特殊困难群体的服务和社区问题及需求的回应上。职能部门与基层政府、社会组织与职能部门、社会组织与基层政府、社会组织与社区社会组织、社会组织与社区居民等之间的关系构成了社会服务供给模式的复杂网络,项目是回应群体需求还是解决社区问题还是回应治理需求之间存在取舍与摇摆,产生了巨大的交易成本。通过纵向权威的加强,则希望在保持外部购买的同时,降低交易成本,实现社会服务的有效供给。B项目采取了准纵向一体化的服务模式,由基层行政部门与从业人员签订合同,强调以兜底对象服务为主,如何避免行政化、保持专业服务的供给是其建设进程中亟待解决的问题。不同的社会服务供给方式体现了纵向、横向两个维度的不同角力后形成了不同的合同治理关系。在不同阶段,社会服务供给结构、政府主体和社会组织的能力也呈现较大的差异,那么这些因素是如何影响合同关系治理呢?

五、 合同关系治理的约束性条件与调节因素

社会服务供给方式的调整从表象上来看是服务供给绩效、层级政府、条块之间的协调沟通、社会组织和政府部门与第三方评估机构之间的博弈等原因共同影响,但深究其内在的机制,公共服务供给的复杂结构、政府的合同管理能力、社会服务承接主体的服务供给能力及政府与承接主体的信任关系是其深层次的动因。服务外包的社会服务有效的供给的前提是理顺社会服务的复杂治理结构;基层政府部门需要具备良好的合同管理能力,能与不同的主体进行谈判与合作、共享信息和资源,整合不同组织的优势实现社会服务的有效供给;社会服务组织能具备整合协调、资源链接和整合、服务人员专业服务供给能力强等实现社会服务供给的有效要素,且政府与社会组织之间具备信任关系,减少了沟通协调的成本。四个约束性条件的满足状况不同会影响社会服务外包合同的缔结及服务绩效的实现,促使服务合同进行调整。但随着服务外包实践的深入,四个约束性条件也

会随之发生变化和调整使其不断被满足从而提高社会服务供给绩效。

（一）社会服务供给的复杂结构

社会服务供给涉及从中央到地方以及地方政府内部不同层级之间以及不同职能部门之间的关系,社会组织是否能开展专业服务还受到社区内购买主体的低治理权(陈家建、赵阳,2019),以及过渡情境下消极的自由裁量权(黄晓星、熊慧玲,2018)等因素的影响,即便是具有高的整体合法性的社会组织也要具备情境合法性(邓燕华,2019)才能更有效地开展工作。与以往社区建设中居委会面临的"上面千根线、下面一根针"的处境类似,政府购买服务的项目点也面临与不同部门的对接,如政府不同的职能部门、基层政府部门、辖区内各个党组织、承接的社会组织等,这些关系的协调和沟通增加了交易成本,而使服务本身被不断压缩。

首先,两个项目的经费来源都是来自政府的财政预算,项目的推进与实施也会受到更大的政治、经济、社会环境的影响。其次,Z 项目和 B 项目在合同缔结的过程中都涉及了省市区职能部门、省市区财政部门、街道、社区居委、社会组织、第三方评估机构、专业服务人员等不同的主体;在服务内容上既涉及长者、青少年等不同群体的服务,也涉及一般社区居民和重点弱势兜底群体的服务,还涉及社区问题的解决与社区需求的回应;服务覆盖面广、服务层级多,且还涉及服务社区的社区类型、人群分布、街道需求的差异等。统一的政策设计在落地过程中需要依据属地特征进行灵活调整,就涉及基层政府的管理能力和承接机构的服务整合能力。不同层级的政府部门、不同职能部门、社会组织与从业人员等构成了服务外包所面临的复杂结构。而政府购买社会服务的项目需要多元交代,如果社会服务供给结构中各方主体对项目理解较为一致,则社会服务的交易成本较低,反之则会增加社会服务的交易成本,使得社会服务的供给方式发生调整,如 Z 项目在每一个合同周期结束后都会依据上一周期的实施情况对具体的实施内容等进行调整,而 B 项目希望通过基层行政部门与从业人员签订合同的方式来供给服务,取消社会组织一环,使成本限制于服务的生产上,减少交易成本,但同时增加了行政成本。B 项目中的个体专业人员在开展服务中在面对复杂的行政体系时,是否能将服务目标聚焦在重点人群上以及处理复杂的服务关系是其面临的挑战。

(二) 政府的合同管理能力

合同制使得政府与市场、社会组织等的互动发生变化,也对政府原有的治理体系形成新的挑战,基层政府在管理合同促使社会组织提供社会服务过程中,政府的治理能力和合同管理能力就显得非常重要,尤其是服务专业性的评价能力及对合同剩余控制权的使用。社会福利服务还涉及人类最基本的需要的满足,有必要保证国家公民都能获得最基本的福利服务(彭华民,2010)。但为了避免政策失败或者基于现有的治理能力,政府可能并没有针对管理机制的变化而做出调整,从而导致政府购买服务陷入困境(吕芳,2021)。

由于合同管理和合同剩余控制权的使用使得项目服务点在开展服务的过程中必须考虑基层行政部门(合同的甲方)的需求,如何将社会服务项目的合同与街道的社区治理、属地管理的要求结合,如何理解社会服务的项目实施、基层管理人员的流动性等也会影响项目的交易成本,合同管理能力的差异则会影响合同双方的关系及以合同执行。Z项目调整过程也伴随着基层政府部门合同管理能力习得过程。项目初期,基层政府部门因对项目服务点功能设置并不清晰又基于上级对其监管的考核而对服务点的服务设计、空间安排等都有较多干预,需要上一级行政部门协调沟通。后续执行的过程中,随着政策推进和相应的培训工作的开展,基层政府部门慢慢明确项目的功能、服务范围而逐渐转向基于合同和评估的监管,基层行政部门的合同管理能力逐步提升,与不同层级的政府部门、社会组织、项目工作人员更容易达成一致,提升项目的服务绩效。但随着基层工作任务的加重,在原有的行政人员并不能完全满足行政工作的需求,社会服务项目的从业人员也会被要求完成一部分的紧急工作任务,导致专业服务供给不足。而B项目直聘模式更是考验基层政府部门是否能够按照专业服务供给的理念进行管理而不将从业个体纳入到行政体系之中。

（三）社会服务承接主体的服务供给能力

社会服务主体的服务供给能力是合同有效履行的基础,这包括社会组织和专业人员二者的能力。服务供给能力是指社会组织、从业人员有效、持续性提升组织服务供给能力的策略系统,组织能力包括组织的内部能力(治理结构完善、组织使命建设、服务生产能力)和外部能力(协商能力、资源整合能力、服务输送能力、组织合法性建设)等,个体的服务供给能力包括项目内部的整合能力、服务的专业水平、服务理念和服务技巧的掌握等。

基于我国的制度情境,政府购买服务的政策制定除了确保服务绩效之外,还承担着培育社会组织和推动专业人才发展的功能。虽已经历将近二十年的发展,但是随着全国政府购买社会服务政策的铺开,人才缺口仍然较大,从业人员中专业出身的人员比例仍然较少,且服务经验和服务年限也较低,政府购买服务的项目绩效也受到社会组织的组织能力与从业人员的专业能力的限制。Z 项目是以购买项目的形式进行,虽然服务绩效也受管理人员的管理能力和专业能力的影响,但组织也可以通过对项目进行分解,匹配不同的从业人员来提升服务绩效;另一方面也可以通过组织内不同项目之间的资源整合和资源互通来提升项目绩效,社会组织本身的组织能力在一定程度上可以缓解对项目点的从业人员的专业能力的要求。B 项目通过直聘的形式开展,其社会服务绩效与个体从业人员的专业能力密切相关。合同的乙方从社工机构转变为社会工作者个体,虽然取消了社会组织的培育成本,也降低了组织之间的交易成本,但社会服务供给的质量更取决于社会工作者个体和项目点团队的能力,对从业人员提出了更高的要求,B 项目主要通过协同督导、轮训、共学等方式不断提升从业人员的专业能力,加强对从业人员的服务能力的培训。

（四）政府与社会服务承接主体的信任关系

政府购买社会服务是一种跨部门的合作,参与其中的企业、社会组织等在一定程度上与政府共享了公共资金的使用权和公共权力的裁量权,政府与承接主体的信任关系在服务输送体系中变得越来越重要。社会组织的组织能力差异、寻租以及机会主义,购买方对社会组织的不了解以及服务供给成效界定与呈现不清晰等都会影响到政府部门与社会组织之间的关系,通过不断加强纵向权威,更好地监管社会服务供给,也导致政社之间的交易成本不断提高。政府与社会服务承接主体的信任关系影响合同关系。

Z项目建设初期,承接服务的社会组织是具有专业背景的社会组织,职能部门对社会组织信任程度较高,服务执行的协商空间较大,能达到较好的横向整合与协作关系的建立。但随着社会组织的数量不断增加且组织能力差异大,职能部门与社会组织之间的合同关系以及合同外的非正式关系都会影响到合同的具体内容的设置与合同的监管。Z项目内部的项目服务成效差异较大,职能部门为了规避政策失败的风险,通过就近购买或圈内购买来保障服务实施的绩效,或者演化为评估细则的细化与对量化指标的强调。

B项目的实施某种程度就是以直聘的形式来解决社会组织机会主义的问题,降低交易成本。但这种合同关系下,政府与组织之间的信任关系的建构转化为政府与社会工作者个体的专业能力之间的信任关系的建构。通过驻村、建立完整的督导体系和培训体系、出版教材和案例集、培训讲师团、稳定的薪酬提升机制等形式,B项目力图稳定人员,提高从业人员的专业能力,以期望实现专业服务的精准供给。

综上,社会服务的复杂结构、政府的合同管理能力、社会组织/从业人员的专业能力以及政府与社会服务承接主体的信任关系,是影响合同关系治理机制在纵向科层和横向整合之间摆动的要素,最终影响了社会服务供给方式的选择。

六、结论与讨论

本文拓展合同关系治理的分析框架,解释我国社会服务供给方式的选择及其内在机制。合同关系治理的基础是合同制,但我国社会服务的合同制与英美国家新公共管理背景下的合同制有着极大的不同。我国的社会服务合同以党建引领、政府负责、以人民为中心为典型特征,通过横纵交叉的设计来保证合同的执行。政府购买服务的制度设计不仅只是服务的供给,还要强调社会组织与专业人才队伍的培育、社区治理新格局的创建等。我国的合同关系治理更多导向一种综合的复合绩效,以强化基层治理的效能为主导,实现专业化和行政化的有效融合,既强调专业服务的输送,也强调通过合同构建的社会服务单元与原有的社区治理体系的融合。

Z 项目与 B 项目的政策实践反映了新时代我国社会服务供给类型的调整及其内在的合同关系治理机制的影响。为了更好地实现社会服务绩效,降低社会服务供给的成本,协同不同的社会主体提供社会服务,Z 项目的政策依据不同阶段的服务绩效和政策目标经历了从强调专业服务的横向整合到不断加强纵向引导,强调纵横结合的社会服务供给网络的搭建,直至到强调准纵向一体化的 B 项目出现。面对着我国的"条块"治理体系,购买服务的项目作为横向的服务单元,面临纵向权威和横向整合两个维度的约制。政府购买服务通过合同的形式使得企业、社会组织或者个体能进入到社会服务供给体系之中,基于组织或个体的专业优势提供社会服务,但服务供给内容、过程等又受到纵向权威和横向整合两个维度的影响,两者互动、调整构成了社会服务供给的不同类型。科层制、市场制、混合制的社会服务供给理想类型的讨论以及两个典型实践案例的讨论分析在一定程度上验证了本文的理论命题:原有的纵向权威的治理结构决定了社会服务供给类型的初始选择,而纵向与横向等各方面互动所产生的信任程度和交易成本往往决定了社会服务供给类型的调整和更替。政府部门依循对原有服务模式的反思,调整原有的服务模式,以加强纵向权威等为主要特征。文中两个案例呈现了政府购买服务中科层和市场的双重逻辑。以合同作为双方关系的建立基础,但在实际运作中受到复杂结构、政府的合同管理能力、社会服务承接主体的服务供给能力、政府与社会服务承接主体之间的信任关系等影响,政府购买服务的项目在横向整合与纵向科层两个维度上不断调整,形成不同类型的社会服务供给方式,也使得购买服务项目的结构性位置存在较大的模糊性和摇摆性,交易成本上升,难以回到服务本身回应社区居民的需求、提升服务质量和服务的专业性以及服务供给绩效。

合同关系治理的分析框架为如何才能更高质量实现社会服务的供给提供了思路。首先，我国治理体系的条块关系、不同的主体参与社会服务的供给导致社会服务资源分散，通过党建引领，提高基层行政部门治理权限，将社区层面的项目服务点建设成为社会服务的整合部门，尝试降低社会服务供给中的交易成本。其次，提升基层行政部门的合同管理能力，以匹配政府购买服务所带来的治理机制的变化，更好地实现对政府购买服务项目的合同内容的设定与合同的监管。再次，加强社会服务项目承接主体的能力建设，加强使命感和价值观的培训，提升专业服务供给能力，减少机会主义。最后，社会服务的资源来源于公共资源，社会服务项目需要有清晰透明的多元交代，需要强调社会服务项目第三方评估的重要性。

Z 项目和 B 项目均位于经济较为发达的省份，在政府的资源投入、社会组织和专业人才队伍的发展、社会资源等方面均有较大优势。Z 项目自实施以来经过十余年的发展形成了较为成熟的经验和模式，而且周边其他城市也有各类政府购买服务项目的推进，培育了较多的社会服务专业人才，这与其他区域的社会服务发展都较为不同。本文基于 Z 项目和 B 项目所提出的合同关系治理是社会服务类型调整的一种可能的解释路径，可能并不能涵盖所有其他地区的社会服务供给方式调整与变迁的机制。随着全国政府购买服务，尤其是在兜底群体服务的购买的推进，与其他地区、不同服务模式的比较是后续研究一个重要的方向，不同地区原有的治理体系和社会文化（即地方情境）如何影响社会服务类型的选择？不同的服务内容（基本兜底服务或基于不同群体需求的服务等）在供给模式上是否呈现不同的特征？其内在机制是什么，需要进一步分析与拓展。

参考文献

Federica, F., P. Emanuele & David W. Young, 2016,《外包与合同关系的治理》，载 Stephen P. Osborne 主编,《新公共治理？——公共治理理论和实

践方面的新观点》,北京:科学出版社。

陈家建、赵阳,2019,《"低治理权"与基层购买公共服务困境研究》,《社会学研究》第 1 期。

陈思丞,2020,《政府条块差异与纵向创新扩散》,《社会学研究》第 2 期。

邓燕华,2019,《社会建设视角下的社会组织的情境合法性》,《中国社会科学》第 3 期。

方琦、王伯承,2020,《制度壁垒与角色偏差:政府购买社会组织服务困境研究》,《云南行政学院学报》第 5 期。

管兵,2015,《竞争性与反向嵌入性:政府购买服务与社会组织发展》,《公共管理学报》第 3 期。

黄晓春、嵇欣,2014,《非协同治理与策略性应对——社会组织自主性研究的一个理论框架》,《社会学研究》第 6 期。

黄晓春,2015,《当代中国社会组织的制度环境与发展》,《中国社会科学》第 9 期。

黄晓星、熊慧玲,2018,《过渡治理情境下的中国社会服务困境——基于 Z 市社会工作服务的研究》,《社会》第 4 期。

库珀,2007,《合同制治理:公共管理者面临的挑战与机遇》,竺乾威、卢毅、陈卓霞译,上海:复旦大学出版社。

郎晓波,2020,《剩余控制权:社会组织自主性的机制考察——以 H 市多边合同执行为例》,《中国行政管理》第 4 期。

林顺浩、李朔严,2022,《低稳定预期与服务类社会组织专业化水平》,《中国行政管理》第 2 期。

刘红芹、包国宪,2012,《政府购买居家养老服务的管理机制研究——以兰州市城关区"虚拟养老院"为例》,《理论与改革》第 1 期。

刘丽娟、王恩见,2021,《双重治理逻辑下政府购买社会工作服务项目的运作困境及对策》,《社会建设》第 5 期。

吕芳,2019,《我国政府购买服务的特殊制度逻辑——基于中西方公共服务合同外包实践的比较》,《中国行政管理》第 9 期。

吕芳,2021,《"异构同治"与基层政府购买服务的困境——以 S 街道的政府购买服务项目为例》,《管理世界》第 9 期。

苗红培，2015，《政府与社会组织关系重构——基于政府购买公共服务的分析》，《广东社会科学》第3期。

彭华民，2010，《论需要为本的中国社会福利转型的目标定位》，《南开学报》（哲学社会科学版）第4期。

荣敬本，1998，《从压力型体制向民主合作体制的转变：县乡两级政治体制改革》，北京：中央编译出版社。

唐钧，1992，《关于城市社区服务的理论思考》，《中国社会科学》第4期。

吴月，2015，《社会服务合同外包中的交易成本问题及其治理路径》，《理论导刊》第6期。

肖雪、颜克高，2020，《一核多元：政府购买服务中的部门间网络关系与行动逻辑》，《公共行政评论》第6期。

向羽、张和清，2023，《政府购买服务准市场化的异化与中国特色社会工作发展道路反思——以广东社会工作发展历程为例》，《暨南大学学报》第2期。

徐晨光、王海峰，2013，《中央与地方关系视阈下地方政府治理模式重塑的政治逻辑》，《政治学研究》第4期。

徐盈艳、黄晓星，2015，《促成与约制：制度嵌入性视角下的社会组织发展——基于广东五市政府购买社会工作服务的实践》，《新视野》第5期。

徐盈艳、黎熙元，2018，《浮动控制与分层嵌入：服务外包下的政社关系调整机制》，《社会学研究》第2期。

杨宝、李秋月，2017，《社会服务的合作生产：基本框架与实践类型——基于多案例的比较研究》，《学习与实践》第11期。

杨宝、杜晨阳，2024，《混合式购买与回应性治理：中国政府购买服务的实践逻辑》，《吉林大学社会科学学报》第1期。

杨宝、殷小娟，2024，《合作的解构：政府购买服务项目执行过程的政社关系》，《学习与实践》第3期。

叶托，2019，《资源依赖、关系合同与组织能力——政府购买公共服务中的社会组织发展研究》，《行政论坛》第6期。

周飞舟，2006，《分税制十年：制度及其影响》，《中国社会科学》第6期。

张和清、廖其能，2021，《发展型社会救助的中国社会工作实践探索——以广东"双百"为例》，《西北师大学报》（社会科学版）第6期。

朱光磊,2009,《中国政府治理模式如何与众不同——〈当代中国政府"条块关系"研究〉评介》,《政治学研究》第3期。

Andrej, C. , B. Morten & B. Thomas et al. 2017, "The Many Outcomes from Contracting out: The Voice of Public Managers." *Environment and Planning C: Politics and Space.*

Bing, R. & Qi Huiting 2017, "Contingencies of power sharing in collaborative governance." *The American Review of Public Administration.*

Bowen, M. , C. Sarah & S. Marla et al. 2017, "The Managerial and Relational Dimensions of Public-nonprofit Human Service Contracting." *Journal of Strategic Contracting and Negotiation* 2.

Coase, R. 1937, "The Nature of the Firm." *Economica* 16.

Colin, P. & E. Marc 2016, "Collective Action Problems in the Contracting of Public Services: Evidence from the UK's Ministry of Justice." *Journal of Strategic Contracting and Negotiation* 3.

Fischer, S. 1977, "'Long-Term Contracting, Sticky Prices, and Monetary Policy': A Comment." *Journal of Monetary Economics* 3.

Janice, F. , M. Patrice & H. David et al. 2016, "Contracting, Performance Management, and Accountability: Political Symbolism Versus Good Governance." *Journal of Strategic Contracting and Negotiation* 4.

Ronald, J. , P. Michèle & B. Jasmin 2005, "Contractual Governance, Relational Governance, and the Performance of Interfirm Service Exchanges: The Influence of Boundary-Spanner Closeness." *Journal of the Academy of Marketing Science* 2.

Stefania, P. , S. Anssi & L. Marja 2016, "Exploring Contract Visualization: Clarification and Framing Strategies to Shape Collaborative Business Relationships." *Journal of Strategic Contracting and Negotiation* 1 - 2.

Williamson, O. 1979, "Transaction-Cost Economics: The Governance of Contractual Relations." *The Journal of Law & Economics* 2.

（特约编辑:邓燕华）

何以激活政府培育的社区志愿服务力量？*
——"第三方"行动路径的案例研究

杨永娇　高　雅**

摘要：在我国志愿服务制度化的发展趋势下，亟须突破政府在培育志愿服务力量过程中面临的诸多困境，提升社区志愿服务力量的培育效果。合作生产理论启示，作为"第三方"的社会组织可通过推动合作生产降低志愿服务力量对政府的非对称性依赖，增强社区志愿服务力量的内生动力。本文基于S社区的案例分析发现，社会组织可通过介入志愿服务供给的决策、设计和执行三个阶段，分别发挥协调、规划和生产的功能，推动志愿服务力量与政府逐步向"合作伙伴"的关系转变，从而激发社区志愿服务力量的活力。社会组织与政府和社区的双向嵌入推动了社区志愿服务力量的有效培育。本文回应了官办慈善的改良问题，对于结合中国特色完善全球志愿服务理论，实现我国社区志愿服务的可持续、高质量发展具有重要启示。

关键词：社区志愿服务　合作生产　非对称性依赖　社会组织

社区志愿服务作为打造共建共治共享社会治理格局的关键要素，在整合社区资源、提供公共服务、协同组织主体、集聚社会资本等方面发挥着重要的作用(张晓红、李浩，2020：42—43)。2018年7月6日，中央全面深化改革委员会第三次会议审议通过《关于建设新时代文明实践中心试点工作

---

* 本文系2022年中央高校基本科研业务费"公众参与新时代文明实践的激励机制研究"（项目批准号：2022CDJSKJC25）的阶段性研究成果。

** 杨永娇(yanyongjiao11@163.com)，重庆大学公共管理学院副教授；高雅，重庆大学公共管理学院硕士研究生。

的指导意见》,强调建设新时代文明实践中心是深入宣传习近平新时代中国特色社会主义思想的一个重要载体。新时代文明实践的主体力量是志愿者,主要活动方式是志愿服务。这体现了我国志愿服务制度化的发展趋势。从过去的经验总结来看,我国政府在利用志愿服务力量推进基层治理现代化的进程中,逐渐形成了一种"国家征召的志愿主义"(State-enlisted voluntarism),即政府灵活地将公民纳入精心设计的志愿者管理系统,鼓励公民志愿者参与社会治理(Yang, Wang & Zhang, 2022: 47-67)。如今,从"国家征召的志愿主义"到更进一步的"志愿服务制度化",充分展现了国家对志愿服务力量的重视。可见,我国的志愿服务力量将继续被纳入政府的社会治理统筹范围内,政府不断利用这种征召来强化行政能力,从而拓展了官办慈善的范畴,形成了一种新的治理模式。

在志愿服务制度化的发展趋势下,我国对政府培育社区志愿服务力量提出了新的要求。基层政府拥有丰富的资源和权威,具有较强的动员能力,有助于为培育社区志愿服务力量链接资源、提供全方位保障。然而,政府在培育志愿服务力量的实际过程中却面临着参与性困境、资源性困境、专业性困境与技术性困境(赵旭光,2019:23)。有学者指出,我国社区志愿服务难以实现有效供给的现实困境与志愿服务的行政化主导密切相关,这反映出志愿服务组织与政府互动中非对称性依赖的问题(衡霞,2023:144—152)。志愿服务制度化的必然结果就是政府力量与志愿服务力量的紧密相融,如果不解决两者之间的非对称性依赖问题,就很难顺利推进基层治理的现代化及志愿服务的内生性发展。

在中国式现代化进程中,实现志愿服务制度化良性发展的关键在于处理好政府同公众与志愿者之间的互动关系,推动合作生产,而社会组织正好可以发挥重要的桥梁作用。从20世纪的自由主义到干预主义,全球很多国家和地区见证了市场和政府的相继失灵,第三部门在弥补市场失灵和政府失灵过程中扮演着重要角色。治理理论的发展也将多元化的主体与参与机制作为治理的核心,为多主体参与社会治理提供了理论指导(罗西瑙,2001:13)。然而,现有研究并未在当下志愿服务制度化的发展背景下,就社会力量如何介入政府培育社区志愿服务力量,进而激活社区志愿服务力量展开充分探讨并提出有效对策。

因此，本研究基于S社区的案例分析，探讨作为"第三方"的社会组织如何通过推动合作生产，实现社区志愿服务力量与政府从非对称性依赖到协同合作，进而激活社区志愿服务力量、优化基层治理实效。首先，文章对政府主导培育社区志愿服务力量的模式及产生非对称性依赖的原因进行分析；其次，从合作治理的理论视角，探讨社会组织如何促进志愿服务力量与政府良性合作，共同参与社区志愿服务的决策、设计和供给，并有效增强志愿服务力量的主体性，降低对政府的非对称性依赖；最后，基于以上分析总结相关经验与不足。本研究有助于结合中国特色完善志愿服务理论，对实现我国社区志愿服务的可持续、高质量发展具有重要启示。

一、既有研究与文献评述

（一）政府培育志愿服务力量的相关研究

官办慈善是我国传统慈善的主要特征之一，古时以养济院和义仓为代表形式。对于现代慈善事业的发展而言，秦振兴（2019：154—160）指出，官办慈善是权力和慈善结合的产物，形塑了其官民二重性的总体性格。虽然国家自上而下建构的合法性认同支撑了官办慈善的发生发展，但行政化程度较高使慈善事业的公共性和社会性异化，为其良性发展埋下了隐患，包括：慈善参与的志愿性和自主性较低；行政化的慈善资源分配导致慈善资源的低效利用；官僚评价体系容易滋生内部腐败。目前学界主要从官办慈善组织的视角分析了我国以政府主导为核心的官办慈善体制所存在的问题，提出要推动民间慈善事业与官方慈善相补充、与市场力量相融合（林卡、吴昊，2012：132—142；龙永红，2011：80—87；李哲，2020：19—32）。

政府主导培育志愿服务力量是我国志愿服务发展的主要模式之一。邓国胜（2002：108—110）指出，中国志愿服务有三种不同的发展模式：一是"自上而下发起并推广"，二是"自下而上发起，自上而下推广"，三是"自下而上发起，自下而上扩展"。有研究将社区志愿服务类型概括为行政主导型、社会主导型、混合型(高和荣,2001:150—154)。我国的社区志愿服务发展主要有两个历程:一个是以政府为主导的政府驱动阶段的社区志愿服务;另一个是以准政府形式下社会组织为主导的社会嵌入阶段的社区志愿服务(陈伟东、吴岚波,2018:42—50)。在志愿服务的供给过程中,推进组织协同,建立志愿服务培育主体的良性互动关系,对于高效发挥志愿服务组织在社区治理过程中的载体功能至关重要(袁方成、王悦,2020:43—62)。

虽然政府在培育志愿服务力量的过程中发挥着重要作用,但同时也存在诸多困境。现有研究指出,我国的志愿服务多表现为行政主导型模式,即社区志愿服务多通过政府部门的力量来供给和推广,社区志愿服务团体在资源获取方式上依赖政府,志愿服务活动围绕基层政府工作开展,专业性不强(魏娜,2013:64—67)。资源依赖理论启示,在很多时候社会力量和政府之间的互动依赖关系都是双向的,只是这种依赖关系是非对称的。徐宇珊(2008:30—40)在借鉴资源依赖理论的基础上提出非对称性依赖分析框架,认为正是资源的依赖带来了组织之间权力和关系的不平等,进而带来了非良性的互动关系,即非对称性依赖,并且很好地解释了政府和基金会之间的关系。在行政主导型的志愿服务发展模式中,志愿服务力量对政府具有高度依赖性,而政府往往出于基层治理的需要对志愿者存在一定程度的依赖,二者间的非对称性依赖关系明显。虽然有研究指出政府需要与作为"第三方"的第三部门通过参与式合作的方式来推动基层治理(胡益芬,2004:59—61),但从该视角出发针对政府培育志愿服务力量及其困境的分析还有待深入。

(二)社会组织培育志愿服务力量的相关研究

现有研究显示,在培育志愿服务力量的过程中,社会组织发挥着尤为重要的作用。志愿服务类社会组织是志愿服务发挥作用的重要渠道,因此要重视社会组织在社会治理中的积极作用(邢占军、曹玉梅、王晓武,2022:139—153)。有研究以东北志愿者自助团体实践为中心,对志愿服务的发展与创新进行了分析与探讨,认为农村社会工作机构是推动农村志愿服务发展、实现乡村善治的法宝(芦恒,2017:203—210)。社会工作和志愿服务两者之间从相互独立到相互融入,最后走向联动互促的历史发展关系,决定了社会工作机构与社区志愿者平等合作的关系对推动社区志愿服务至关重要(童敏,2011:17—23)。社会工作者作为社会组织的重要人力资源,具有专业的知识、丰富的社会服务经验,能够为志愿服务组织提供指导、培训、策划、评估等督导服务,提升志愿服务的社会意义和效果(彭华民,2010:31—35)。

值得注意的是,社会组织在培育志愿服务力量的过程中也存在一定的问题:大多面临资金不足、自身渠道资源单一、运转自主性差等困境(谢宇,2018:76—82);受管理体制、制度机制、理念等因素限制,社工与志愿者合作常处于"联而不动"的尴尬局面(罗婧、王天夫,2016:118—125)。针对社会组织培育志愿服务力量存在的问题,现有研究对解决对策也展开了诸多讨论。谢宇(2018:76—82)搭建了能力-需求框架,从志愿者能力、志愿者需求、服务受众需求和服务受众能力四个方面分析社会工作如何实现更好地介入志愿服务;罗婧(2019:217—241)从合作、增能赋权与中国特色的角度出发探讨作为"第三方"的社会组织的改造困境,指出"第三方"既需要政府的介入来协助进入社会,同时又需要保持一定的自主性。这需要改变制度设计并为社会组织赋能。

(三) 社区治理及志愿服务中的合作生产

相关研究大多关注社区治理主体之间的合作以及公民参与的战略意义。胡艳蕾(2022:47—54)聚焦于社区公共文化服务,认为信息不对称、政策空传以及治理能力不足等问题导致合作生产陷入困境,提出要通过完善合作生产政策设计、健全信息管理机制等方式重塑社区公共文化服务合作生产关系。王欢明(2022:27—35)基于公共服务项目,呈现了草根驱动公共服务合作生产的五种重要机制,即基层党组织引领机制、非正式领导机制、互动机制、共享机制和契约机制在项目实施过程中和公众匹配权变的应用。张绪娥等(2023:144—156)更是将社区更新问题嵌入合作生产理论当中,探索社区更新合作生产走向公共价值共创的机制并构建出理论模型。为了突破社区志愿服务失灵的困境,曾天雄等(2014:78—80)从合作生产的主体视角出发,提出在厘清各个社区志愿服务主体角色和功能的基础上实现各主体之间的良性互动,在资源互补的基础上开展协调合作。袁方成等(2020:43—62)从合作生产中的组织视角出发,对主体协同、功能协同、资源协同和技术协同四个层面开展分析,强调各要素的协调发展和互通,最后实现社区志愿服务组织协同。

(四) 文献评述

从现有研究来看,政府与社会组织在培育和发展志愿服务力量的过程中具有各自的优势和不足。现代社区治理是多元主体共同参与社区公共事务的活动,其本质是利益相关者的集体选择过程(尹广文、彭振芳、梅文馨,2016:43)。政府拥有丰富的资源和合法性权威,社会组织具有专业优势和较为丰富的志愿服务培育经验,两者的协同合作既能弥补彼此的短板,又能充分发挥各自的优势。学界大多认可政府主导培育的志愿服务力量与政府之间存在权力、资源和地位上关系的不对称,政府始终处于强势的一方,这也是志愿服务力量缺乏活力的重要原因。要破解政府培育社区志愿服务力量的困境,实现合作生产就成为重要目标。

然而,现有研究的不足之处在于:第一,现有研究主要从组织视角来探讨官办慈善的发展,尚未从志愿服务视角来分析如何实现官办慈善的改良;第二,相关研究要么聚焦政府如何培育社区志愿服务,要么聚焦社会组织如何培育社区志愿服务,对社会组织如何作为"第三方"介入政府培育社区志愿服务力量尚缺乏深入探讨,而在我国志愿服务制度化的发展趋势下,回应这个问题具有急迫性;第三,虽然相关研究尝试从合作生产的视角分析社区志愿服务的优化问题,但聚焦合作生产的主体和组织间的静态关系,对合作生产过程的分析尚存不足,不利于解释实现合作生产的具体路径。因而,本研究将针对现有研究的不足,结合志愿服务制度化的中国特色,从合作生产的过程视角出发,基于S社区的案例,探讨社会组织介入政府培育社区志愿服务力量的行动路径,总结降低政府与社区志愿服务力量的非对称性依赖、激活社区志愿服务力量的经验。

二、理论视角及分析框架

（一）合作生产及本土概念

"合作生产"的概念最早起源于 20 世纪 70 年代美国城市服务研究领域，意为在公共服务的生产中，非同一组织中的生产者共同投入生产过程中。合作生产理论的出现是为了回应政府集权思潮，认为公民参与公共服务供给能够减少公共财政支出，同时获得更好的效益和质量（Ostrom，1976：102－123）。到了 90 年代，合作生产的研究进展十分有限，造成研究遇冷的很大一部分原因在于技术限制，无法有效实现合作生产。进入 21 世纪以后，因为经济危机的全球化以及公民社会的新思潮等，合作生产重新成为国际公共管理的研究热点之一（张云翔，2018：31—45）。合作生产理论最初主要用于解释政府与公民在公共服务提供中的互动关系，但是随着治理理论的发展和实践，公共服务的提供主体已经不仅仅是政府，大量的"第三方"组织涌入其中。学者关注到，这些非公共部门提供公共服务时也体现了合作生产的模式，并提出对原有概念进行调整的建议。合作生产的核心理念为政府和公民赋予了全新的定位，政府不仅仅是回应民众的需求，民众也不仅仅是提供反馈，政府和民众都要一同参与到提供公共服务的过程中去（刘丽杭、徐俊，2021：54—70）。

合作生产理论与我国共建共治共享社会治理制度有异曲同工之妙，后者是我国在社会治理层面的创新，对实现我国社会治理科学化、规范化和有效化具有十分重要的意义。共建共治共享强调党委的统一领导作用、强化政府的公共服务职能以及积极调动群众积极性以实现基层群众自治。这也突出了志愿服务力量对社会治理、维持社会稳定的重要作用。然而，由于打造"共建共治共享的社会治理格局"是一个目标和政治纲领，对于政府在培育志愿服务力量上缺乏具体方法指引，其实践应用性有待检验。社区治理中另一个较为常见的理念是"五社联动"，即社区、社区社会组织、社区社会工作者、社区志愿者、社区慈善资源的联动。虽然"五社联动"有自身的独特优势,但是该理念作为行动框架却并不成熟而且缺乏学理性支撑。总之,共建共治共享和"五社联动"都是在中国情境中的产物,某种程度上更贴合中国特殊的国情和实际,但由于前者多作为政治纲领,后者学理论证不足,在分析中国社会治理实际问题时实用性受限。由此,笔者引入合作生产作为更完善和成熟的理论工具来分析政府培育社区志愿服务的问题。这有助于在促进国际对话的同时,结合中国社会治理的特色,拓展合作生产理论在中国语境下的实践。

(二)分析框架

本研究认同纳巴奇(T. Nabatchi)等人的观点,将合作生产定义为"合作生产是一个总括性的概念,它涵盖了各种各样的活动,这些活动可以发生在公共服务周期的任何阶段,国家行为者和非专业人士一起工作产生利益"(Nabatchi, Sancino & Sicilia, 2017: 766-776)。这一定义更为全面,且强调合作生产的过程,并在此基础上分析多元公共服务提供主体与公民在整个合作生产过程中的互动关系。对合作生产过程的划分有两种典型的视角:一种是参照管理的一般过程划分,即划分为委托、设计、合作与评估四个环节,也有学者将公共服务合作生产过程解释为授权、设计、递送与评估四个阶段(朱火云、丁煜,2021:62—72);另一种是以价值共创过程为依据进行划分,如公共价值识别阶段、公共价值实施阶段和公共价值确认阶段(Osborne, Radnor & Strokosch, 2016: 639-653)。

本研究综合上述划分模式,结合志愿服务供给的特点,将合作生产过程划分为决策、设计和执行三个阶段:决策阶段强调政府与志愿服务力量之间的平等对话和协商;设计阶段依据服务需求,关注政府和志愿者共同参与志愿服务活动的规划;执行环节是整个合作生产实施过程的核心,即政府和志愿者一同参与公共服务的提供。本研究将基于合作生产的过程视角,分析社会组织如何在服务生产的决策、设计和执行三个阶段介入政府培育社区志愿服务力量的过程,以缓解政府与志愿服务力量之间的非对称性依赖关系,进而激活社区志愿服务力量。

三、研究方法与案例描述

（一）研究方法

本文运用案例分析法，通过对 S 社区这一代表性案例的分析，揭示社区志愿服务力量与社会组织、政府之间的互动过程，解释志愿服务力量和政府之间非对称性依赖关系的表现及形成原因，讨论社会组织在介入政府培育社区志愿服务力量的过程中，如何通过推动实现合作生产来降低志愿服务力量对政府的非对称性依赖，并进一步提升社区志愿服务力量的培育效果。资料收集运用了两种方法：一是访谈法，即笔者对 S 社区党委书记、工作人员、志愿者、普通居民、T 社工机构的负责人、社工等 22 位相关人员进行了半结构式访谈，形成了 10 万字访谈记录；二是参与式观察法，即在调研过程中，通过到社区和社会组织参与具体的志愿服务活动和日常管理，进行参与式观察，加深对相关问题的理解。

（二）案例介绍

S 社区位于 C 市 L 街道，是曾经大型央企 G 厂诸多员工的居住地，但随着 G 厂破产倒闭，居民下岗失去了工作。当时社区居民人心涣散，环境脏乱差，管理问题频出，犹如一个火药桶。S 社区党委书记也曾是 G 厂子弟，正是因为这种特殊的感情和高度的政治责任心，书记充分利用 G 厂破产留下来的人力资源优势，聚集有技能的下岗居民组成能人志愿服务队，把能人充分聚集起来，服务自己，服务社区，一改曾经脏乱差的社区环境，让这个老旧小区没有物管却胜似有物管。S 社区也成功转变为现在的社区治理典范和最美社区。S 社区创建的"能人坊"品牌更是先后多次被人民网、新闻网等十余家主流媒体报道，还入选 C 市民政社会治理创新基金项目。

S 社区在培育志愿服务力量和促进实现社区志愿服务合作生产方面取得的良好效果,离不开 T 社会工作服务中心的协助。T 社会工作服务中心位于 C 市 J 区,依托于 S 社区"能人坊"发展而来,于 2021 年 7 月经 J 区民政局正式批准登记注册成立为专业社会工作服务机构。该中心坚持"助人自助"的社工理论和服务宗旨,围绕"能人坊"需求库指导社区能人技能培训;综合运用社会工作专业知识、方法和技能,开展专业的困难救助、矛盾调解、心理疏导、社区社会组织培育等社会服务,承接各领域社工项目工作。

四、从"行政助手"到"合作伙伴"的培育方式

(一)早期政府主导的社区志愿服务力量培育模式

S 社区在街道的指导下于 2011 年开始尝试培育志愿服务力量。在早期政府主导下的社区志愿服务力量培育实践中,政府对志愿服务力量的培育为"行政助手"模式,具体表现出以下特征:

第一,政府的政治资源成为社区志愿服务力量的合法性来源。S 社区志愿服务力量的培育实践显示,政府的政策支持、大力宣传及合法性认可是社区志愿服务力量生存的必要条件。处于培育初期的志愿服务力量一般是松散的,具有非正式组织的特征。同时,初期的志愿服务力量大多没有完善的组织章程和规章制度,难以形成刚性约束。加之没有激励和保障机制,团体成员多靠自身的奉献精神参与活动,难以形成专业化、持续化的志愿服务,具有很强的不稳定性。此时,志愿服务力量顺利开展服务、获得社区居民认同的关键就在于政府背书。换言之,与政府的政治关联决定着志愿服务力量能否获得合法身份。

在街道和社区的统筹安排下,我们成立了志愿者管理委员会,在每一栋楼设立各自楼栋的志愿者管委会,志愿者由该楼栋的居民组

成,管理人员由楼栋居民进行选择。在与居民的讨论后,我们又决定成立居民委员会,实行开放式沟通,让居民们来集体负责沟通和协商事宜。(20221113,S 社区工作人员)

第二,政府的资金资源支撑社区志愿服务的开展。在培育初期,S 社区志愿服务力量对政府存在着较强的资金资源依赖,包括启动资金、项目的运营经费和其他杂费。除此之外,有少部分的经费来源于属地范围内的企业捐赠,而这也是通过当地政府的链接而来。政府掌握绝对的资源,加之社区志愿组织发展不完善、群众志愿服务意识不够,大多无法成功链接社会资源、打造品牌效应以及实现自身造血功能,志愿组织只能依赖政府提供资金开展活动。

  街道那边也是非常节约的,我们最开始很多活动和建设费用都来自街道,包括一些政策倾斜和政府补助之类的。社区开展活动时,会统一安排志愿者到社区集中点为居民提供服务,最开始的服务是有偿的,我们采取积分兑换的方式,服务一次积 5—25 分,5 分积分抵扣 1 元现金。我们还会积累对接一些企业,用部分捐赠资金来开展活动、发放补贴。(20230302,S 社区工作人员)

第三,政府为社区志愿服务的开展提供了关键性的人力资源。首先,社区两委的工作人员兼任志愿服务团体的负责人;其次,在具体的项目开展过程中,社区工作人员扮演了重要的角色;最后,志愿者的召集和志愿队伍的扩大主要依靠政府的宣传和劝导。社区自发形成的志愿服务力量始终是少数,大多数居民并没有较强的志愿服务意识,这也就导致了社区志愿服务力量人力资源不足。而政府在志愿服务力量培育过程中,会通过政府内部动员弥补志愿服务人力资源的短板,但这实质上并未解决社区志愿服务内生性力量不足的难题。

  我们最先动员的就是我们的党员和社区工作人员来服务社区居民,算是最开始的志愿者,当时我们社区有 600 多位党员,采用网格化管理把支部放在网格中。很多社区工作都是我们在做,当时社区中的社会组织很多也都是各玩各的,大家都不熟悉,凝聚力也不够。(20230304,S社区党委书记)

"行政助手"的培育模式导致S社区的志愿服务全部围绕基层政府的工作需求开展,志愿服务力量所扮演的也只是在基层政府指导下完成社区工作的工具性角色,与政府之间的互动呈现出非对称性依赖关系。志愿团体的组建依赖于政府的认可、政策倡导和扶持,志愿服务的开展依赖于政府的召集、组织以及持续的资金资源输入和人力资源投入。政府在社区培育的居民志愿者大多参与积极性不高,志愿服务意识不强,通常需要政府带头开展活动,而且由于政府拥有绝对的资源优势,这类志愿组织也很少会链接其他第三方力量以获取资源。政府对社区志愿服务力量的依赖性则体现为基层治理、执行具体事务的需要,但由于社区志愿服务力量的活力并未被激发,其灵活性、利他性等优势未发挥出来,作为基层政府的治理工具具有很强的可替代性。

(二) 社会组织介入社区志愿服务力量培育初期的困境

S社区志愿服务力量专业性不足、组织管理困难、志愿服务队伍规范化程度不高等问题得到了地方政府的重视,政府通过购买服务引进了一批专业社工介入到S社区志愿服务力量的培育过程中。然而,这一批社工机构的介入效果却并不理想,工作效果呈现出"两张皮"的特点。以Y社会工作服务中心为例,首先,该组织依赖于基层政府获取合法身份进入社区,其开展的活动几乎围绕政府的任务来展开,社工仅凭专业知识设计项目,忽略社区实际情况,导致项目开展只为应付考核任务,忽略社区实际情况,成为政府的行政助手。其次,该组织并没有独立获取资金资源的能力,强依附于政府来获取资金开展具体的活动,导致其丧失自主性,处于被动地位,无法发挥功能,推动实现志愿服务力量与政府的协商对话。最后,该组织受限于获取足够人力资源的能力,社工人员数量较少,无法为志愿者提供专业的知识和技能培训,也因此无法提升志愿者开展志愿服务活动的能力和水平,通常还需要政府运用资源和宣传进行志愿者招募。这导致社区居民对外来社工的不认可与排斥,更让居民对社工开展活动留下了"只为拿钱"和"敷衍上级"的刻板印象,进一步恶化了两者之间的关系。

> 社区十年前就有社工机构介入了,当时是通过政府购买服务过来的。像最开始的 YH 社工机构,根本不熟悉社区的具体情况,居民也不参与,很多居民也都觉得外来社工来后就是把钱拿了就走了,七八十万元不知道花在了哪里。没做出来什么成绩,领导和居民对社工也没有什么好感。外部很多社工机构设计的项目都是高高在上的,根本落实不了。专业社工机构人员流动性太大了,项目时间也短,像 YG 社工机构在这边都换了三个人了,还没做好。还有很多社工机构项目没法落地,后面也都退出了。(20221113,S 社区党委书记)

(三) T 社会工作服务中心的介入路径:推动合作生产

在 S 社区通过购买服务引进社会组织培育志愿服务力量的第十个年头,已经退休的 S 社区党委书记 L 自主培育成立了 T 社会工作服务中心。老书记 L 女士曾带领 S 社区居民走出无人管的困境,加上她的政治身份、合法型权威和魅力型权威深刻影响着 S 社区现在的书记和普通居民,这也为 T 社会工作服务中心的介入提供了先天的合法性,获得了居民的高度认可。

T 社会工作服务中心的介入助推了社区志愿服务的合作生产,使得志愿服务力量与政府的关系开始向"合作伙伴"转变(图1)。首先,在志愿服务合作生产的决策环节,T 社会工作服务中心致力于推动政府和居民志愿者的平等对话和协商。此环节主要涉及对社区居民的需求进行科学评估,共同确定服务供给的目标。如果社会组织和志愿者对社区需求的认知不到位,那么在决策环节就会处于被动地位,丧失话语权,导致无法实现与政府协商,最后依旧是政府单方面制定和决策,这就背离了合作生产的核心理念。T 社会工作服务中心的社工介入后,首先与社区工作人员、社区志愿骨干建立亲密联系。S 社区属于老旧社区,党员多、有情怀,对党和政府的感情深厚。社区工作人员带领社工去居民志愿骨干家一户户认识了解,加速了居民对介入社工的认可。当志愿骨干们接受社工的介入后,他们又带领着社工慢慢融入社区居民圈子。渐进式的介入方式、一定程度上与政府相关联的身份、志愿骨干个人魅力的影响,使得T社会工作服务中心的社工成功进入S社区居民群体中。目前,T社会工作服务中心的服务辐射整个社区,其灵活性和亲民性的优势更是有助于及时、精准地识别社区居民的需求,提出的方案和建议更容易被居民和政府双方所认可。

> 以前就像是做好事,没有说什么志愿服务,但是后面社区和社工那边经常来和我们讲要成立志愿服务队伍,要办活动。我们当时甚至连居委会是做什么的都不知道,但后来慢慢沟通协商,最后还是成功建立了居委会。我们也经常和居民、社工、社区工作人员他们一起开圆桌会议,他们都很友好,都是开放式沟通,经常来问我们的想法,社区那边也把他们的想法传递给我们,可以说是一个非常和谐的过程。(20230223,S社区居民志愿者)

其次,在志愿服务生产的设计环节,T社会工作服务中心致力于推动政府和志愿者共同参与志愿服务项目规划。此环节主要是基于服务需求,对志愿服务的具体供给方式进行规划和布局,主要包括人员配置、服务内容和服务方式的确定。一方面,T社会工作服务中心会对居民志愿者进行培训,鼓励居民志愿者积极参与各类协商会议,提高志愿者分析社区问题、设计志愿服务项目的专业性,积极将志愿者培育发展为自己社区的本土社工,进而降低志愿者在志愿服务设计阶段对政府的依赖。另一方面,T社会工作服务中心还会直接输送专业人员参与项目设计的具体环节。例如,安排社工参与社区志愿服务项目设计并链接第三方专业力量参与,分解政府在项目设计中的绝对话语权,平衡志愿者与政府的非对称性依赖关系。社会组织本身具有专业性的特点,导致项目的规划更容易满足个性化定制,有利于后期执行阶段实现针对性提供服务,提升志愿服务活动的质量。

> 社工还是很实际、很专业的,社区要办个什么活动,他们就会提前

来和我们一起商量这个活动可不可以、怎样设计才算好。我以前宣传垃圾分类,后来跟社工一起也学习了很多社工的专业知识,现在整个社区的垃圾分类宣传和一些活动我都会和他们一起去策划。我们还邀请一些专家和企业来合作,现在来参加活动的人越来越多了,我觉得很有意义。我也准备去考个社工证,社区和社工机构那边也很支持我们成为本土社工。(20230301,S 社区居民志愿者)

最后,在志愿服务生产的供给环节,T 社会工作服务中心致力于推动政府和志愿者共同参与志愿服务的提供,尤其是促进志愿者发挥能动性和创新性。合作生产的突出特征在于公众参与服务供给,T 社会工作服务中心在培育社区志愿服务力量、探索志愿服务合作生产的过程中始终聚焦于居民。一方面,T 社会工作服务中心会定期开设宣传活动,着重对社工工作和志愿服务活动进行宣传,通过开设"邻居好人榜""点赞榜"和"社会义举榜"等途径营造邻里互助的良好氛围。T 社会工作服务中心在社区居民群体中具有足够的亲和力和信任度,加之宣传方面丰富,居民对活动具有更深刻的认知,活动的顺利开展也会增强居民与政府、社工机构之间的凝聚力,构建共同愿景,推动政府和公众共同参与志愿服务生产供给。另一方面,社区与 T 社会工作服务中心一起建立"贤人库",主动吸纳社区有一技之长的居民志愿者入库,开展自主互助居家物管服务。T 社工服务中心开设的"积分兑换服务""吐槽箱""纾解角"和"六步议事法"等活动项目都为志愿者充分发挥能动性和创新性提供了保障与支持。

以前我觉得那些法律法规都太高大上了,不关我们老百姓的事,但是后面我发现社区和社工那边是真的在采纳我们的意见,很多意见都变成了现实,尤其是他们说基层民主就是要我们每个人都当家做主。我之前也没想过去当志愿者,但后来觉得大家的社区应该大家都去维护才是正确的,我也想为社区建设贡献一分力量。我去年还拉上兄弟一起来参与志愿活动了,我们都觉得这类活动很好,尤其是我们的社区氛围,社区工作人员、社工还有我们居民都是一起的,大家心往一处想,劲往一处使。(20230223,S 社区居民志愿者)

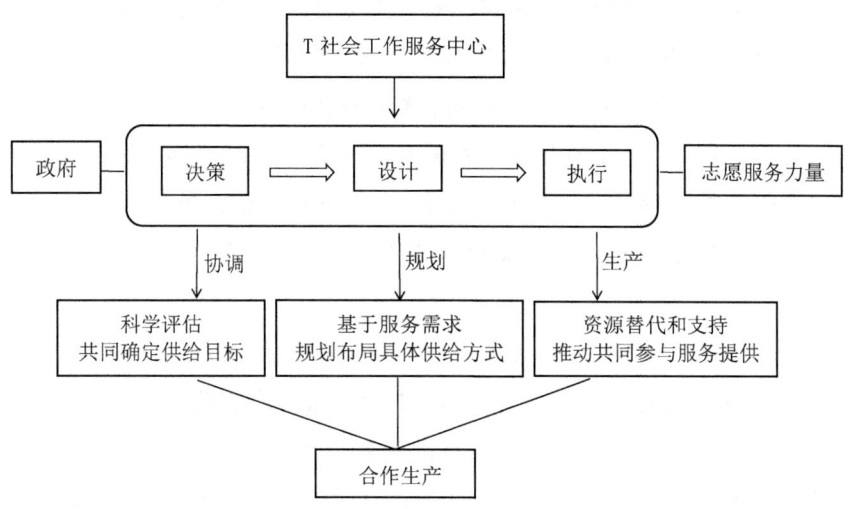

图 1　S 社区志愿服务合作生产的实现路径

（四）T 社会工作服务中心的介入效果

在 T 社会工作服务中心的推动下，S 社区的志愿能人于 2022 年 10 月达到 68 位，普通志愿服务队 9 支，约有 1558 名志愿者，甚至已经搬离的居民志愿者还会时常回来参与服务活动。社区志愿服务活动丰富，居民参与度高，部分志愿服务活动已经不需要街道和社区的安排，居民已实现自我管理，有组织、有顺序地参加活动、提供服务，很好地满足了居民的需求。T 社会工作服务中心的实践经验形成了独有的品牌效应，这也推动政府和居民对其的认可和支持，形成了良性循环。更为重要的是，T 社会工作服务中心的介入将社区志愿服务力量与政府之间的强依赖关系转化为弱依赖关系，二者逐步向合作伙伴的关系转变，志愿服务力量的活力被有效激发。具体表现为以下几个方面（图 2）：

第一，在政治资源方面，社区志愿服务力量的合法性有了多方来源，调动了志愿者队伍成立的积极性。除了政府的背书之外，其合法性还来源于社工机构的合法身份。T 社会工作服务中心可以直接培育和孵化社区志愿服务队伍，并为其进行备案和注册登记，这有效降低了志愿服务力量对政府政治资源的直接依赖。

我们培育的社区社会组织和志愿服务队伍都是在我们这里备案了的，它们在我们这里备案也就相当于在街道那边备案了，我们会收集他们的材料然后拿到街道去，这是一样的，也避免他们再跑一趟。而且本身街道也是委托我们在做社区社会组织培育和志愿服务队伍建设的工作，像今年我们社区培育了11个社区社会组织，都是在我们这里完成的注册登记。(20221213，T社会工作服务中心负责人)

第二，在资金资源方面，志愿服务力量的资金获取方式变得更加丰富多样，激活了志愿者开展活动的热情。T社工服务中心着力打造志愿服务"能人坊"项目品牌、实施积分兑换商品服务制度、承接各领域社工项目等，这都为社区内志愿服务力量获取资金资源提供了更多机会。而且依托的社工机构发展得越好，链接不同资金资源的能力也就越强，此时志愿团体对政府资金资源的依赖性就越低。

我们现在把品牌也打造出来了，今天就有两个团队来我们这里调研学习，正式的调研学习我们都是收费的，一次几千块左右，这些费用我们也会用于社区的发展和建设，比如给一些社区社会组织和志愿者进行补贴之类的。我们还会和商家进行联盟，给店铺优惠，志愿者也可以用积分兑换商品和服务，也算是给他们的激励和补贴。(20230226，T社会工作服务中心社工)

第三，在人力资源方面，T社会工作服务中心利用其专业优势，从数量和质量两个方面均保障了社区志愿服务力量的人力资源，唤醒了志愿者的内生价值。一方面，通过科学的项目设计、制度建设及有效的宣传，加强社区居民对志愿服务的理解和认可，并吸引居民投身到志愿服务队伍中来；另一方面，通过专业人士的指导，增强知识资源的支持，帮助志愿服务力量更好地开展志愿服务活动，提高志愿者的综合素质和能力，进而提升志愿服务的质量和持久性。

我们刚到这个社区的时候，都是社区工作人员和居民骨干带着我们去认识居民志愿者,慢慢熟悉后他们很认可我们,对我们的工作也很支持,很多居民都很乐意参与我们的志愿服务活动。我们的很多居民志愿者还会向周围的朋友亲人宣传,让他们都来参与当志愿者。很多老年居民志愿者太老了,行动不便,他们还会来主动和我们说谁有什么样的技能,很不错,推荐他来当社区的志愿者。(20221206,T社会工作服务中心社工)

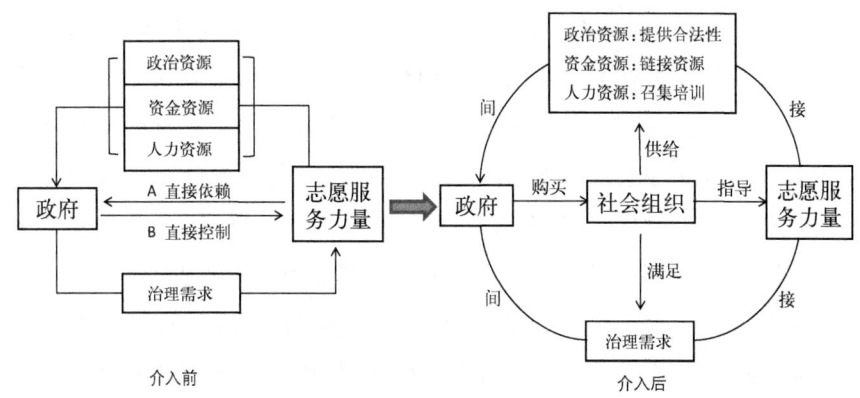

图2 社会组织介入前后政府与志愿服务力量的非对称性依赖比较

五、影响社区志愿服务力量有效培育的关键因素

(一)社会组织扎根本土夯实志愿服务根基

T社会工作服务中心既发挥了社会组织的专业优势,又扎根本土弥补了外来社会组织悬浮式服务的缺陷。服务中心负责人L女士曾担任S社区党委书记,在社区扎根多年,也正是因为在社区这一领域的精耕细作,她看到了社会组织介入社区提供服务存在诸多困难。于是,L女士还在S社区担任党委书记时,就不仅努力考取了社会工作者资格证书,还经常到其他典型社区去学习、交流经验,并在退休前的四五年时间里大力培育本土

社工，为退休后建立 T 社会工作服务中心积蓄了人才资源。不仅如此，L 女士在成立 T 社会工作服务中心后，为避免社工流失性过大带来相关问题，她积极为中心链接资源，以提供充足的经费开展活动；结合实际设计方案，让社工沉淀下去做事，优先长期为 S 社区提供服务；充分运用"以事聚人"的社区工作经验，聚集居民、党代表、志愿者等实现共同参与。

> 我与他们经常沟通，比如一些专业的社工，造成这样的原因，其实还是他们没有沉下去。我自己也做项目，项目短的只有一年，这种情况下怎么能够沉下去呢？我们的本土社工就要做实事。专业机构沉不下去，这是共性，他们工作时间太短了，人员的流动性又太大。他们做的东西都是书本上的，太空了，我会更贴合实际地去设计方案，社工们也一样要沉淀下来去做实事。还有，一定要把志愿者拉进来，把企业拉进来，正所谓"有钱出钱，有力出力"。他们每个地方都有党代表，人大代表，要"抓住"他们，还有你的上层领导，你为他服务了，也要他们为你服务。（20221013，T 社会工作服务中心负责人）

（二）党建引领保障志愿服务力量培育的合法性

T 社会工作服务中心负责人 L 女士曾担任政府部门或党委部门领导职务，该双重身份在助推社区志愿服务合作生产的决策、设计和执行三个阶段都发挥着重要的作用。一方面，L 女士的双重身份有助于获得社区居民的认可，更大范围地吸纳社区居民加入，壮大社区志愿服务队伍。居民的认可和支持使得社工开展活动、提供服务更为便捷，而且居民提出的建议和意见也能更顺畅地反馈到社区和街道。社会组织在整个互动关系过程中能充分发挥引导作用，促进民意和政策的上传下达，推动政府和志愿者这两大主体进行更深入的理解与合作，在真正意义上推动实现多主体平等协商互动，提升社区志愿服务效果。另一方面，L 女士的双重身份有助于社会组织获得基层政府的认可，便于政府对社会组织的监管。政府对志愿服务力量的发展秉持既支持又怀疑的态度，这也是志愿服务组织发展面临合法性困境的重要原因。由此，L女士曾经的政治身份将在很大程度上消除政府对社会组织的疑虑。同时，L女士曾经的政治信仰还将延续，也有利于规避潜在风险，保证社会组织在政府许可的边界内开展活动。

> 可能因为这边是老小区吧，居民的接受程度还是蛮高的。并不是说一开始我们就直接进行介入。是社区把我们带进去的，所以他们可能从一开始就觉得我们是比较可以的，加上我们的负责人原来也是这边的书记，大家对她也是非常认可的。这边的居民对我们的接受度还是很高的，配合度也相当高。(20230123, T社会工作服务中心社工)

（三）充分利用社区资源共促志愿服务内生发展

首先，在社区场域内，熟人社会的关系资本发挥着尤为重要的作用。外部社工介入社区首先面临的就是居民是否认可的问题，而与此相比，由S社区原党委书记L女士带头成立的T社会工作服务中心在介入社区时则几乎没有遇到来自居民层面的阻碍。L女士在社区工作多年，加之又有单位职工亲属这一身份，让她既掌握着原单位的特点与动员模式，又与社区诸多居民保持着紧密的联系。同时，L女士与街道保持良性互动关系，易于获取街道的资源支持。其次，S社区居民对原来单位的共同回忆与单位破产后的特殊经历，推动社区形成了丰富的情感资源。L女士曾带领居民一起走出困境，以至于能拥有一呼百应的号召力。最后，本土的人力资本优势得到了最大程度的发挥。L女士具有长期的社区工作经验，培育了数位同样优秀的社区工作者。如今，这些工作人员已经晋升到各地区担任社区书记、主任等职务，其中一位正是S社区的现任党委书记。正是这样的培育，S社区的历代领导之间实现了一种工作上的传承。

说到我们工作人员,其实这种影响也是一代传一代的。我们之前的书记也有很多是标兵、典范。比如说L书记吧,我就是她带出来的。我最开始来社区工作的时候,经验不足,有很多问题都去问她,她会给我们提供一些解决办法,告诉我们应该怎么做。她一直非常积极地推动我们社区的志愿服务建设。现在我当书记了,在这样的影响过程中,我也很看重志愿服务的建设,也很想用心把这个工作做好。(20230213,S社区现任党委书记)

结　语

在早期政府主导的培育模式下,S社区虽然已经初步培育并发展了志愿服务力量,但是这股力量却并没有足够的自主性,也没有在资源配置和社区治理体系中处于重要位置,所扮演的也只是基层政府可替代的"行政助手"。社区志愿服务力量与基层政府的非对称性依赖关系,既不利于建立真正意义上的群众自治的社区治理格局,也不利于社区志愿服务力量的内生性发展。志愿服务的公共性和关注弱势群体真正诉求的内生价值被忽视,灵活、亲民等优势未发挥,陷入了志愿失灵的困境。T社会工作服务中心作为"第三方",通过介入社区志愿服务的决策、设计和执行三个环节,推动了志愿者群体与政府的平等对话和合作治理,有效缓解了政府与志愿服务力量的非对称性依赖关系,激发了社区志愿服务力量的活力。T社会工作服务中心实现有效培育的关键在于与政府和社区的双向嵌入,且拥有双重身份的负责人成为关键人物。

本研究的理论价值在于,一方面,将源于西方的合作生产理论与中国本土的志愿服务实践结合,揭示了社会组织如何在社区志愿服务供给的决策、设计和执行三个阶段实现全过程有效干预,为激活政府培育的社区志愿服务力量提供了理论依据;另一方面,本研究在我国志愿服务制度化的特色背景下,回应了官办慈善的改良问题,并指出政府、社会组织和社区志愿服务力量三者互动过程中复杂的权力关系和模糊的行动边界。本研究认为，与国外的志愿服务不同，中国当下的志愿服务发展必将依循社会与国家的互嵌逻辑开辟一条创新之路，这有助于结合中国特色完善全球的志愿服务理论。

本研究的实践意义在于，有助于为如何促进社会组织有效介入政府培育的志愿服务，从而实现我国社区志愿服务的可持续、高质量发展提供行动方向。一方面，对于具体行动路径而言，社会组织在决策环节要推动政府和居民志愿者的平等对话和协商，在设计环节要推动政府和志愿者共同参与志愿服务项目的规划，在服务供给环节要推动政府和志愿者共同参与志愿服务的提供，尤其是促进志愿者发挥能动性和创新性。另一方面，对于保障要素而言，要在培育社区志愿服务力量的过程中充分运用好党政力量，以党建为核心嵌入志愿服务的生产过程，保障志愿服务力量培育的合法性；社会组织在介入中需要沉下来，只有实现本土扎根，才能得到足够养料，夯实社区志愿服务的根基；社会组织还要深入挖掘社区的各类资源，破解志愿服务发展过程中的资源难题，并充分发挥本土情感资源、关系资本和人力资本的优势。

总之，在志愿服务制度化的发展背景下，志愿服务力量更进一步被纳入政府的治理结构中，而实现社会组织、志愿服务力量、政府三大主体间的相互协同、相互制约，以达到整体合力最大化，是未来推动具有中国特色的现代志愿服务发展的重要方向。本研究作为一个探索性的研究，存在以下不足之处：第一，本研究在社会组织介入政府培育志愿服务力量的案例分析中，聚焦社会组织与志愿服务力量之间的互动，未来的研究还可更深入地分析政府与社会组织的互动；第二，本文所选案例重点展示了社会组织介入政府培育社区志愿服务力量的成功经验，具有一定特殊性，未来需要不断探索和丰富相关实践；第三，本研究主要聚焦于实证分析，未来的研究可在此基础上进一步完善相关理论，展开更深入的国际对话。

参考文献

陈伟东、吴岚波,2018,《困境与治理:社区志愿服务持续化运作机制研究》,《河南大学学报》(社会科学版)第5期。

邓国胜,2002,《中国志愿服务发展的模式》,《社会科学研究》第2期。

高和荣,2011,《论社区志愿组织与志愿服务的完善——以福建三个社区为例》,《福建论坛》(人文社会科学版)第4期。

衡霞,2023,《吸纳与增效:志愿服务有效供给何以可能》,《社会科学研究》第1期。

胡艳蕾,2022,《依附抑或合作? 社区公共文化服务合作生产关系重塑——基于A省6街道办社区的调查研究》,《湖北社会科学》第8期。

胡益芬,2004,《"参与式治理"——第三部门与政府关系探析》,《重庆社会科学》第1期。

李哲,2020,《新冠肺炎疫情对官办慈善组织信息披露的影响研究——基于抗疫款物信息披露的文本分析》,《财经研究》第9期。

林卡、吴昊,2012,《官办慈善与民间慈善:中国慈善事业发展的关键问题》,《浙江大学学报》(人文社会科学版)第4期。

刘丽杭、徐俊,2021,《公共服务合作生产如何创造公共价值——以C市帮乐帮互助养老服务项目为例》,《求实》第6期。

龙永红,2011,《官办慈善组织的资源动员:体制依赖及其转型》,《学习与实践》第10期。

芦恒,2017,《农村"草根性"社会工作创新发展——以东北农民志愿者的自助实践为中心》,《社会科学战线》第2期。

罗婧,2019,《他山之石,却难攻玉——再探"第三方"改造困境的源头》,《社会学研究》第5期。

罗婧、王天夫,2016,《志愿组织寻求合作的意向、机会与制度》,《学海》第5期。

罗西瑙,2001,《没有政府的治理》,南昌:江西人民出版社。

彭华民,2010,《论志愿服务的社会工作督导模式》,《中国青年研究》第4期。

秦振兴,2019,《认同分化与文化阻滞——社会认同视角下官办慈善危机的发生机制》,《理论月刊》第9期。

童敏,2011,《社会工作的专业地位、基本策略以及与志愿服务的关系:历史回顾与反思》,《华东理工大学学报》(社会科学版)第2期。

王欢明,2022,《"草根"驱动的公共服务合作生产及其机制——基于S市Y街道微基建PPP改造的案例分析》,《中国行政管理》第4期。

魏娜,2013,《我国志愿服务发展:成就、问题与展望》,《中国行政管理》第7期。

谢宇,2018,《社会工作介入志愿服务:能力与需求的框架》,《学术研究》第8期。

邢占军、曹玉梅、王晓武,2022,《志愿服务组织有效性的维度及影响机制研究》,《厦门大学学报》(哲学社会科学版)第3期。

徐宇珊,2008,《非对称性依赖:中国基金会与政府关系研究》,《公共管理学报》第1期。

尹广文、彭振芳、梅文馨,2016,《社会组织参与社区治理体制创新研究》,兰州:甘肃文化出版社。

袁方成、王悦,2020,《组织协同:社区志愿服务的创新路径——基于"四堂联盟"项目的调查与分析》,《中国志愿服务研究》第2期。

曾天雄、卢爱国,2014,《分开与合作:社区志愿服务机制创新研究》,《湘潭大学学报》(哲学社会科学版)第1期。

张晓红、李浩,2020,《创新志愿服务机制优化基层社会治理格局——北京市海淀区新时代文明实践工作的探索及经验》,《中国社会工作》第24期。

张绪娥、温锋华、唐正霞,2023,《由合作生产到价值共创的社区更新何以可行?——以北京"劲松模式"为例》,《公共管理学报》第1期。

张云翔,2018,《公共服务的共同生产:文献综述及其启示》,《甘肃行政学院学报》第5期。

赵旭光,2019,《志愿服务助推新时代文明实践中心建设》,《中国社会工作》第34期。

朱火云、丁煜,2021,《农村互助养老的合作生产困境与路径优化——以X市幸福院为例》,《南京农业大学学报》(社会科学版)第2期。

Nabatchi, T., A. Sancino & M. Sicilia 2017, "Varieties of Participation in Public Services: The Who, When, and What of Coproduction." *Public Administration Review* 1(5).

Osborne, S., Z. Radnor & K. Strokosch 2016, "Coproduction and the Cocreation of Value in Public Services: A Suitable Case for Treatment." *Public Management Review* 14(5).

Ostrom, E. 1972, "Metropolitan Reform: Propositions Derived From Two Traditions." *Social Science Quarterly* 23(3).

Yang, F., S. Wang & Z. Zhang 2022, "State-Enlisted Voluntarism in China: The Role of Public Security Volunteers in Social Stability Maintenance." *The China Quarterly* 1(2).

(特约编辑:陈家建)

城市社区居委会的权力结构及其治理能力建构
——基于武汉市W街道的案例研究*

石 伟**

摘要:随着城市基层治理事务的转型,国家治理现代化的深入推进,如何回应基层治理诉求,并建立与社区治理环境相匹配的治权体系,成为城市社区治理研究的急迫课题。社区居委会以法律表达、行政赋权和社会吸纳的形式形成层级化权力结构。在居委会权力结构中,以事务为基础的权责明确机制和以能力为基础的事务筛选机制的社区书记权力统合,建构起社区治理能力。虽然社区认同的解体为社区重新组织提供了空间,行政力量的介入和组织耦合多元权力,进而形成以居委会为载体多元主体良性互动的权力秩序状态,但是社区居委会权力合法性缺乏再生产的制度基础,具有不确定性。研究发现,城市社区居委会整合社区治理力量,在推动基层社会生产治理能力的同时,为我们剖析基层社会治理共同体内部结构提供了的参考。

关键词:社区治理 居委会 治理事务 权力体系 治理能力

城市社区居委会是当前城市社区治理的核心主体,作为国家治理体系的终端与末梢,在国家治理体系中扮演着举足轻重的角色。社区的治理能力与水平直接体现着国家治理体系与治理能力现代化(吴晓林,2020)。社区居委会在发挥回应居民诉求、整合城市基层社会的同时,也承担国家基

---

* 本文系国家社科基金一般项目"农民居住渐进城镇化方式研究"(项目批准号:19BSH037)的中期研究成果。
** 石伟(shiweixst@163.com),安徽大学社会与政治学院讲师。

层管理和社会治理任务。随着我国城市基层社会管理体制经历了从单位制、街居制向社区制的转变,社区权力秩序发生深刻变化。当前国家权力建设通过各种方式直达基层,社区权力呈现出行政化导向,社区干部职业化鲜明。大量的行政事务进入社区,如各种考核、检查制度规范、会议、台账工作。然而,作为国家政权建设和基层治理的最后一公里,社区居委会面对自上而下的治理任务和自下而上的治理诉求时,又能够有效地完成各种事务,发挥着国家治理体系的蓄水池和稳定器功能。这样一种无治权有治理能力的现象,构成城市社区权力秩序的新展演。时至今日,关于城市基层社区中国家与社会的权力纷争此起彼伏,社区治理更加精细化、事务化,且深入到居民日常生活诉求之中。但是,随着城市基层治理事务的转型,国家治理现代化的深入推进,如何回应基层治理诉求,并建立与社区治理环境相匹配的治权体系,成为城市社区治理研究的急迫课题。因而,本研究尝试在城市社区居委会的行动逻辑基础上,基于社区治理事务的处置实践,探究社区居委会治权与治理能力的关系,以此形成对社区权力秩序的认识,进而为建立城市社区中"共建共治共享社会治理共同体"提供建议。

一、 问题的提出:城市社区权力的建构路径

权力主体关系和权力结构是理解城市社区权力实践的重要面向。围绕社区权力,学者们形成社区权力的主体关系主义和结构主义脉络。

关系主义视角的社区权力研究,围绕社区权力建构力量的互动关系,关注社区权力建构的主体。从研究学术脉络来看,城市社区的权力研究分为精英论与多元论双重价值取向,精英论以米尔斯和亨特为代表,主张城市社区权力归属少数精英(Hunter, 1953; Mills, 1956)。多元论以达尔等为代表,认为社区权力是由多个不同的权力群体交织构成(Dahl, 1961)。社区权力归属的价值争议,试图在国家权力和社会权力的互动中寻找主导力量(朱喜群,2018)。一方面,部分学者认为在我国城市基层社区居委会虽

然是自治属性,但是国家力量一直在场,渗透到居委会的工作之中,构建基层社会中的强国家现象。另一方面,随着市场、社会力量的发育,以业委会、物业等为代表的多元力量进入到社区权力互动关系之中,社会力量在城市社区权力关系中的作用开始被重视。① 在国家与社会的二元互动范式下,社区权力关系呈现出"强国家弱社会"、"国家与社会相互赋权"、"国家创制社会并助推社会成长"等诸多表达。

近些年城市社区治理创新的推动影响着社区权力关系的变化。其一,街居管理体制的机制创新,重组街道与社区之间的关系,强化街居治理共同体。如以党群服务中心为基础的整合形成赶超型权力协同(沈亚平、王麓涵,2022:133—143),下沉治理重心调适治理权能边界、治理资源配置和条块关系(陈水生、叶小梦,2021:13—22)。其二,随着基层社会治理共同体的治理理念推行,社区微自治的力量广泛参与;如基层党组织引领社会组织参与社区治理(岳经纶、刘洋,2021:59—69),日常生活事件凝聚起社区人格化自治(王德福,2023:43—53)等。

结构主义视角社区权力研究,围绕社区权力生产的多元主体,探究城市社区中权力配置结构。亨特通过对亚特兰大市的社区精英访谈发现,城市社区权力呈现出金字塔式结构。达尔进行抽样调查后发现,城市社区权力结构具有多元性。班菲尔德则进一步将社区权力结构的形成与经济要素脱钩,为权力的多元来源提供了支撑(Banfield,1961:354)。早期城市社区权力结构的研究,从静态视角分析社会、市场等多元力量在社区行政体制中的结构(闵学勤,2009:22—38)。因城市社区属性的差异,居委会、物业和业委会在不同类型社区中的权力主导地位及其权力格局存在差异(郭圣莉、王亚捷、杨昊夏,2017:87—96)。受党建引领的基层政治建设影响,城市社区权力结构逐渐形成以党建引领为核心的"1+X"政党整合社会的治理共同体式权力结构(潘泽泉,2021:31—40)。"1+X"模式的城市社区权力结构确立了城市社区权力的核心,并为多元力量尤其是发轫于社区内

---

① 关于城市社区权力研究中的国家与社会二元范式,参见郑晓茹、刘中起所著《近年来我国城市社区权力秩序的研究述评(2011—2016)》。随着近些年城市社区研究经验和理论的不断丰富,城市社区权力研究从早期的国家中心论、社会中心论和国家与社会协同论,逐渐转向国家与社会的互动、交融,如"国家与社会相互成长""国家与社会相互赋权"。

部的社会力量参与提供了平台。

但是,在实践中随着社区力量的参与深入及社区自治的推动,"1+X"权力结构出现许多异变形式,引发诸多问题。比如,社区元主体(政党组织)、协商议事组织和第三方组织权力相当,逐渐形成"三核为主、多方参与"的梯形权力结构,影响不同权力主体之间的沟通协调(张平、商爽,2019:28—35)。实践中由社区精英和普通居民建立起的二元权力结构,缺少有效沟通媒介,出现精英悬浮的困境(班涛,2020:29—37)。其中,居委会因其具有双重角色,处于"夹缝"之中,难以调和双重角色张力和多维治理面向(王谢平、郝宇青,2021:56—67)。

综上,国内外学者们对城市社区权力研究展开丰富论述。关系主义视角深刻揭示了社区权力生产的主体,并将业委会等主体纳入到权力分析之中。物业、业委会等行动主体权力建构的基础不同,同时裹挟着资本等力量,使得社区权力更加复杂化,难以理清治权和权利的关系。结构主义视角试图理解不同权力生产主体凭借其权力资源禀赋差异建构起的权力互动样态。但是形成不同权力碰撞结果的影响因素是多元的,不同权力的互动也会带来权力的碎片化等困境。应当注意的是,其一,如何从单一权力主体,理解多重治权的互动成为扩展社区权力的有效进路。其二,权力实践不仅包括权力行动者,还包括权力客体和对象。面对社区权力分析,需要纳入社区基础要素。其三,权力生产过程不仅包括权力建构的资源禀赋,还包括行动者的行动逻辑和行动伦理,从而丰富城市社区权力图景。

二、分析视角与田野介绍

(一) 分析视角:以治理事务为取向的社区居委会权力建设

亨特认为:"所谓社区权力结构,是指社区的决策网络,也就是在社区的范围内谁是统治者的问题。"(Hunter,1953:5)社区权力是社区主体在社区治理中的影响力或控制资源的能力(文崇一,1989:289)。它是以居委为基础的向外散射的单一中心权力结构(宋辰婷,2015:54—60)。学界对社区权力研究存在广义和狭义之分。广义层面的社区权力研究聚焦于社区内不同权利属性主体之间的互动关系,这些关系涵盖了行政权配置、社会权力运作以及产权分配等多个方面的权力体系。在实践中,通常表现为地方政府、社区居委会、业委会、物业、民众等不同性质的权力代表。狭义层面的社区权力是指以社区居委会为载体统筹社区内部各主体结构的问题,实践中表现为社区居委会的权力建构问题。本研究中的社区权力旨在从微观层面探究城市社区居委会的权力结构。微观层面的社区权力建设,是基于不同权力性质在同一主体上的展现,更加清晰地揭示了权力行动主体的行动伦理。社区居委会的双重角色,致使其自治功能的发挥,需要行政权力配置和社会授权相结合(崔月琴、张译文,2022:175—184)。受社区现代化发展和治理诉求转变的影响,学者们逐渐认识到社区治理事务与居委会权力建设的互动关系。社区治理事务受政党、行政、物权和居民等几方面的综合作用,社区善治需要建构蕴含共同体性质的合作型权力结构,以提升治理绩效(陈建国,2021:71—77)。但是,城市社区公共事务行政、自治和服务边界模糊,要求居委会不仅承担治理工具的角色,而且激活治理资源的功能,将形式权威转化为实质权威(张雪霖,2021:26—44)。破解社区自治的难题在于区分双重治理事务(郭圣莉、唐秀玲、王宁,2023:170—180)。因而,面对不同的治理事务,社区治权展演实践存在差异。

近些年,我国治理理念向精细化、服务化和专业化转变,致使城市公共服务事项不断下沉,基层治理中的服务类事项不断增多。与此同时,自上而下地推广了网格化治理、市长热线等技术化治理手段,以此考核监督社区居委会应答居民诉求的时效性和满意度。同时,随着城市社区居民权利意识的觉醒,他们更加注重运用各种平台来维护个人权利。与过去的居委会相比,现在的城市社区治理服务发生了极大变化,事务体量呈几何式叠加,事务类型也变得更加丰富多样。治理事务的变化,迫使社区居委会调整工作方式和吸纳更多的治理主体参与到治理队伍中来,形成以居委会为主要载体的权力体系。当面对充满复杂性和多样化的治理事务时,居委会成员采用的行动逻辑,影响其权力再生产。如有学者研究居委会换届选举过程发现,原主任的竞选连任过程依靠的是同事之间的朋友关系和社区熟人泛差序格局的地缘关系(田志鹏、刘爱玉,2023:133—148)。应当指出的是,以事件为基础的权力再生产体系,忽视居民的日常生活实践。社区治理事务主要由众多融入居民日常生活世界中的琐事组成,而非仅限于那些以维权或抗争为显著特征的突出型事件。以社区日常事务为基础的行动逻辑,能够观察到社区权力再生产过程中的正式制度和非正式制度互动过程,更加全面清晰地了解权力再生产过程中的制度建构和社区生活实践的影响。鉴于此,本研究中将社区权力研究聚焦于以社区居委会为载体多元权力行动主体的行动实践,通过分析社区治理事务的运作与演变过程,来深入理解社区权力的生产机制。

(二) 研究方法与田野经验

本研究采用案例研究的方法,以武汉市 W 街道为个案,通过对比街道内各社区居委会的构成及其变迁,分析并阐述社区居委会的权力实践结构。从社区的结构类型和社区地理位置看,以 W 街道为田野,该街道是武汉市发展较早的中心街道,辖区内社区形态丰富,城市生态系统全面,能够代表当前城市社区的一般形式,具有典型性。资料收集采用半结构式访谈和参与式观察法,访谈部分社区的书记、"两委"委员、社区党员代表、普通居民、物业、网格员、街道工作人员等群体。通过参与式观察,可以在具体的事件中了解到社区居委会的行为方式。除此之外,辅之以查阅社区相关工作总结、会议记录、政策文件等以补充资料,形成对经验的全景式认知。

W 街道位于武汉市 J 区核心地带,是武汉三镇之一的核心区,辖区有公园、大型购物商场、知名三甲医院等武汉市著名地标建设。辖区面积 8 万多平方千米,人口结构复杂、流动人口较多,商业区与居民区纵横交错。在属地管理的责任下,社区管理压力大、任务重、情况复杂。W 街道下辖 14 个社区,本文主要以 WZ、BS、YT、QS、LY 五个社区为主要经验支撑,其他社区构成本文的经验验证与材料补充。五个社区涉及的小区类型有:老旧小区、商品房小区、楼宇小区、单位家属院、商住混合型楼宇。居委会在行政事务、社会事务的解决与处理过程中,形成自己的实然权力实践,比如老旧小区改造、环境卫生整治等事件。同时,科层体制各种条线事务、人员直接深入基层,构成居委会权力实践的底色架构。

三、城市社区以居委会为载体的多元主体治权建构

以书记为核心的居委会权力结构在实践中通过治理事务的协调完成治理任务,获得社区治理能力。就治权合法性而言,居委会体系中的多元主体权力属性存在鲜明差异。社区治理能力的建构,以权力结构的形式,将不同权力属性融合起来,组合为社区治权。随着近些年社区职能化,居委会编外人员的扩充,行政力量通过行政事务和主体增加实现社区化,社区居委会包含的权力主体更加多元,权力属性变得多样化。在基层治理现代化的背景下,依靠行政力量的权力约束,耦合多元主体权力认同,重塑社区权力模式的合法性。城市社区以居委会为核心的治权建构方式,核心是通过社区治权合法性重构的方式实现基层社会重新整合,形成城市社区基层社会中的重新组织。从社区治权的权力结构来看,W 街道各社区行政力量与社区社会力量的融合,共同构成以居委会为基础的层级化治权结构。权力体系在社区中呈现出层级性扩张的趋势,吸纳社会主体参与到社区居委会的权力结构中。具体而言,城市社区治权结构的建构路径是以社区书记为核心的多重赋权,社区职能化与条线下沉中的行政建构,以及居委会通过吸纳社区积极分子的社会延伸。

(一) 多重赋权:以书记为核心的居委会权力耦合

在多重赋权的作用下,社区书记成为社区多元权力的耦合主体,具有社区权威。长期从事社区一线工作,为社区书记积累了社会资本,在社区治理事务中能转化为治理力量;同时,书记、主任"一肩挑"的身份使其权力来源融合法律赋权与行政授权,最终成为社区多重权力集中的主体。在自治与行政互构的基层治权形态下,"一肩挑"制度的实施,一方面书记自身的能力、经验经过党的选拔和考核,确保书记个人所持有的人格特质和治理能力;另一方面有利于强化基层党组织的领导,赋予书记以统筹资源和

组织动员能力。授权是权力合法性来源的第一步,权力被认同与接纳是权力转化为治理效能的有效路径。社区书记的权威是长期在社区一线工作,熟悉社区工作方法,通过与居民的长期紧密互动、沟通,积累的群众威望。

在 W 街道,社区"两委"成员年轻化是普遍现象,BS 社区副书记便是一位 90 后姑娘。但是,在笔者调研的五个社区中,社区书记年龄在 45 岁以上,平均年龄 50 余岁,全部是在社区多年工作中历练提拔上来的。丰富的工作经验,不仅为社区书记积累了权威和口碑,而且使他们习得并养成了解决问题的方法,面对社区中出现的各种问题能够对症下药。同时,因为长期与居民打交道,社区书记在解决社区问题时站在居民角度考虑问题,实现角色从党政体系的代理人向居民的当家人转变。通过深入群众,与社区居民打成一片,社区书记获得"社会"身份,塑造积极有为的当家人角色。

武汉市老旧小区改造项目分为基础类、改善类与提升类。社区可自主选择改造的等级,等级越高改造工作推行难度越大。在决定将 WZ 社区作为老旧小区改造试点社区时,街道询问社区意见。社区书记 ZH 选择了提升类的社区改造项目。她认为提升类虽然难做工作,但是居民受益最大,并在具体改造时注重对居民诉求的倾听,改造项目是能够顺利推进的。其实,选择提升类改造项目亦是社区书记对自身能力的肯定,自我评估认为能够完成相对困难的改造工程。更为重要的是,社区书记在长期的基层工作中,与城市各部门打交道较多,积累了丰富的资源和人脉。在社区遇到问题时,社区书记能够链接资源。WZ 社区在进行 78 号小区中心广场扩建时,原广场中的树木是社区书记通过私人关系联系区林业局帮忙移栽的。

(二)行政建构:两委干部和聘用人员的正式吸纳

社区"两委"干部与聘用的社区工作人员是社区事务的执行主体,在社区行政化的过程中,他们被科层体系赋予正式身份,并以此被行政吸纳。首先,社区"两委"干部有着正式的治理身份。社区"两委"干部治理身份的基础是其自治身份。居民经过自主择业进入到"两委"体系后,街道对"两委"成员具有调动和考核的权力。因而,街道的人事权利成为行政吸纳的基础,同时街道的人事安排也在居民心中形塑起"两委"正式身份的形象。

居民对两委干部的权力认同,源自其"两委"成员的正式身份。笔者在社区调研期间观察到,居民知道"两委"成员的具体分工。如果遇到矛盾纠纷以及利益冲突时,通常不会找包片的社区干部,而是直接找到社区书记解决。询问其原因,一位居民表示,"他们只是负责具体的部门工作,有低保、养老这类问题找到他们,会给你及时回复并办理,真遇到问题时找工作人员也解决不了,还是得书记出面"。在实践中,社区"两委"成员的工作主要面向条线部门的行政事务。社区"两委"干部因承接行政职能部门的条线工作,很大一部分精力被行政事务吸纳。"两委"干部作为管理者的权威不足,治理权相对弱化,承担着事务协调和工作处置的服务角色。

其次,社区聘用工作人员是具体事务的执行者,他们以网格员办事员等各种条线下沉的身份被吸纳进社区治理队伍之中,主要处理文字工作。一般社区工作人员会对接到"两委"干部,形成工作人员配合"两委"干部的层级搭配体制,以压实行政事务的具体责任。从治理事务性质看,社区工作人员的工作偏重文字材料工作,包括材料的整理、社区信息的搜集、信息政策通知。如网格员负责自己网格内的信息登记和问题上报。从身份属性看,社区工作人员,是条线部门以购买服务的形式聘用,既不具有正式身份,也缺少社会认同。虽然社区工作人员在日常中是与社区居民互动、接触最为频繁的群体,但是他们之间的互动仅限于有限度的信息交流,缺乏情感联系,以致社区工作人员的社会权威并未养成,缺乏群众基础。近些年来,武汉市不断探索城市社区治理改革,2002年武汉市开展"社区建设883行动计划",公共服务向社区延伸,下派到社区从事社区服务与协管的工作人员如雨后春笋,破土而出。同年设置11类社区专干,行政职能部门直接下沉到社区,成为"两委"委员之外的工作人员(中国社会报,2010)。在2007年以前号称"八大员",2007年以后将下派人员整合为协管员与服务员两类,其隶属管理权也下放到社区。2013年改称为社区工作人员,2019年条线整合统一改编为网格员。在当前国家公共行政职能日益社区化的背景下,各种条线工作下沉到社区,通过聘用人员增加社区治理团队的方式,有效应对多元化的行政事务,社区聘用人员也成为"两委"干部工作中的有力协助者。

（三）社会支持：居委会权力结构的社会延伸

居委会通过吸纳社会力量和市场力量作为其权力结构的社会延伸，将这两类力量纳入社区治理体系，作为补充主体，以提供多元化的社区服务。基于行政体制的制度惯习，居委会在社区治理的互动关系实践中，会主动吸纳社区自组织等多元力量，形成"科层为体、自治为用"的主动行政化逻辑（侯利文、文军，2022：136—155）。吸纳社区积极分子是居委会权力结构向社会力量的延伸。社区积极分子是社区以小区自组织方式整合起来非正式吸纳的治理力量。他们在小区内被居民认可，具有社会性权威，能够成为居民的代表，收集分散异质居民意见，承担着社区干部与群众中介的桥梁作用。一方面，社区积极分子在社区的引导下，以自组织的方式维持社区的基本秩序，整合并组织小区居民，承担着社会性服务的职能；另一方面，社区积极分子是从群众中产生的，对社区基本情况比较了解，能及时有效地向上反馈群众遇到的问题。因而，非正式主体的积极分子是群众性和社会性的代表。比如，"两委"干部在小区中推选楼栋长，在无主管理的老旧小区成立自管组。此类组织是在社区指导和帮助下成立，成员是社区内的活跃分子、退休干部、老党员等，起到上传下达、宣传通知的作用。

此外，政府或社区以购买服务或者聘用第三方的形式，引进社会组织、物业公司等行为主体进入社区服务体系，成为居委会吸纳市场力量的表现形式。按照市场契约关系，第三方行为主体互动的双方应为政府或社区居民。但是在当前城市基层属地管理的责任制下，社区居委会在评估和考核第三方的过程中占有话语权。第三方主体为便于在社区内开展服务，借用社区居委会的行政权威，也会主动亲近居委会，配合社区居委会的工作，并适当地协助承担居委会的行政事务。

从城市社区治理权力的组成人员来看，我们可以发现社区书记、其他两委干部、聘用工作人员与积极分子，以及市场力量，他们各自拥有的治理权不同，承担的社区治理任务也因此有所区别（表1）。在社区内部形成以社区书记为核心的治权结构体系。书记是权力分配者，从书记向下权力出现分割和细化，不断减弱，主体队伍也不断增加。社区书记因与基层群众接触时间长，在长期接触中获得群众的认同，建构起自己的社会性权威，成为行政权威和社会权威的双重合一。而年轻的两委干部,一是行政赋权的权力等级不够,权力有限;二是与群众接触时间短,社会性权力没有构建起来;三是在权力实践中,社区书记以事务划分的事权对社区两委进行行政赋权。最终社区两委干部形成弱权力结构。而社区积极分子没有经过行政赋权,只是被社区权力主体以利益吸纳方式行政动员,权威来源于在日常生活中积累下的人脉资源。在城市社区的松散社会结构中,这种社会性权力本身就是弱的,所以社区积极分子作为群众代表,无治权。居委会成员的治理权力不仅来自于法律赋权,而且还来自于行政治理体系的设置,以及民众对权力的认同。实践中不同的治理主体,因其治理面向和参与治理的方式不同,形成不同的权力展演方式。最终,在社区中形成以居委会为载体的权力主体统合,构成了以社区书记为核心的权力体系,书记、两委委员、社区所聘用工作人员、第三方成为社区居委会权力结构的组成部分。

表 1 社区权力结构及其角色

社区职务	权力来源	事务类型	角色
社区书记	社会权威;行政吸纳;法律赋权	统筹协调、处理社区矛盾、纠纷;链接资源	当家人和代理人
"两委"成员	行政吸纳;法律赋权	负责职能事务	职能事务负责人
社区聘用人员	行政吸纳	行政文书,信息材料搜集	执行者
积极分子	社会权威	小区自治、配合宣传信息和通知政策	协调者和维持者

注:"两委"成员指除书记以外的其他"两委"成员。
资料来源:作者根据访谈资料分析绘制。

四、统分结合:以治理事务为基础的社区居委会权力实践

就实践而言,社区居委会内部及其附属群体权力体系,形成以事务分工为基础有统有分、职责明确的治权体系。它将权力分割与事务分流结合起来,以事务为载体,分割治理责任,进而形成社区治理权力的分配。以社

区书记权威为统合力量的治理权力分配是社区治理中压实治理责任、明确治理主体的事务,形成了社区治理机制。行动逻辑蕴含在行为主体的权力展演中,是理解社区居委会的权力实践结构的有效方式,表现为社区中治理需求的回应方式与治理事务的处置过程。在逆扁平化的权威统合过程中,层级越高则权力越大,同时权力主体数量越少。相应地,处于权力底层的主体往往拥有较少的决定权,却承担着更大的责任,扮演着执行者的角色。面对社区中多样化、分散性的治理事务,治权的统合与集中以事务分工的方式进行分权。居委会的结构化权力体系将社区治理事务进行分类,形成社区治理事务在"两委"干部间的横向分流机制;同时以权力统合进行治理事务层级分流,完成实践意义中的治理事务筛选机制,有效保障了社区治理中事务的处理与治权的有效结合,从而提高治理效率,提升治理水平,建构起社区治理能力。

(一) 事务分流:以事务为基础明确权责的分工机制

在社区治理中,居委会权力体系实践中分权式运作表现的方式是,为提高事务回应能力,形成以事务类型为基础的治理分工。当前各种条线任务下沉到基层,随之而来的是各种行政任务的增加,比如部门的信息统计、检查考核。特别是在千分制考核压力之下,街道以及上级政府职能部门对社区具有考核权,部门工作成为社区中心工作之一。众多的行政事务下沉到社区全部压在社区两委成干部身上。城市基层治理中,事务类型的复杂化与多样化成为社区治理主体的难点与痛点。除此之外,社区作为最基层的正式组织形态,面对的是分散、异质的居民,又需要很大精力与不同居民打交道。BS 社区"两委"成员曾某表示"我们每天都很忙,今天上午在社区填报材料,向居民催交补充材料,中午吃过午饭后去 92 号院查看小区改造进展,下午又要入户登记信息"。如果社区"两委"成员内部缺乏明确的事务分工,社区干部便会疲于应对来自各方面的问题与需求,导致基层治理中上级的行政事务与居民的诉求相互交织,共同挤压社区治理系统,引发权责失衡的问题,使得社区居委会工作效率事倍功半。

通常为了社区工作的更加便利开展,社区书记会对社区两委进行事务分工。社区居委会书记在权力统合的基础上对社区治理主体的权力进行重新配置,以明确治理主体和厘定治理责任,有利于社区众多事务的分流,建立事务反馈和应对的畅通渠道。此举旨在将社区居委会进行再组织化,整合社区治理资源。一般而言,以事务分工为方式形成的治理责任划分,也容易形成社区内部的事务壁垒,弱化"两委"成员对非自己管辖事务的关心,容易出现"不是我分管的事务,我不过问",影响社区居委会的整体协同。但是,社区书记进行的治权统合,能够及时地调整和再分配治权,根据"两委"成员和社区工作人员的流动和分工进行调整。BS 社区"两委"委员 ZYX 于 2015 年进入社区工作,曾在 W 街道三个社区流动过。最初进入 QN 社区作为社区工作者,协助"两委"干部负责妇女儿童工作。2018 年时 ZYX 调到 QS 社区进入"两委"班子,负责物业、后勤事务。2020 年时 ZYX 再次调动进入 BS 社区工作。在 BS 社区工作之初负责环境卫生工作,后来社区书记考虑到 ZYX 工作经验丰富,便进行工作调整,负责社区财务工作。社区居委会的组织化与群众工作的弹性化,机动灵活地调整社区治理队伍分工,以治理主体的权责调整应对社区治理任务和治理事务的复杂化。

在缺少来自基层社会自我整合力量的情况下,如何建立新的组织体系,成为应对社区治理事务的核心。一方面,社区大量的治理事务呼唤着社区治理的更新。来自居民诉求的社区治理事务不断更新迭代,生活性和日常性更强。甚至,随着城市社区公民意识的增强,居民更加注重个体权利的行使和利益的维护。如越来越多的商住小区加入到成立业委会的队伍中来,业委会与物业的冲突体量更加庞大。与此同时,受新时期基层治理现代化转型的影响,治理技术化水平越来越高,各种数字技术和智能化设备的运用,对传统老干部的工作方式和方法带来挑战,无形中增加了社区老干部的工作任务。另一方面,传统型社区精英回归社区,成为社区治理中可动员的中坚力量。伴随着国企改制和集体化时期成长起来的一代城市职工,他们经历了国家在城市中进行的集体化改造和单位的组织化,对社区充满热情和强烈的归属感。因其长期在单位中处于群众工作的一线岗位,工作经验丰富,群众基础好。现如今一代城市社区职工步入退休年龄,个人重心从单位回归到生活、回归到社区,有时间和精力参与到社区事务中,成为在社区中可被动员的力量。面对社区社会结构的散化和社区多元主体的利益分散化,社区治理的事务对社区治理和社区整合提出新的要求,也刺激着社区多元主体进行结构化的整合。

以事务为基础的社区治理主体内部分工,在治理上明确了治理责任与治理主体,深层次内涵是建立社区内部的治理秩序。社区治理事务是复杂多样与千头万绪的,事务类型化便于提升基层事务的协调效率。社区治理行政化、文牍化是社区走向内卷的原因(赵吉,2020:81—87)。但社区事务的多样化并不必然导致基层治理的文牍化,事务的多样性也并不必然挤压治理空间,相反,治理事务繁多所增加的治理困难往往源于缺乏治理事务的协调秩序。社区内部的横向事务分工,有助于对事务进行分类、有序、有效的处理,提升社区居委会的工作效率。

(二) 权力统合:以能力为取向的事务层级筛选机制

以权力实践为形式的社区事务层级化筛选机制,成为社区治理能力与行动能力的重要体现。在逆扁平化层级权力结构中,不同的治理权力对应不同行动能力与治理能力处置的限度。W街道大部分社区采取的工作模式是两委干部职能分工,网格员分片属地化,即两委委员分管不同条线的行政事务,网格员按网格划分属地。在两者的关联机制方面,网格员辅助两委干部,两委干部入网格包片。此时,两委干部既需要承担条线行政工作,又有自己的属地管辖片区,而聘用人员主要负责自己片区内的人、房、物。

在事务分工与结合的基础上,在W街道几个社区,社区工作人员是这样一种工作状态:社区书记不坐班各处跑,早上到社区安排好工作之后或在街道、区里开会,或在社区解决矛盾。社区内有解决不了的事,社区工作人员反馈给书记,由书记出面解决。在社区坐班的通常是其他"两委"成员,他们负责处理低保、计生等各个条线下来的工作,在社区中形成类似于办事大厅服务机构,满足居民对某类服务性职能的需求。网格员等聘用人员在自己的辖区,负责具体事务的落实,如改造工程实施过程中的对接施工方、上门查看居民反馈的事项。

指向具体治理事务的行动主体,因事务类型差异锻炼出不同的治理能力。聘用人员大部分时间是将辖区内的问题反馈给"两委"成员,落实上面的政策和宣传任务;普通两委干部能够解答居民有关条线的问题;社区书记需要统筹把握,面对"疑难杂症"。遇到临检或下派的行政任务时,社区书记统筹社区全部工作人员共同工作。笔者在调研 BS 社区时,碰到区里环境大检查,社区书记要求两委干部放下手中工作,按照网格全部下到小区。在这种应急式的动员体制和常态化的分工机制下,依托社区内部的权力结构,形成治理上统分结合的事务处置方式,形成治理主体的合力,构成社区的治理能力。在 W 街道实践中,我们会看到 WZ 这样的书记权威强的社区,内部组织就有效,而书记权威弱的社区就难以有效组织起来,此类社区治理效果也较差。如 W 街道 YT 社区书记是街道下派干部,社区从单位转制不久,在居委会内部就无法实现权力的有效整合,网格员和两委委员相互掣肘,社区居委会行动效率极低。

纵向维度的事务筛选是以权力为基础的治理能力展演。那些只需要按流程办、跑腿和做文字材料的工作,可以利用属地责任,将事务分流到社区一线,解决在常规的分工机制中。而那些较为困难的事务,需要动员居民、解决居民思想负担的工作,由聘用人员通过向上反馈,交给社区书记解决。倘若社区书记也无法解决的,便会刺激社区治理事务向外溢出,上升到街基层政府的治理体系中。层级化的事务筛选机制,以社区权力结构为体系,充分利用社区治理能力的差异化,将治理事务解决在基层。

社区是国家治理的基石,作为治理的最后一公里,承载着转化政策、服务群众、协调纠纷等多样职能,也催生出城市社区居委会集自治属性、治理单元和执政基础于一体的功能。面对多元化的治理事务,不同权力主体在社区治理中此消彼长的互动过程,影响着治理结构的变动。

如今,多元治理理念层出不穷,治理技术更新迭代,治理创新眼花缭乱,更需要我们回归到城市社区治理的基础性问题,明晰社区治理的权力秩序,建立与治理需求相匹配的权力体系以提升治理能力。

参考文献

班涛,2020,《权力结构视角下城市社区居民自治困境的生成与破解分析》,《内蒙古社会科学》第6期。

陈建国,2021,《城市社区事务治理与合作型权力结构重塑》,《理论探索》第4期。

陈水生、叶小梦,2021,《调适性治理:治理重心下移背景下城市街区关系的重塑与优化》,《中国行政管理》第11期。

崔月琴、张译文,2022,《双重赋能:社区居委会治理转型路径研究——基于X社区社会组织服务中心实践的分析》,《清华大学学报》(哲学社会科学版)第2期。

郭圣莉、唐秀玲、王宁,2023,《分类治理:中国社区双重属性及其实现机制研究——基于珠海市社区议事协商的案例分析》,《社会科学》第6期。

郭圣莉、王亚捷、杨吴夏,2017,《社会转型过程中的社区权力结构——基于上海6个社区的实证研究》,《甘肃行政学院学报》第1期。

侯利文、文军,2022《科层为体、自治为用:居委会主动行政化的内生逻辑——以苏南地区宜街为例》,《社会学研究》第1期。

闵学勤,2009,《转型时期居委会的社区权力及声望研究》,《社会》第6期。

潘泽泉,2021,《政党治理视域下中国共产党领导的基层社会治理》,《中南大学学报》(社会科学版)第4期。

沈亚平、王麓涵,2022《赶超型协同:走向整合的社区治理——以社区党群服务中心为例》,《理论学刊》第1期。

石伟,2023,《制度悬浮与行为失调:农民集中居住区的治理堕距》,《中国行政管理》第3期。

宋辰婷,2015,《实践中的城市社区权力结构》,《新视野》第1期。

田志鹏、刘爱玉,2023,《权力再生产的行动伦理基础——以北方某市幸福社区居委会换届选举为例》,《社会学评论》第2期。

王德福,2023,《社区人格化自治及其逻辑——兼论社区自治体系重构》,《西南大学学报》(社会科学版)第1期。

王谢平、郝宇青,2021,《双重角色的社区居委会何以调处多元主体参与社区治理——政治技术视角的分析》,《社会科学》第 8 期。

文崇一,1989,《台湾的社区权力结构》,台北:东大图书公司。

吴晓林,2023,《建设"韧性社区",补齐社会治理短板》,《光明日报》3 月 25 日第 2 版。

岳经纶、刘洋,2021,《党建引领社区善治的逻辑——基于浙江省 N 街道的研究》,《治理研究》第 5 期。

张雪霖,2019,《治理有效:社区公共事务性质与社区权威的二维框架》,《社会学评论》第 6 期。

张平、商爽,2019,《城市社区权力结构的现实样态及其优化——基于权力社会网络分析的视角》,《北京行政学院学报》第 1 期。

赵吉,2020,《条线下沉与权责失衡:社区治理内卷化的一种解释》,《城市问题》第 5 期。

中国社会报,2010,《武汉江汉区社区管理体制改革纪实》,《中国社会报》9 月 9 日第 4 版。

朱喜群,2018,《国外城市社区权力研究的理论考察》,《国外社会科学》第 2 期。

Banfield E. C. 1961, *Political Influence: A Contribution to the Theoretical Understanding of Patterns of Political Pressure in Various Settings*, New York: The Free Press of Glencoe.

Dahl, R. A. 1961, *Who Governs? Democracy and Power in an American City*, New Haven and London: Yale University Press.

Hunter, F. 1953, *Community Power Structure: A Study of Decision Makers*, Chapel Hill: The University of North Carolina Press.

Mills, W. 1956, *The Power Elite*, Oxford: Oxford University Press.

(特约编辑:陆远)

学术论文

精英"智"造：家长精英期望与家庭教育投入[*]

柳建坤[**]

摘要：本文利用中国教育追踪调查数据，从货币性资源和非货币性资源两个维度考察了当代中国家庭配置教育资源的策略，进而从家长精英期望视角分析家庭教育投入决策的逻辑。研究发现：（1）家庭的校外教育支出高于校内教育支出，并且所投入的时间资源少于情感资源；（2）尽管家庭教育投入决策会受到家庭社会经济地位的影响，但家长精英期望所发挥的作用更大；（3）教育焦虑是家长精英期望激励家庭扩大教育资源投入的机制；（4）家庭教育资源分配存在性别不平等现象，即女孩所获得的家庭教育资源受到精英期望的正向影响小于男孩。本文不仅从精英期望这一主观视角揭示了教育投入不平等的形成机制，而且有助于在中国情境下理解日益呈现内卷状态的教育投入决策的逻辑。

关键词：家庭教育投入　家长精英期望　教育焦虑　性别不平等

一、引言

家庭承担着为子女参与教育活动提供资源的主体责任，而家庭教育投

---

[*] 本文系国家社科基金青年项目"青年返乡创业困境的形成机制与治理策略研究"（项目批准号：23CSH043）、黑龙江省哲学社会科学研究规划年度项目"县域零工经济劳动者权益保障风险及其治理研究"（项目批准号：22SHB168）、中央高校基本科研业务费专项资金资助项目"政治联系视角下党建对民营企业发展的影响研究"（项目批准号：2072023CFJ1034）、教育部首批新文科研究与改革实践项目"'政产学研'四维驱动，构建以'经世致用'为导向的协同育人新机制研究"（项目批准号：2021090030）的阶段性研究成果。

[**] 柳建坤（jkliu@hrbeu.edu.cn），哈尔滨工程大学人文社会科学学院教授。

入差距是造成子女教育成就发生分化的关键因素（Hanushek，1992）。近年来，随着教育竞争日趋激烈，家庭在子女教育活动中的资源投入规模急剧增加。统计年鉴数据显示，2013—2020年，中国居民在文化教育领域的平均支出从1398元增加至2032元，占居民消费总支出的比例始终维持在10%以上。① 此外，基于2010年和2018年的中国家庭追踪调查（CFPS）数据的测算结果显示，孩子的养育成本占家庭收入的比例始终维持在50%左右，其中教育支出占养育成本比例超过30%（薛元箓，2023）。这种对子女教育高强度地投入资源的现象被媒体形象地称之为"鸡娃"，也即家长打鸡血式地教育和培养子女（杨可，2018），这一教育现象在校外培训领域表现得尤为突出。《儿童蓝皮书：中国儿童发展报告（2019）》显示，近七成的家庭为子女在上学日报了"学科辅导"类课外班，平均每年课外班的花费接近1万元，占家庭总收入的比例约为13%（苑立新，2019）。由此可见，当代中国家庭为竞争优质教育机会而持续加大资源投入力度，而教育投入决策的内卷无疑会给低收入家庭带来沉重的经济负担，从而加剧教育不平等程度，最终对经济社会稳定运行产生负面影响。

日益严峻的家庭教育投入问题引起了学术界的高度关注，并主要围绕家庭教育投入的现状和影响因素进行实证研究。

一方面，随着近年来校外培训参与率不断攀升，校外教育支出成为国内学者考察家庭教育投入状况的切入点（李适源、刘爱玉，2022；李昂然，2022）。由于家长在校外培训活动中所投入的资源是以货币形式而存在的，因而已有文献主要是从货币性资源角度来呈现家庭教育投入的实际状况。但在现实中，家长还会在子女教育活动中投入非货币性资源，如在家庭内部对子女的学业进行辅导，或者与学校进行沟通来掌握子女的学业情况。由于现有研究未能同时考察家长在子女教育活动中所投入的货币性资源和非货币性资源的情况，因而当代中国家庭教育投入决策的基本特征尚未被完整地呈现出来。

另一方面，家庭背景是教育社会学分析教育不平等问题的核心视角，

---

① 资料来源：https://data.stats.gov.cn。

多数学者也沿着这一路径探究家庭教育投入决策的影响因素,强调家庭社会经济地位差异是造成教育资源投入差距的决定性因素(薛海平,2015;魏易,2020;林晓珊,2018)。不过,现有研究忽视了其他可能塑造家庭教育投入决策的机制。事实上,投资决策的制定不仅会受到客观资源的约束,而且与投资者自身特征存在密切联系。其中,投资者的主观心理对于投资的偏好以及实际决策的形成发挥着重要作用(Kahneman, Knetsch & Thaler,1990)。特别是在家庭教育投入决策过程中,子女是资源投入的对象,而家长扮演着投资者的角色,因而家长对子女的期望无疑会影响教育投入决策的制定过程。因此,除了关注客观的社会经济地位所施加的资源约束外,还应重视家长期望这一主观因素对家庭教育投入决策可能产生的重要影响。需要说明的是,与现有研究仅关注教育期望不同的是,本文所讨论的家长期望指的是家长对子女是否能成为精英的期望。事实上,精英是指拥有高社会经济地位的个体及其所在家庭,而社会经济地位需要通过教育、职业、收入等多元指标共同反映出来(Kirk, Lewis-Moss & Nilsen et al.,2011)。这意味着精英期望需要通过多维度的社会经济地位指标才能加以衡量,并由此准确识别家长期望对家庭教育投入决策的影响。

为弥补上述研究不足,本研究将围绕以下三个问题来深化关于家庭教育投入决策的讨论:第一,考察中国家庭在子女教育活动中对货币性资源和非货币性资源的配置策略;第二,除了关注家庭社会经济地位这一客观因素外,着重分析家长精英期望这一主观因素对家庭教育投入决策的影响,进而探究上述关系形成的作用机制;第三,从性别视角考察家长精英期望对家庭教育投入决策影响的差异性。本文将通过对中国教育追踪调查数据的分析回答上述问题,由此得到的研究发现不仅可以帮助人们准确把握当代中国家庭教育投入决策的基本特征,而且可以从家长精英期望视角理解家庭教育投入决策的逻辑。因此,本研究在拓展关于家庭教育投入和家长期望的研究的同时,为决策部门缩小家庭教育投入差距进而治理教育不平等问题提供了经验参考。

二、理论分析与研究假设

（一）家长精英期望与家庭教育投入决策

家庭教育投入是指作为家庭决策者的家长在子女教育活动中所提供的一系列资源、活动和机会（Conger & Donnellan，2007）。作为理性行动者，个体在制定教育投入决策时必然要考虑教育投入的成本和收益，进而根据其所拥有的资源多寡来决定是否在子女教育活动中投入资源。由于家庭资源附着于家庭在社会结构中所占据的地位，因而教育社会学研究者认为家庭教育投入决策的制定以及投入规模取决于家庭社会经济地位的高低（Lareau，2003）。在中国情境下开展的校外教育支出的多项研究也证实了这一点，即具有高社会经济地位特征的家庭，如家长拥有较高的学历、收入和职业地位，更可能为子女提供校外教育培训机会，并且支付的培训费用更高（薛海平，2015；魏易，2020；林晓珊，2018）。

虽然社会经济地位会施加资源约束，但决策者的个人特征也会对教育投入决策产生重要影响。根据行为经济学的观点，投资决策本质上是人们基于自身经验、情感、价值观对环境信息进行加工后对资源进行配置的过程（Kahneman，Knetsch & Thaler，1990）。因此，在主观因素的作用下，个体会根据自身所设定的目标来配置家庭资源，这可能使教育投入决策并不按照经济理性逻辑来运行。实证研究也证实了这一点，即家长的利他主义价值观（Purkayastha，2003）、养儿防老观（郭凯明、龚六堂，2012）、对高社会经济地位的追求（闫新华、杭斌，2017）等主观因素都可以解释中国家庭教育支出急剧增加的现象。因此，家长在子女教育活动中所制定的资源配置策略，不仅会在客观上受到其所拥有的资源施加的约束，而且会受到主观心理的影响。

本文重点关注家长期望这一主观因素对家庭教育投入决策的影响。

教育社会学认为,家长在子女成长过程中扮演着"重要他人"(significant others)的角色,其言行举止会对子女的心理和行为产生重要影响(Cohen, 1987)。其中,家长期望与子女教育的关系尤为受到学者的关注。例如,威斯康星理论模型在探究地位获得模型的作用机制时强调家长期望的作用,认为其是家庭社会经济地位影响子女教育获得的重要中介变量(Sewell & Shah, 1968),并且这一结论在中国社会同样得到了验证(李佳丽、胡咏梅,2021)。不过,已有关于家长期望的文献主要关注家长对子女的教育期望。事实上,家长期望是一个综合性概念,它体现在教育、职业、收入、声望等各个方面,因而实际上反映的是家长对子女获得特定社会经济地位,也即成为社会精英的愿望(Kirk, Lewis-Moss & Nilsen et al., 2011)。特别是在中国,由于长期受到儒家文化的熏陶,绝大多数家长都会将在世俗社会中取得成功视为子女成长的根本目标(Lee & Zhou, 2015)。作为中国家庭育儿的普遍心态,子女成为社会精英的期望不仅体现为"望子成龙""望女成凤"的民间说法,而且得到了经验证据的支持。《青年发展蓝皮书:中国青年发展报告 NO.4》显示,2010—2016 年,超过八成的青年家长希望子女取得本科及以上学历(陈光金,2020)。

在社会心理学意义上,期望(aspiration)是指人们根据自身的需求、经验以及外部环境做出判断后所设定的某一目标(Siegel, 1957),其主要功能是在心理层面激发个体的积极性进而开展实际行动(Starbuck, 1963),这意味着家长对子女的期望首先反映在家长的实际行动上。在中国情境下,由于家长普遍对子女抱有成为社会精英的期望,因而会不约而同地采取精英式育儿模式。在现代社会,教育是个体获取社会经济地位进而实现向上社会流动的主要途径。在教育筛选机制的作用下,学业表现对子女获得优质教育机会发挥了关键作用,而家庭所提供的资源又是影响子女学业表现的重要因素。因此,在子女教育活动中投入资源成为多数家庭实现精英期望的普遍策略。国外学者针对教育期望的研究提供了间接的证据支持,即当家长对子女具有较高的教育期望时,其不仅会增加校外教育支出,而且会在家庭内部为子女提供更多的养育时间与精力(Goodman & Gregg, 2010)。与西方国家相比,儒家文化强调教育在个人成就获得中的重要作用,并且要求家长在子女教育活动中承担主体责任。因此,中国家庭普遍会将教育视为育儿的核心任务,并为此不遗余力地在教育领域投入资源。需要说明的是,在现实中,家庭在子女教育活动中所投入的资源大致可以分为货币性资源(monetary resources)和非货币性资源(non-monetary resources)两类,而家庭教育投入决策也围绕这两种资源展开。这意味着,需要从货币性资源和非货币性资源两个维度,同时考察家长精英期望对家庭教育投入决策的影响。据此,本文提出如下研究假设:

假设1a:与具有低精英期望的家长相比,具有高精英期望的家长在子女教育活动中所投入的货币性资源更多。

假设1b:与具有低精英期望的家长相比,具有高精英期望的家长在子女教育活动中所投入的非货币性资源更多。

进一步来看,教育焦虑可能是精英期望激励家长采取激进的教育投入决策的作用机制。对于家长而言,教育焦虑表现为"在教育子女过程中以及因教育结果带来的不确定性而体验到的紧张、不安、忧虑、烦恼、恐慌等情绪"(尹霞、刘永存、张和平等,2022:41)。关于教育焦虑情绪形成的原因,学术界从阶层竞争、教育资源分配不公平、独生子女政策等角度进行了学理性探讨(李一,2018;陈华仔、肖维,2014;陈友华、苗国,2021)。与之不同的是,本文认为家长对子女的精英期望也可能会引发教育焦虑情绪。存在主义心理学认为,任何个体都会对未来生活提出特定的远景目标,并且这种目标往往高于现实,因而产生焦虑情绪是必然现象(May,1953)。在深受家族文化影响的中国社会,"光宗耀祖"是社会各阶层共有的认知观念,这促使精英阶层和非精英阶层都会期望子女成为社会精英。因此,即使对子女提出精英期望很可能会使家长设定难以企及的目标,但在社会各阶层都将子女成为精英的目标具有正当性的情况下,由精英期望引发的教育焦虑是一种普遍现象。例如,《中国家长教育焦虑指数调查报告》显示,2018年中国家长教育焦虑指数为67点,整体处于比较焦虑状态(新浪教育,2018)。在"双减"政策出台后,家长的教育焦虑并未得到缓解。相关调查结果显示,仍有87.0%的受访家长感到焦虑,73.2%的家长表示焦虑来源于自己没能力辅导好孩子(黄冲、王志伟、姚奕鹏等,2021)。家长期望与教育焦虑的密切联系也在实证研究中得到验证,尹霞等(2022)基于五个省份家庭样本的研究发现,对子女提出的教育期望会使家长产生不同程度的教育焦虑情绪。

焦虑情绪会反映在个体的实际行动上。正常限度的焦虑可以激励个体努力实现目标,因而可以促进人的发展且有积极作用;但如果焦虑超过正常区间,过度焦虑则会使个体行为更加激进。具体到本研究,教育焦虑导致的后果是家长对子女采取更加严格的教育方式,教育投入力度随之加大。杨可(2018)通过案例研究发现,随着教育市场化程度不断加深,母亲的教育焦虑情绪愈发强烈,这使得其采取"鸡娃"的育儿方式,典型表现是对孩子的发展进行密集性的金钱、时间和情感投入。利用中国教育追踪调查这一具有全国代表性数据的研究,也证实了教育焦虑与家庭教育投入决策存在密切联系。巩阅瑄等(2021)发现,处于正常区间的教育焦虑会促使家庭同时参与"学科类"补习和"艺体类"补习,但过度的教育焦虑会使庭只注重"学科类"补习。综上,本文认为对子女的精英期望既会使父母产生正常限度的教育焦虑,也可能产生过度的教育焦虑情绪,它们都会激发父母参与子女教育活动的积极性,并且在行动上表现为积极地投入教育资源,以最终实现子女成为社会精英的目标。因此,本文认为精英期望会使家长产生教育焦虑情绪,进而促使其采取积极的教育投入决策。据此,本文提出如下一组研究假设:

假设2a:精英期望通过产生教育焦虑促使家长增加货币性资源投入。

假设2b:精英期望通过产生教育焦虑促使家长增加非货币性资源投入。

(二)性别视角下家长精英期望对家庭教育投入决策影响的差异

在代际进行资源分配是家庭经济生活的核心内容。由于子女特征的不同,资源分配差异非常明显。从性别视角来看,男孩偏好普遍存在于父权制社会中,这使得以"男孩优先"为特征的代际资源分配模式成为世界范围内普遍存在的现象(Hannum,2005)。特别是在中国,传统儒家文化强调"多子多福""养儿防老"等生育观念,因而儿子被赋予了家族传承者的角色。此外,中国社会长期实行单系偏重的家庭继承制度,并且男孩在家庭资源继承序列中居于首要位置。在这种具有浓厚父权制色彩的文化制度影响下,重男轻女的性别偏好在中国社会尤为明显,使得男孩在代际资源分配过程中占据优势地位。

特别是在教育领域,尽管教育机会获得的性别差距逐渐得到弥合,甚至出现女孩入学率高于男孩的情况,但在家庭内部分配教育机会时仍存在歧视女孩的现象。吴愈晓(2012)发现,在男孩偏好更加明显的农村地区,男孩在各个教育层次所获得的入学机会均多于女孩。郑筱婷和陆小慧(2018)发现,"有兄弟"对女性教育获得有显著的负向影响,且负向影响主要存在于农村。需要注意的是,教育机会获得是教育资源投入的结果,但现有研究尚未证实家庭教育投入决策也存在性别不平等现象。具体到本研究,虽然家长精英期望是影响家庭教育投入决策的重要因素,但在长期受到重男轻女家庭观念影响的背景下,精英期望更可能投射到男孩而非女孩身上,这使得男孩所得到的教育资源多于女孩。

假设 3a:与女孩相比,男孩所获得的货币性资源受到家长精英期望的影响更大。

假设 3b:与女孩相比,男孩所获得的非货币性资源受到家长精英期望的影响更大。

三、数据、变量与方法

(一)数据来源

本研究使用的数据来自中国教育追踪调查(China Education Panel Survey,CEPS)的基期数据(2013—2014 学年)和追访数据(2014—2015 学年)。其中,基期数据包含 19487 名初中生,来自从全国随机抽取的 28 个县级单位(县、区、县级市)112 所学校中的 438 个班级;追访数据包含成功追访的 9449 名七年级(升八年级)的学生。考虑到家长是家庭教育投入决策的主体,并且该决策可能受到学校因素的影响,故本文将学生数据与家庭和学校数据进行匹配。需要说明的是,本文使用的核心变量(如货币性投入和非货币性投入)由多个指标构成,但其中一些指标在基线数据中存在缺失。因此,参考已有文献的做法(李适源、刘爱玉,2022),本文主要使用追访数据,同时将基期数据中的某些变量(如前期学习能力)作为控制变量纳入模型。在剔除了变量含有缺失值的样本后,最终进入实证分析的家庭样本共6437个。

(二) 变量说明

1. 因变量

家庭教育投入。在理论分析部分,本文已从货币性资源和非货币性资源两个方面对家庭教育投入决策进行了区分。进一步,借鉴既有文献提供的操作化思路(李佳丽、胡咏梅,2021),并且考虑数据可得性,本文构建了如下测量指标:

货币性资源包括基本性教育支出和扩展性教育支出。其中,基本性教育支出由校内教育支出来测量,其在 CEPS 中体现为家长为孩子本学期的学费、书本费、教辅材料费、校服费、活动费、保险费、餐费、住宿费以及其他费用支出的加总(单位:元);扩展性教育支出由校外教育支出来测量,其在 CEPS 中体现为本学期子女参与校外辅导班或学习兴趣班的费用(单位:元)。本文将上述两个指标的自然对数形式纳入统计模型中。

非货币性资源包括时间资源和情感资源。一方面,时间资源主要体现为家长直接参与子女教育的行为和活动,包括亲子监督[①]、亲子交流[②]、亲子

[①] 亲子监督由对家长检查子女作业以及指导子女功课的频次进行加总后再取均值来测量。这两个三级指标的赋值方式均为:0=从未,1=1—2天,2=3—4天,3=几乎每天。

[②] 亲子交流由对家长主动与子女讨论五类事项(学校发生的事情、孩子与朋友的关系、孩子与老师的关系、孩子的心情、孩子的心事与烦恼)的频次进行加总后再取均值来测量。这五个三级指标的赋值方式均为:0=从不,1=偶尔,2=经常。

陪伴①和家校互动②。进一步,本文将上述四个二级指标拟合生成一个因子,并且通过 0—1 标准化生成取值范围为[0,100]的连续变量,将其命名为"时间资源(因子)",以此来表示家庭投入时间资源的整体情况。③ 另一方面,情感资源主要体现为家长通过强化子女积极参与学业活动的心理,包括对子女管教④、对子女信心⑤以及与子女关系⑥。进一步,本文将上述三个二级指标拟合生成一个因子,并且通过 0—1 标准化生成取值范围为[0,100]的连续变量,将其命名为"情感资源(因子)",以此来表示家庭投入情感资源的整体情况。

2. 自变量

家长精英期望。前文提到,精英期望不仅仅体现为教育期望,而是需要通过教育、职业、收入等多元指标共同反映出来(Kirk, Lewis-Moss & Nilsen et al.,2011)。考虑到变量的可得性,本文使用家长对子女的职业期望和对子女的教育期望两个指标,并采用潜在类别分析(latent class analysis, LCA)将这两个二分变量合成为一个关于家长精英期望的二分变量(1=高精英期望,0=低精英期望)。

首先,我们需要构建职业期望和教育期望两个变量。其中,职业期望变量的构建思路如下:借鉴既有文献提供的操作化思路(童梅、姚远、张顺,2019),将 CEPS 所提供的 12 种家长希望子女从事的职业划分为"精英职

---

① 亲子陪伴由对家长与孩子共同开展三类活动(吃晚饭、参观博物馆科技馆动物园等、外出看演出体育比赛电影等)的频次进行加总后再取均值来测量。这三个三级指标的赋值方式均为:0=从未,1=每年 1 次,2=每年 2 次,3=每月 1 次,4=每周 1 次,5=每周 2 次及以上。
② 家校互动由根据家长主动联系老师的频次来测量,该指标的赋值方式为:0=从来没有,1=1 次,2=2—4 次,3=5 次及以上。
③ Bartlett 检验结果为 $p<0.001$,KMO 值为 0.668,表明所选取的指标适合进行因子分析。
④ 对子女管教是对家长在关于子女学习生活的六类事项(作业考试、学校表现、上学时间、回家时间、穿着打扮、上网时间、看电视时间)上的管教程度进行加总后再取均值来测量。这六个三级指标的赋值方式均为:0=不管,1=管但不严,2=管得很严。
⑤ 对子女信心在 CEPS 中对应的题项为"家长对孩子的未来是否有信心?",答案赋值方式是:0=根本没有信心,1=有信心,2=有信心,3=很有信心。
⑥ 与子女关系是对子女与父亲和母亲的关系亲近程度进行加总后再取均值来构建。这两个三级指标的赋值方式均为:0=不亲近,1=一般,2=很亲近。

业"和"非精英职业"两大类。① 如果家长希望子女从事的是精英职业,即认为具有高职业期望;如果家长希望子女从事的是非精英职业,即认为具有低职业期望。教育期望变量的构建思路如下:将 CEPS 所提供的 9 类家长希望子女获得的教育学历划分为"大学及以上"和"高中及以下"两大类。② 如果家长希望子女获得大学及以上学历,即认为具有高教育期望;如果家长希望子女获得高中及以下学历,即认为具有低教育期望。

其次,本文分别按照两个、三个和四个潜在类别进行估计,然后根据拟合优度判断最佳的划分数量。表 1 显示,当指定两个潜在类别时,贝叶斯信息标准(BIC)为 11236.40;当指定三个潜在类别时,贝叶斯信息标准为 11245.17;当指定四个潜在类别时,贝叶斯信息标准最小,为 11271.48。这表明,使用包含两个潜在类别的精英期望变量是最合适的。基于此,我们构建了两分类模型,并且对该模型进行了 Vuong-Lo-Mendel-Rubin 似然比检验和 Lo-Mendell-Rubin Adjusted 似然比检验,p 值均在 0.1% 的统计水平上显著,这表明分类模型与不分类模型存在显著差异。

表 1 潜在类别分析的拟合优度统计量

潜在类别数	AIC	BIC
2	11209.32	11236.40
3	11211.32	11245.17
4	11217.32	11271.48

最后,表 2 显示,两个潜类在职业期望和教育期望上的条件概率具有较大差别。具体而言,潜类 1 有高职业期望的概率和高教育期望的概率均远远高于潜类 2(0.928 vs 0.568,0.932 vs 0.452)。这意味着潜类 1 比潜类 2 更可能具有高精英期望特征。因此,家长对子女的期望可以划分为"高精英期望"(潜类 1)和"低精英期望"(潜类 2)两个类型。

---

① 家长认为的精英职业包括:国家机关事业单位工作人员、政府公务员;企业/公司管理人员;科学家、工程师等;教师、医生、律师等;专业设计师;艺术表演类人员;专业运动员;军人/警察。家长认为的非精英职业包括:技术工人;中层服务人员;个体经营;其他。

② "高中及以下"包括以下教育学历:辍学、初中毕业、中专/技校、职业高中和普通高中;"大学及以上"包括以下教育学历:大学专科、大学本科、研究生和博士。

表 2　两个潜类在职业期望和教育期望上的条件概率

	潜类 1	潜类 2
职业期望	0.928	0.568
教育期望	0.932	0.452

3. 中介变量

教育焦虑。国内外学者从不同维度设计了关于家长教育焦虑的量表，但都将学习成绩焦虑视为教育焦虑的核心内容，并且往往通过询问家长对子女成绩的要求程度作为测量指标（Zung，1971；尹霞、刘永存、张和平等，2022）。有鉴于此，本文通过比较子女当前的成绩排名与家长期望的成绩排名来考察教育焦虑。在 CEPS 中，子女当前的成绩排名是通过询问家长得到的，所提供的选项包括"不好""中下""中等""中上"和"很好"。关于家长对子女成绩的期望这一题项，CEPS 所提供的选项包括"没有特别要求""中等（班上的平均水平）""中上"和"很好（班上前五名）"。本文将选择"没有特别要求"的样本以及当前成绩排名与期望成绩排名一致的样本视为"无教育焦虑"（赋值为 0），将期望成绩排名大于当前成绩排名的样本视为"有教育焦虑"（赋值为 1）。

4. 控制变量

本文在统计模型中纳入了学生个体、家庭、学校和地区等多个层面的变量。学生个体层次变量包括学生的性别（1＝男性，0＝女性）、年龄、民族（1＝汉族，0＝少数民族）、独生子女（1＝是，0＝否）、户籍类型（1＝非农，0＝农业）、流动状态（1＝本地，0＝外地）和前期学习能力。其中，前期学习能力是根据学生在六年级时学习语数外等学科的吃力程度、七年级时的认知能力标准得分、七年级的语数外标准化期中成绩等指标拟合的因子，并且通过 0—1 标准化将其转换为取值范围为[0,100]的连续变量。

家庭层次变量包括家庭结构（1＝双亲同住，0＝单亲或双亲缺位）和家庭社会经济地位。参考已有文献的操作化思路（黄超，2018），本文使用自评家庭经济状况、家长教育程度、家长职业地位和家长党员身份四个变量构建家庭社会经济地位变量。其中，自评家庭经济状况是根据家长报告的家庭经济状况来测量的,原始选项包括"非常困难""比较困难""中等""比较富裕""很富裕"五类。家长教育程度变量的构建思路如下:先将父亲和母亲的教育水平区分为"大学及以上"和"高中及以下"两类,以教育程度较高的一方来衡量家长教育程度。家长职业地位变量的构建思路如下:先将父亲和母亲的职业类型区分为"精英职业"和"非精英职业"两类(童梅、姚远、张顺,2019)①,以职业地位较高的一方来衡量家长职业地位。家长党员身份变量的构建思路如下:先将父亲和母亲的政治面貌划分为"党员"和"非党员"两类,以拥有党员身份的一方来衡量家长政治面貌。进一步,本文对上述四个变量进行主成分因子法分析,并且通过0—1标准化将其转换为取值范围为[0,100]的连续变量。

学校层次变量包括学校所在地区和学校排名。其中,学校所在地区变量为二分变量,其操作化思路为:如果学校位于城市,则赋值为1;如果学校位于村镇,则赋值为0。学校排名为五级定序变量,答案赋值方式为:0=最差,1=中下,2=中间,3=中上,4=最好。

另外,本文在统计模型中加入学期虚拟变量(1=2015年春季学期,0=2014年秋季学期),以控制那些只随时间变动而不随个体变化的异质性。同时,本文还根据CEPS提供的区县代码加入了区县虚拟变量,以控制地区层面难以观测的异质性。

(三) 模型设定

在本研究中,关于货币性资源投入的两个变量的取值范围大于等于0,其中有一部分样本的取值在0值上聚集。在这种情况下,采用基于最大似然估计方法的Tobit模型进行估计更为合理。另外,关于时间资源和情感资源的变量均为连续变量,故可以基于OLS方法构建多元线性回归模型(multivariable linear regression model)进行分析。

首先,本文建立了如下基准回归模型来估计家长精英期望对家庭教育

---

① 在CEPS中,精英职业包括"政府机关领导/干部""事业单位、公司(企业)领导/干部""科学家、工程师、大学教师等专业技术人员""医生、律师、中小学教师"。其他职业均为非精英职业。

投入决策的影响:

$$FEI_i = \alpha_1 + \beta_1 EXP_i + \delta_1 X_i + \varepsilon_i \tag{1}$$

其中,FEI_i 表示家庭 i 在子女教育活动中投入的货币性资源和非货币性资源;EXP_i 表示家庭 i 的家长对子女是否有高精英期望;X_i 是控制变量的集合;ε 是独立同分布的随机扰动项,代表不可观测的因素,服从标准正态分布。

在基准回归方程的基础上,参考已有研究采用逐步回归思路检验中介效应的方法(柳建坤、何晓斌、贺光烨等,2020),在方程(1)的基础上发展出方程(2)和方程(3):

$$AT\_EDU_i = \alpha_2 + \beta_2 EXP_i + \delta_2 X_i + \varepsilon_i \tag{2}$$

$$FEI_i = \alpha_3 + \beta_3 EXP_i + \mu_3 AT\_EDU_i + \delta_3 X_i + \varepsilon_i \tag{3}$$

其中,AT_EDU_i 为中介变量,代表家长的教育焦虑,其他变量的设定与方程(1)相同。在方程(2)中,若 β_2 在统计上显著,表明中介变量会受到自变量的影响。在方程(3)中,对 β_3 与 β_1 进行比较,如果 β_3 不显著或者显著但绝对值下降,则可以证明中介效应是真实存在的。

四、数据分析结果

(一)家庭教育投入决策的基本特征

表 3 报告了主要变量的基本统计量。我们重点关注受访家庭的教育投入情况。在货币性资源方面,家庭平均每学期的校外教育支出(1084.33元)比校内教育支出(963.16 元)高 121.17 元。在时间资源方面,亲子交流的得分相对较高,即家长主动与子女讨论事情的平均频次介于"偶尔"和"经常"之间。不过,亲子监督、亲子陪伴和家校互动的平均得分都偏低,其现实含义为:家长在上星期对子女学业进行监督的平均频次不到 1 天,家

长陪伴子女的平均频次接近每月1次,家长在本学期主动联系教师的平均频次不到2次。在情感资源方面,对子女管教、对子女信心以及与子女关系这三个二级指标的得分均高于中间值,其现实含义为:家长对子女的管教程度介于"管但不严"和"管得很严"之间,家长对子女的信心程度介于"有信心"和"很有信心"之间,家长与子女关系的亲近程度介于"一般"和"很亲近"之间。另外,时间资源(因子)平均分不到47,而情感资源(因子)的平均分超过73。这说明受访家庭的时间资源投入处于中等偏下水平,情感资源投入处于中等偏上水平。

表3 变量的基本统计量　　　　　　　　　　　　N=6437

变量名称	均值	标准差	最小值	最大值
校内教育支出	963.16	3170.28	0	100458
校外教育支出	1084.33	3181.70	0	80000
亲子监督	0.94	1.00	0	3
亲子交流	1.25	0.53	0	2
亲子陪伴	2.27	0.80	0	5
家校互动	1.35	1.01	0	3
时间资源(因子)	46.92	16.39	0	100
对子女管教	1.32	0.40	0	2
对子女信心	2.21	0.68	0	3
与子女关系	1.62	0.45	0	2
情感资源(因子)	73.33	14.44	3.66	100
家长精英期望	0.89	0.31	0	1
家长教育焦虑	0.71	0.45	0	1
学生性别	0.50	0.50	0	1
学生年龄	13.87	0.84	12	19
学生民族	0.92	0.27	0	1
独生子女	0.47	0.50	0	1
户籍类型	0.48	0.50	0	1
流动状态	0.83	0.37	0	1
前期学习能力	64.63	10.00	5.01	100

续表

变量名称	均值	标准差	最小值	最大值
家庭结构	0.70	0.46	0	1
家庭社会经济地位	27.68	24.63	0	100
学校所在地区	0.57	0.50	0	1
学校排名	4.01	0.83	1	5

本文根据家长精英期望变量将受访家庭区分为高精英期望和低精英期望两个子样本,进而考察不同类型家庭的教育投入决策是否存在差异。表4显示,在校内教育支出、校外教育支出、时间资源(因子)和情感资源(因子)上,高精英期望的家长的投入水平均高于低精英期望的家长。均值差异检验结果显示,高精英期望的家长与低精英期望的家长在校外教育支出、时间资源(因子)以及情感资源(因子)上的差异也在0.1%水平上通过了显著性检验。此外,时间资源和情感资源的二级指标的均值差异都至少在1%水平上通过了显著性检验。由此可知,对子女有高精英期望的家长会在子女教育活动中投入更多的货币性资源和非货币性资源。这一发现为接下来使用统计模型验证家长精英期望对家庭教育投入决策的影响提供了有力证据。

表4 均值差异检验结果

变量名称	低精英期望	高精英期望	差异检验
校内教育支出	856.88	975.81	−118.94
校外教育支出	611.50	1140.64	−529.14***
学业监督	0.79	0.95	−0.16***
亲子沟通	1.10	1.26	−0.17***
亲子陪伴	2.05	2.30	−0.24***
家校互动	1.21	1.37	−0.16***
时间资源(因子)	41.64	47.55	−5.92***
对子女管教	1.22	1.33	−0.11***
对子女信心	1.98	2.24	−0.26***
与子女关系	1.57	1.63	−0.05**
情感资源(因子)	68.25	73.93	−5.68***

注:+、*、**、***分别表示系数估计结果在10%、5%、1%、0.1%的置信水平上显著。下同。

（二）家长精英期望对家庭教育投入决策的影响

表 5 报告了家长精英期望对家庭教育投入决策的影响结果。模型 1 和模型 2 显示，家长精英期望变量的系数都为正，但仅在后一模型中具有统计显著性（$p<0.01$）。这说明家长对子女的精英期望仅对校外教育支出具有正向影响，但其与校内教育支出的关系较为微弱。在中国，学校教育作为公共教育资源而存在，因而绝大多数家庭都能够享有接受学校教育的机会。因此，家庭很难在具有普惠性质的学校教育中持续投入资源。不过，校外教育可以为家庭提供额外的教育服务，因而成为家庭竞争优质教育资源的主要场域。因此，对于高精英期望的家长而言，即使在学校内部难以投入货币性资源，其仍可以在不受限制的校外教育场域投入资源，以提升子女的教育成就。模型 3 和模型 4 显示，家长精英期望变量均在 0.1% 水平上显著为正。这表明高精英期望的家长在子女教育活动中所投入的时间资源和情感资源明显多于低精英期望的家长。由此可知，家长精英期望是影响家庭在子女教育活动中投入货币性资源和非货币性资源的重要因素。

表 5 　家长精英期望对家庭教育投入决策的影响结果

	校内教育支出	校外教育支出	时间资源（因子）	情感资源（因子）
	Tobit	Tobit	OLS	OLS
	模型 1	模型 2	模型 3	模型 4
家长精英期望	0.178 (0.150)	1.380** (0.425)	2.776*** (0.617)	2.854*** (0.589)
性别	-0.188⁺ (0.104)	-0.871*** (0.223)	1.449*** (0.404)	-0.712⁺ (0.385)
年龄	-0.037 (0.077)	-0.154 (0.210)	-0.964** (0.334)	-0.208 (0.345)
民族	0.036 (0.191)	0.583 (0.569)	1.468⁺ (0.881)	1.320 (1.042)

续表

	校内教育支出	校外教育支出	时间资源（因子）	情感资源（因子）
	Tobit	Tobit	OLS	OLS
	模型1	模型2	模型3	模型4
独生子女	-0.014 (0.112)	0.904** (0.285)	1.736*** (0.436)	0.258 (0.483)
户籍性质	-0.195 (0.127)	0.905** (0.313)	0.275 (0.404)	-0.434 (0.385)
流动状态	-0.303* (0.154)	1.114** (0.417)	0.730 (0.584)	0.610 (0.578)
前期学习能力	0.015** (0.005)	0.009 (0.014)	0.008 (0.018)	0.232*** (0.020)
家庭结构	0.024 (0.099)	0.440* (0.210)	2.649*** (0.395)	2.930*** (0.402)
家庭社会经济地位	-0.003 (0.003)	0.034*** (0.006)	0.118*** (0.009)	0.056*** (0.007)
学校所在地区	-0.056 (0.173)	2.011*** (0.452)	2.815*** (0.534)	-0.340 (0.446)
学校排名	0.203 (0.179)	0.789** (0.260)	2.063*** (0.426)	1.190*** (0.299)
区县固定效应	已控制	已控制	已控制	已控制
学期固定效应	已控制	已控制	已控制	已控制
样本量	6437	6437	6437	6437
pseudoR^2	0.027	0.090	—	—
R^2	—	—	0.283	0.133

注：括号内为基于学校聚类的稳健标准误。下同。

此前的研究主要从家庭资源视角探究家庭教育投入决策分化的机制，即认为家庭社会经济地位会对家庭教育投入决策施加资源约束（薛海平，2015；魏易，2020；林晓珊，2018）。与已有文献仅使用收入、职业等单一指标相比，本文使用多个指标构建家庭社会经济地位变量。可以看到，家庭社会经济地位变量在模型 2 至模型 4 中的系数均在 0.1% 水平上显著为正。这一结果印证了此前的研究发现,即家庭教育投入决策受到家庭社会经济地位的影响。

虽然家长精英期望和家庭社会经济地位都与家庭教育投入决策存在显著的正相关关系,但这两种因素所发挥的作用强度存在一定差别。本文分别针对模型 2、模型 3 和模型 4 计算了两个自变量的标准化回归系数,并发现家庭社会经济地位变量的标准化回归系数都小于家长精英期望变量。[①] 这表明无论是货币性资源还是非货币性资源,家长精英期望所发挥的作用均大于家庭社会经济地位。由此可见,中国家庭教育投入决策会同时受到客观维度的家庭社会经济地位和主观维度的家长精英期望的共同影响,并且家长精英期望所发挥的作用更为重要。假设 1a 和假设 1b 得到验证。

(三) 中介效应检验

在证实了家长精英期望对家庭教育投入决策具有正向影响的基础上,此部分重点考察教育焦虑是否为上述因果关系形成的机制。本文首先采用逐步回归的三步法进行检验,回归结果呈现在表 6。模型 1 显示,家长精英期望变量在 0.1% 水平上显著为正,这表明对子女有高精英期望的家长有更强的教育焦虑情绪。模型 2 至模型 4 同时包含自变量以及中介变量。结果显示,家长教育焦虑变量在 0.1% 水平上显著为正,这表明有教育焦虑情绪的家长会加大货币性资源和非货币性资源的投入力度。更为重要的是,与表 5 的模型 2 至模型 4 相比,家长精英期望变量在表 6 的模型 2 至模型 4 中的系数值及其显著性都明显下降。根据逐步回归法的检验标准,可以初步判断教育焦虑在家长精英期望与家庭教育投入决策的关系中发挥了中介作用。

[①] 限于文章篇幅,未在正文展示详细结果。

表6 中介效应检验结果（逐步回归）

	家长教育焦虑	校外教育支出	时间资源（因子）	情感资源（因子）
	Probit	Tobit	OLS	OLS
	模型1	模型2	模型3	模型4
家长精英期望	0.217*** (0.046)	1.209** (0.403)	2.395** (0.798)	2.031** (0.677)
家长教育焦虑		0.678*** (0.169)	0.276*** (0.069)	1.314*** (0.328)
控制变量	已控制	已控制	已控制	已控制
区县固定效应	已控制	已控制	已控制	已控制
学期固定效应	已控制	已控制	已控制	已控制
样本量	6437	6437	6437	6437
pseudoR^2	0.047	0.091	—	—
R^2	—	—	0.283	0.135

注：控制变量包括性别、年龄、民族、独生子女、户籍性质、流动状态、前期学习能力、家庭结构、家庭社会经济地位、学校所在地区和学校排名。下表同。

进一步地，本文使用KHB方法进一步测算中介效应的实际大小。表7显示，当纳入家长教育焦虑变量后，自变量（家长精英期望）的直接效应明显下降，从而产生了非常显著的间接效应。具体来看，家长教育焦虑在家长精英期望与校外教育支出的关系中的作用贡献率超过20%，在家长精英期望与时间资源投入的关系中的作用贡献率超过13%，在家长精英期望与情感资源投入的关系中的作用贡献率超过20%。由此可见，家长教育焦虑确实是家长精英期望影响家庭教育投入决策的重要机制。假设2a和假设2b得到验证。

表7 中介效应检验结果（KHB法）

因变量	总效应	直接效应	间接效应	贡献率(%)
校外教育支出	0.417***	0.332***	0.085***	20.38
时间资源（因子）	2.840***	2.457***	0.380***	13.49
情感资源（因子）	2.871***	2.280***	0.654***	20.59

(四) 异质性分析

此部分检验家长精英期望对家庭教育投入决策的影响是否存在性别差异。为此,本文将学生样本区分为女孩和男孩两个子样本,进而分别进行回归分析(表8)。可以看到,家长精英期望变量在全部模型中都显著为正,这说明精英期望会促使家长对男孩和女孩都投入货币性资源和非货币性资源。但与女孩样本相比,家长精英期望变量在男孩样本中的系数值更大,并且显著性水平更高。此外,基于费舍尔组合检验(Fisher's permutation test)的结果显示,男孩和女孩两个子样本的系数差异至少在5%水平上显著。① 这意味着男孩受到的家长精英期望对家庭教育投入决策的正向影响更大,即这一性别群体可以获得更多的精英期望边际效应。这一发现印证了中国家庭代际资源分配模式仍具有"男孩优先"的特征。假设3a和假设3b得到验证。

表8 分样本检验结果(性别分组)

	校外教育支出		时间资源(因子)		情感资源(因子)	
	女孩	男孩	女孩	男孩	女孩	男孩
	Tobit	Tobit	OLS	OLS	OLS	OLS
	模型1	模型2	模型3	模型4	模型5	模型6
家长精英期望	1.183* (0.581)	1.536** (0.574)	1.688+ (0.874)	3.607*** (0.784)	2.653** (0.881)	3.002*** (0.784)
控制变量	已控制	已控制	已控制	已控制	已控制	已控制
区县固定效应	已控制	已控制	已控制	已控制	已控制	已控制
学期固定效应	已控制	已控制	已控制	已控制	已控制	已控制
样本量	3223	3214	3223	3214	3223	3214
pseudoR^2	0.096	0.090	—	—	—	—
R^2	—	—	0.307	0.267	0.133	0.142

---

① 限于文章篇幅,未在正文展示分析结果。

五、结论与讨论

家庭教育投入差距已成为教育不平等的重要根源。近年来,中国家长为了让孩子赢在起跑线上采取了"鸡娃"的育儿方式,其典型表现在教育活动中进行全方位且高强度的资源投入。在这一背景下,本文力图完整呈现中国家庭教育投入决策的特征,进而提出从家长精英期望视角来解释家庭教育投入差距的原因,并从性别视角考察了家长精英期望影响的差异。通过对中国教育追踪调查两期数据的分析,得到以下研究结论:

第一,中国家庭同时在子女教育活动中投入货币性资源和非货币性资源。在货币性资源投入方面,家长为子女所支付的校外教育费用高于校内教育费用;在非货币性资源方面,家长会在参与子女教育活动的过程中投入时间和情感资源。不过,家长在情感资源上的投入水平高于在时间资源上的投入水平,这可能是由两个原因造成的:其一,家庭购买校外教育服务会挤占家长与孩子在家庭内部进行互动的时间;其二,个体在劳动力市场中的工作时间不断延长,并且加班现象愈发严重(杜凤莲、王文斌、董晓媛,2018),这使得家长在子女教育活动中难以投入充分的时间资源。

第二,家庭社会经济地位仍然是影响家庭教育投入决策的重要因素。与低社会经济地位家庭相比,高社会经济地位家庭在校外教育支出、时间资源和情感资源上的投入水平更高。这表明不同社会经济地位的家庭会遵循经济理性逻辑来制定教育投入决策。在家庭教育投入决策受到资源约束的情况下,子女的人力资本与父代的社会经济地位的联系更加紧密,地位获得的代际相关性进一步增强,进而降低社会结构的开放性,阶层壁垒也会不断强化。

第三,家长精英期望这一主观因素也会影响家庭教育投入决策,并且其作用强于家庭社会经济地位。与低精英期望的家长相比,高精英期望的家长在校外教育支出、时间资源和情感资源上的投入水平更高。由此可见,即使受到客观资源的约束,但当家长有"望子成龙""望女成凤"的想法时,也会竭力为子女教育活动提供资源支持。这表明家庭教育投入决策并非完全由经济理性逻辑支配,而是受到主观动机的深刻影响。进一步来看,对子女的精英期望之所以能够激励家长投入更多的货币性资源和非货币性资源,是因为教育焦虑在其中发挥着关键作用。换言之,家长的教育焦虑是精英期望影响家庭教育投入决策的作用机制。

第四,家长精英期望对家庭教育投入决策的影响存在性别差异。尽管精英期望会促使家长对男孩和女孩都投入货币性资源和非货币性资源,但对男孩的边际效应更大。这表明中国家长仍然深受"重男轻女"传统性别观念的影响,对男孩有更强的偏好,从而在向子代分配家庭资源时倾向于男孩。

上述结论对于缩小家庭教育投入差距,进而实现教育公平具有重要的政策启示。

首先,坚持市场导向,加强政府监管,规范校外培训行业发展。以课外补习为代表的"影子教育"(shadow education)的无序扩张不仅加重了低收入家庭的经济负担,而且严重损害了教育公平。2021年7月出台的"双减"政策,对校外培训行业有序发展产生了立竿见影的效果。在未来,各级政府应保持政策定力,在尊重市场规律的同时,严格依据法律对校外教育培训行业进行监管。与此同时,决策部门应充分考虑家庭对优质教育的需求,着力提升校内教育质量,加大校内教育资源供给力度,并利用公共教育财政为学生提供精准化、个性化、多样化的校外培训服务。

其次,保护劳动者工时和休息休假权利,为家长参与子女教育活动提供充足时间。尽管《劳动法》对劳动者的工作时间予以严格规定,但当前企业的加班现象非常普遍,甚至在互联网行业出现了"996""007"的"工作制度"。针对这一问题,除了需要各级政府采取行政手段排查整治超时加班问题外,更需要立法部门和劳动保障部门出台专门性法律和规章制度,使企业严格落实《劳动法》关于劳动者工时和休息休假权利的规定。这样,劳动者的工作和生活能够保持协调状态,进而可以投入充足的时间参与子女的教育活动,以保证子女人力资本持续积累。

最后,加大教育制度改革力度,完善教育机会分配机制,充分发挥教育促进社会流动的作用,从而增强家长对子女未来发展的信心。与此同时,应通过法律和政策手段提升女性的社会地位,使家长形成性别平等观念,改善女孩在家庭教育资源分配中的弱势地位。另外,家长精英期望引发的教育焦虑通常处于适度范围之内，这可以加强家长对教育活动的注意力并投入资源。不过，要注意教育焦虑扩大化问题，这会使家庭忽视自身的经济状况而采取激进的教育投入决策，从而挤压其他方面的消费支出，最终降低整体生活质量。

本文对既有研究做出了三方面贡献。一是从家长期望视角揭示了家庭教育投入决策的逻辑。既有研究主要从客观层面的家庭资源视角分析家庭教育投入决策分化的原因，强调家庭社会经济地位发挥着决定性作用。本文则证实了家庭教育投入决策会受到社会经济地位和家长期望两种逻辑的共同影响，并且后一种主观因素的影响强于前一种客观因素。二是拓展了"家长期望"的概念内涵和理论分析维度。与多数文献仅从教育维度考察家长期望不同，本文提出的"家长精英期望"概念反映了家长对子女获得高社会经济地位的期望，它涵盖了教育、职业等多个方面。三是丰富了家庭期望影响的实证文献。此前的研究在考察家长期望的影响时，仅关注其对子女学业表现的影响，但忽视了家长期望转换为子女教育成就的机制。本文直接考察家长对子女的期望对其配置教育资源决策的影响，这有助于人们加深对家长期望与子女教育成就关系的认识。

本文还存在一定局限：首先，受到数据限制，本文的研究发现反映的是"双减"政策出台前家庭教育投入的情况；其次，本文所构建的"教育焦虑"变量仅能反映家长是否对子女教育有教育焦虑情绪，难以测量焦虑情绪的具体程度；最后，本文在微观层面考察家庭教育投入决策的影响因素，未对家庭以外的环境因素所发挥的作用进行考察。在未来的研究中，有必要收集"双减"政策出台后的数据，构建效度更高的测量指标，将宏观社会因素纳入分析框架中，从而检验本文研究结论的适用性。

参考文献

陈光金，2020，《青年发展蓝皮书：中国青年发展报告 NO.4》，北京：社会科学文献出版社。

陈华仔、肖维,2014,《中国家长"教育焦虑症"现象解读》,《国家教育行政学院学报》第 2 期。

陈友华、苗国,2021,《升学锦标赛、教育内卷化与学区分层》,《江苏行政学院学报》第 3 期。

杜凤莲、王文斌、董晓媛,2019,《时间都去哪儿了? 中国时间利用调查研究报告》,北京:社会科学文献出版社。

巩阅瑄、陈涛、薛海平,2021,《爱的边界:家庭教育焦虑是否会增加课外补习投入?》,《教育发展研究》第 Z2 期。

郭凯明、龚六堂,2012,《社会保障、家庭养老与经济增长》,《金融研究》第 1 期。

黄超,2018,《家长教养方式的阶层差异及其对子女非认知能力的影响》,《社会》第 6 期。

黄冲、王志伟、姚奕鹏等,2021,《"双减"实施后 72.7% 受访家长表示教育焦虑有所缓解》,《中国青年报》9 月 16 日。

李昂然,2022,《中国教育资源市场化与个体选择:初中课外补习效应异质性探究》,《社会》第 2 期。

李佳丽、胡咏梅,2021,《"望子成龙"何以实现?——基于父母与子女教育期望异同的分析》,《社会学研究》第 3 期。

李适源、刘爱玉,2022,《"忧郁的孩子们":课外补习会带来负向情绪吗? 基于中国教育追踪调查(CEPS)两期数据的因果推断》,《社会》第 2 期。

李一,2018,《中产阶层家庭参加辅导班教养实践分析》,《青年研究》第 5 期。

林晓珊,2018,《"购买希望":城镇家庭中的儿童教育消费》,《社会学研究》第 4 期。

柳建坤、何晓斌、贺光烨等,2020,《父母参与、学校融入与农民工子女的心理健康——来自中国教育追踪调查的证据》,《中国青年研究》第 3 期。

童梅、姚远、张顺,2019,《父母对子女的职业,何者更具影响力?——青少年职业期望的代际继承及其性别差异》,《西安交通大学学报》(社会科学版)第 3 期。

魏易,2020,《校内还是校外:中国基础教育阶段家庭教育支出现状研究》,《华东师范大学学报》(教育科学版)第 5 期。

吴愈晓,2012,《中国城乡居民教育获得的性别差异研究》,《社会》第 4 期。

新浪教育,2018,《中国家长教育焦虑报告发布:家长综合焦虑指数达 67 点》,http://edu.sina.com.cn/zxx/2018-09-16/doc-ifxeuwwr4952738.shtml。

薛海平,2015,《从学校教育到影子教育:教育竞争与社会再生产》,《北京大学教育评论》第 3 期。

薛元箓,2023,《从养育成本看养育观》,https://www.workercn.cn/c/2023-06-19/7880899.shtml。

闫新华、杭斌,2017,《收入不平等与家庭教育支出——基于地位关注的视角》,《山西财经大学学报》第 5 期。

杨可,2018,《母职的经纪人化——教育市场化背景下的母职变迁》,《妇女研究论丛》第 2 期。

尹霞、刘永存、张和平等,2022,《家长期望偏差与教育焦虑》,《青年研究》第 1 期。

苑立新,2019,《儿童蓝皮书:中国儿童发展报告(2019)》,北京:社会科学文献出版社。

郑筱婷、陆小慧,2018,《有兄弟对女性是好消息吗?——家庭人力资本投资中的性别歧视研究》,《经济学(季刊)》第 1 期。

Cohen, J. 1987, "Parents as Educational Models and Definers." *Journal of Marriage and the Family* 49(2).

Conger, R. & M. Donnellan 2007, "An Interactionist Perspective on the Socioeconomic Context of Human Development." *Annual Review of Psychology* 58.

Goodman, A. & P. Gregg 2010, *Poorer Children's Educational Attainment: How Important Are Attitudes and Behaviour*, York: Joseph Rowntree Foundation.

Hannum, E. 2005, "Market Transition, Educational Disparities, and Family Strategies in Rural China: New Evidence on Gender Stratification and Development." *Demography* 42(2).

Hanushek, E. 1992, "The Trade-Off Between Child Quantity and Quality." *Journal of Political Economy* 100(1).

Kahneman, D., J. Knetsch & R. Thaler 1990, "Experimental Tests of the Endowment Effect and the Coase Theorem." *Journal of Political Economy* 98(6).

Kirk, C., R. Lewis-Moss & C. Nilsen et al. 2011, "The Role of Parent Expectations on Adolescent Educational Aspirations." *Educational Studies* 37(1).

Lareau, A. 2003, *Unequal Childhoods: Class, Race and Family Life*, Berkeley: University of California Press.

Lee, J. & M. Zhou 2015, *The Asian American Achievement Paradox*, New York: Russell Sage Foundation.

May, R. 1953, *Man's Search for Himself*, New York: Norton.

Purkayastha, D. 2003, "From Parents to Children: Intra-Household Altruism as Institutional Behavior." *Journal of Economic Issues* 37(3).

Sewell, W. & V. Shah 1968, "Social Class, Parental Encouragement, and Educational Aspirations." *American Journal of Sociology* 73(5).

Siegel, S. 1957, "Level of Aspiration and Decision Making." *Psychological Review* 64(4).

Starbuck, W. 1963. "Level of Aspiration Theory and Economic Behavior." *Behavioral Science* 8(2).

Zung, W. 1971, "A Rating Instrument for Anxiety Disorders." *Psychosomatics: Journal of Consultation and Liaison Psychiatry* 12(6).

（特约编辑：贺光烨）

从线下到线上：社会资本对网络微公益捐赠行为影响的机制分析*

池上新　刘靖童　蒋乐怡　许　英**

摘要： 关于社会资本对传统公益捐赠行为的影响，目前已有较多研究成果，但对网络微公益捐赠行为的作用还缺乏足够研究。本研究利用深圳的抽样调查数据，分析社会资本对网络微公益捐赠行为的影响及其作用机制。研究发现：第一，网络微公益捐赠参与次数年均多为1—3次，但捐赠金额较少；第二，网络微公益捐赠方社会资本各维度差异性较大；第三，社会资本对网络微公益捐赠行为的影响具有一定复杂性，社会网络、社会参与、互惠、规范对捐赠行为具有积极效应，但特殊信任对捐赠行为具有一定负向作用，说明信任有边界；第四，线上社会资本是线下社会资本影响网络微公益捐赠的中介因素。最后，围绕捐赠方社会资本的建设，本文提出了一些促进网络微公益捐赠行为的对策建议。

关键词： 线下社会资本　线上社会资本　网络微公益　捐赠行为

一、问题的提出

我国现代公益慈善事业起步较晚，以中国红十字会为代表的传统公益

---

* 本文系腾讯公益联合南都基金会共同开展的百个项目资助计划"社会资本视域下网络微公益的捐赠行为与筹款能力研究"（项目批准号：QT21006-3-3）与"深圳大学高水平大学之期建设青年冲高创新团队项目"（项目批准号：24QNCG08）的阶段性成果之一。

** 池上新，深圳大学政府管理学院社会学系主任、副教授，博士生导师，入选深圳市鹏城孔雀B档特聘岗位。刘靖童，深圳大学政府管理学院社会工作专业研究生。蒋乐怡，深圳大学政府管理学院社会工作专业研究生。许英（xuying@szu.deu.cn），深圳大学政府管理学院社会学系教授、硕士生导师。

在相当长的时间内占据主导地位。然而,互联网的快速发展为公益活动形式带来了新的转机,如腾讯微公益、阿里公益等开展"网络微公益"活动的各类平台应运而生。截至2022年,"中国连续三年,每年都有超过100亿人次点击、关注和参与互联网慈善,其中2021年通过互联网募集善款近100亿元,比2020年增长了18%"(张晶晶,2022:1)。"得益于互联网数字技术的发展,自2017年至今,中国通过互联网募集的善款在5年间从25亿元增长到近100亿元,增长了近3倍。"(光明公益,2022)可见,"网络微公益"正凭借其区别于传统公益形式的优势,掀起我国公益事业的浪潮。

作为互联网公益的表现形式之一,"网络微公益"是随着微博、微信等社交媒体的普及而发展起来的一种新型公益形式,是个人或社会组织借助新型社交媒体发起、管理和参与的,以面向社会开展慈善活动为宗旨的非营利性活动(Belleflamme,Lambert & Schwienbacher,2014:585-609;Mollick,2014:1-16;许英,2019:54-61;Moysidou & Hausberg,2020:511-543),不仅突破了传统公益活动在时间、空间上的局限性,还具有影响范围广、筹款速度快等优点。

从以往对传统公益捐赠行为的研究中看,社会资本是很重要的影响因素之一。在关于社会资本与个人慈善行为关系的研究中,福布斯和赞佩里(Forbes & Zampelli,2012:227-253)发现,社会联系和组织联系对个人的慈善公益行为有显著影响;安德里尼(Andreoni,1989:1447-1458)指出,参与宗教组织、社会活动以及社会网络有利于促进人们的慈善公益行为;莱特基(Letki,2006:305-325)将个体的社会网络和基于信任的规范作为社会资本的测量指标后发现,在无论是出于宗教原因还是非宗教原因的捐款行为中,那些社会关系更多、广泛参与社会活动的人,以及更加信任别人的人,更有可能捐出更多的钱。此外,社会资本存量与捐赠水平也有强相关关系,即个体社会资本存量越高,捐赠水平越高;且不同的社会资本类型对个体的捐赠行为会产生不同的影响(Brown & Ferris,2007:85-99;胡荣、沈珊,2013:60—75)。因此,社会资本对传统的公益捐赠有较为积极的作用基本得到学界认可。

然而,社会资本对于网络微公益领域捐赠行为的影响因素还有待深入挖掘。目前,国内外对于网络微公益的现有研究仍主要集中在动员机制、公信力和监督机制三个方面。在动员机制上,哈特(Hart,2010:353-360)认为,网络公益慈善的发起主体应让公众了解它们的活动意图及活动进展,通过网络去主动寻找与培养捐赠者。在公信力上,慈善组织的合法性、捐赠者对其信任度以及组织的运作效率是公众考虑捐赠行为的主要影响因素(Frumkin & Kim,2001:266-275)。许(音)(Xu,2021:1-5)认为,微公益的公信力受到现有政策法规、具体项目和平台的影响和制约,同时,公众的信任也并非纯理性的行为。在监督机制方面,需要从行政管理、司法制约、舆论监督及平台自律等方面加强对网络微公益的监管(孟兆平,2015:29—31)。由此看来,动员机制、公信力及监督机制三要素在网络微公益良性运转中起着重要作用。与此同时,这三要素均蕴含于帕特南的社会资本理论中(帕特南,2001:195)。因此,对于此类要素的深入研究具有一定的必要性。

综上所述,目前的研究虽然对捐赠行为的影响因素进行了探索,也开始探讨社会资本对传统公益的影响,但关于社会资本对网络微公益领域捐赠行为的影响还有待深入挖掘。此外,社会资本有线上和线下之别,它们对网络微公益捐赠行为的影响是否有区别？基于此,本研究将基于帕特南的社会资本理论,深入探究网络微公益领域中捐赠行为的影响因素。

二、 文献回顾与研究假设

(一) 社会资本的定义

首先对"社会资本"进行系统定义的是法国社会学家皮埃尔·布迪厄。他认为:"社会资本是实际的或潜在的资源集合体,那些资源是同对某种持久性的网络的占有密不可分的。"(Bourdieu,1986:241-258)布迪厄将社会资本与社会关系网络联系起来,将资本划分为经济资本、社会资本与文化资本三部分。科尔曼进一步扩展了社会资本概念,他从功能方面来定义社会资本:"社会资本不是一个单一实体,而是由一系列拥有两个共同要素的不同实体构成,这些要素均由社会结构的一些方面构成,而且它们促进了参与者的某些行动。"(Coleman,1990:263)美国政治学家、社会学家帕特南将社会资本全面引入经济学、政治学领域,并将其界定为"社会关系网络(即社会上个人之间的相互联系)和由此产生的互惠互利和互相信赖的规范"。后续帕特南对社会资本的广泛定义进一步总结,认为社会资本是以信任为核心,包括公民参与的网络及互惠规范在内的同一种资源集合体(帕特南,2001:195)。在此基础上,学者们对社会资本进行了更具体的分析层次划分,可分为关注个体社会网络资源的微观层次、关注网络结构形成及资源网络分配的中观层次,以及关注社会资本如何嵌入较大政治经济系统或文化与规范系统的宏观层次(张文宏,2003:23—24)。由于社会资本概念的多样化,本研究针对捐赠方的社会资本,不管是线上还是线下社会资本,均采用帕特南的观点,即认为社会资本是一种资源集合体,包括网络、参与、信任、规范及互惠五个关键要素。

(二)社会资本对网络微公益捐赠行为的影响

帕特南(Putnam,1994:195)认为,社交网络与慈善行为之间存在因果关系,即社交网络提供了参与行善(包括捐赠)的机会,从而鼓励个人关心他人的福利。胡荣、沈珊(2013:60—75)从网络规模、社会信任与社团参与维度分析了社会资本对农村居民捐赠行为的影响,发现社会网络规模和社会普遍信任对捐赠行为具有显著积极影响。南方、罗微(2013:121—128)发现,社会关系网络对于人们捐款行为有正向作用,即广泛参与社会活动、社会关系更多的居民,其捐款优势更明显。还有研究将个体的社会网络和基于信任的规范作为社会资本的测量指标后发现,无论是出于宗教还是非宗教原因的捐款,广泛参与社会活动、社会关系更多以及更加信任别人的人,捐款金额越多(Brown & Ferris,2007:85-99;Wang & Graddy,2008:23-42)。无论线上还是线下,我们猜测这些发现同样适用于网络微公益捐赠,于是提出以下研究假设:

假设1:社会网络规模越大,网络微公益的捐赠行为越活跃。

假设1.1:线下社会网络规模越大,网络微公益的捐赠行为越活跃。

假设1.2:线上社会网络规模越大,网络微公益的捐赠行为越活跃。

在社会参与方面,帕特南(Putnam,2000:65-78)在《独自打保龄——美国社区的衰落与复兴》一书的实证研究中,将社会参与细分为广泛的、频繁的、正式的与非正式的社会参与和社会交往形式,如政治参与、公民参与、宗教参与、工作联系、社会联系、志愿与慈善活动等,以及这些群际接触产生的社会文化性影响。胡荣、沈珊(2013:60—75)也分析了社团参与对农村居民捐赠行为的积极影响。实证研究显示,在线活动也会对线下公共参与和政治参与产生积极影响。例如,互联网在线业主论坛有助于促进居民的线下参与,因为虚拟与现实的结合强化了集体认同感,更可能促使居民集体参与公共事务(黄荣贵、桂勇,2009:29—56)。基于此,我们推断,不管线上还是线下,更多的社会参与都能够推动人们的网络微公益捐赠行为,故提出以下研究假设:

假设2:社会参与越多,网络微公益的捐赠行为越活跃。

假设2.1:线下社会参与越多,网络微公益的捐赠行为越活跃。

假设2.2:线上社会参与越多,网络微公益的捐赠行为越活跃。

信任是社会资本的核心,而社会信任能够通过互惠、规范和稠密的参与网络产生,它们之间存在着强相关关系,这对自愿合作的形成以及集体行动困境的解决都是必不可少的(Putnam,1994:200)。有学者通过实证调查指出,社会网络中的证实人除了提供捐款外,还起到了传递信息的认证作用。由于证实人的信任背书,捐赠者会更加相信病患家庭(王正位、王新程,2021:34—50),且捐赠者会根据筹资方曾经捐助过的项目数量多少为标准,确定自身对筹资方的认同、信任与否。筹资方曾经捐助过的项目数量越多,越能增强潜在捐赠者对项目的认同与信任,也越能吸引更多潜在的捐赠者,产生捐助行为的概率也越大(赵培、巴志超、赵宇翔,2021:97—108)。由于近年互联网的高速发展,网络空间中也衍生出了人际信任。有研究发现,网络社区用户的网络人际信任可以有效预测信息无偿分享行为,而这种无偿的信息分享行为最终可以有效促进网络社区的发展(Wu, Chen & Chung,2010:1025-1032)。此外,社交媒体策略和可参与性能够通过认知信任激发个人公益浏览行为,而公益项目的特征属性和社交媒体策略可以通过情感信任促进个人公益贡献行为,认知信任是基于能力、公正、可靠的理性判断,情感信任是存在长期关系后情感的依恋和投入,并且个人公益参与者的认知信任又可以影响其情感信任,以进一步促进个人捐赠行为(钱玲、杜兰英、侯俊东,2019:120—134)。基于上述文献回顾,我们提出以下研究假设:

假设3:社会信任越高,网络微公益的捐赠行为越活跃。

假设3.1:线下社会信任越高,网络微公益的捐赠行为越活跃。

假设3.2:线上社会信任越高,网络微公益的捐赠行为越活跃。

规范是社会资本的重要组成要素,可以理解为"自治过程中产生并执行的正式与非正式规范与制度"(Putnam,1994)。社会规范是指社会设定一系列的规范和期望,调节和指导人们的言行,加强整个社会之间的密切联系,促进社会的协调(董鸿扬,1988:105—109)。规范反映出社会网络一致性的程度,是集体合作的基础。例如,宗教人士被期望遵循社会规范和对人类基本利益的信仰,所以他们在捐赠时要遵循团队标准面对高水平的社会压力,这促使他们经常向慈善事业捐款(Neumayr & Handy,2017:783‐799)。同样地,我们推测行为规范对于网络微公益捐赠有影响,提出以下研究假设:

假设4:个体行为越规范,网络微公益的捐赠行为越活跃。

假设4.1:个体线下行为越规范,网络微公益的捐赠行为越活跃。

假设4.2:个体线上行为越规范,网络微公益的捐赠行为越活跃。

互惠分为两种情形:一种是持有等价物的人们进行互相交换,称为"平衡的互惠";另一种是人们之间的交换一直在展开,但在一定的时间内是没有报酬或者是不均衡的(Marsden & Friedkin,1993:127‐151;Putnam,1994:202),它使人们产生共同的期望,现在己予人,将来人予己,这种互惠称为"普遍化的互惠"(Brown & Ferris,2007:85‐99;Wu et al.,2018:1201‐1222)。有学者研究发现,互惠规范正向影响个人慈善行为。个人越积极参与本地事务的讨论,其从事慈善行为的可能性就越大(胡涤非、陈思茵,2019:101—109)。基于此,我们推断互惠对于网络微公益捐赠是有帮助的,并提出以下研究假设:

假设5:互惠越多,网络微公益的捐赠行为越活跃。

假设5.1:线下互惠越多,网络微公益的捐赠行为越活跃。

假设5.2:线上互惠越多,网络微公益的捐赠行为越活跃。

（三）社会资本对网络微公益捐赠行为的影响机制

社会资本分为线上社会资本与线下社会资本，我国已有相关研究发现，线上资本和线下资本对捐赠行为都会产生一定的影响，且线上与线下资本有一定关联。首先，就线下资本而言，有研究表明社会资本各个维度——社会信任、社会网络等的丰富程度与捐赠倾向呈正相关（Wang & Graddy, 2008：23–42）。另外，也有研究者证实了社会关系网络、信任、共情和道德规范影响网络捐赠的意愿，个人的社会网络规模越大，参与社会组织的积极性越高，并且在网络上与他人的互动交流越频繁，进行慈善捐赠的意愿就越强烈（李银梅，2023：90—96）。其次，就线上资本而言，已有研究发现，从互联网使用中挖掘出的社交网络、社会资本等一系列资源会对慈善捐赠行为和捐赠金额产生影响（常进锋、章洵，2023：47—57）；王夫寿（2021：57—66）发现，在线桥连型社会资本和在线黏连型社会资本均对大学生捐款行为有显著正向影响。也有学者发现线上社会资本与网络行为的活跃度密切相关，如张璐与张鹏翼（2017：84—90）发现，线上结构性社会资本高的用户，其提问数量、专栏文章数量和关注人数较高，而线上认知性资本高的用户，其回答数量和专栏文章数量较高。最后，线下社会资本对线上社会资本也有一定影响。研究发现，微博用户的线下资本对线上资本有积极影响，线下桥接资本对线上纽带资本的影响较大（李新锐、崔莎，2014：40—47）。黄少华（2018：19—32）通过对天津、长沙、西安、兰州四城市的居民调查发现，集体社会资本中的现实社会信任对虚拟社会信任、网络政治行动有显著的正向影响，且线下社团参与度越高，参与网络政治行动的可能性也越大。还有学者发现，那些在现实生活中有更多、更高质量社交网络的个体，其从互联网的使用中能够获益更多（Kraut et al., 2002：49–74）。张璐与张鹏翼（2017：84—90）通过研究发现，部分线下社会资本（如毕业院校名誉度）与线上社会资本存在正向关联，部分线下认知性资本有助于线上社会资本的积累。线上社会资本与网络捐赠在网络属性上具有契合性，因此可能发挥直接作用，线下社会资本可

能发挥间接作用。换而言之,线下社会资本影响线上社会资本,进而影响网络微公益的捐赠行为。基于此,提出以下研究假设:

假设6:线下社会资本通过线上社会资本影响网络微公益的捐赠行为。

三、数据与变量测量

(一)数据样本与模型选择

本研究所使用的数据是课题组2022年8—10月通过问卷调查获得的。该调查采用了多阶段随机抽样方法:从深圳市9个行政区中的每区随机抽取2个街道,每个街道再随机抽取2个社区,共计36个社区。由于受疫情影响无法进行线下调查,课题组在后台设置了性别、年龄比例等条件,并在社区工作人员的帮助下,将问卷发放至所在社区的微信群中。每个社区最终完成了30—40份问卷,总共获得了1115份有效问卷。

在回归模型的选择上,针对是否参与网络微公益捐赠,我们采用二元逻辑斯蒂回归模型;针对网络微公益捐赠金额和频率,我们采用多元线性回归模型。另外,在中介效应分析上,我们通过依次检验回归系数的方式判断是否存在中介效应。检验策略如以下三个方程:

① $Y = cX + e_1$

② $M = aX + e_2$

③ $Y = c\hat{\ }X + bM + e_3$

其中X、Y分别为自变量和因变量,M为中介变量。判断方式为:若三个方程中,c、a、b都显著且$c\hat{\ }$小于c,则可判断存在部分中介效应,如果$c\hat{\ }$不显著,则可判断X对Y的影响存在完全中介效应;若在①中c显著,②中a或③中b有一个不显著,则需要通过Sobel或者Goodman中介检验进行效应判别(温忠麟、刘红云、侯杰泰,2012:71—81)。

(二) 变量测量

1. 因变量:网络微公益捐赠行为

网络微公益捐赠行为的活跃程度是本研究的因变量,本研究将其操作化为是否捐赠、捐赠频率及捐赠金额。经统计后发现:过去一年中,深圳居民参与网络微公益的比例为57.4%,未参与的比例为42.6%。捐赠频率1—3次的比例为75.8%,捐赠频率4—6次的比例为15.1%,捐赠频率10次及以上的比例为6.6%,捐赠7—9的频率比较少,为2.5%。捐赠金额0—100元的比例为50.7%,捐赠金额101—500元的比例为37.6%,捐赠金额501—1000元的比例为7.2%,捐赠金额1001—1500元或者1501元及以上的比例低,占比分别为1.4%和3.1%。详见表1。

表1 深圳居民网络微公益总体捐赠水平

	取值	频数	有效百分比(%)
是否捐赠	是	641	57.4
	否	475	42.6
	合计	1115	100.0
捐赠频次	1—3次	486	75.8
	4—6次	97	15.1
	7—9次	16	2.5
	10次及以上	42	6.6
	总计	641	100.0
捐赠金额	0—100元	325	50.7
	101—500元	241	37.6
	501—1000元	46	7.2
	1001—1500元	9	1.4
	1501元及以上	20	3.1
	总计	641	100.0

2. 自变量:社会资本

(1) 社会网络

本研究将社会网络分为线上社会网络与线下社会网络,根据被调查者平时的社交总量来测量,并将社会网络分为网络规模与网络资源总量。社会网络规模使用社交网络来测量,分别考察被调查者经常联系的网络人员以及办红白喜事的宴席桌数。我们将前者视为线上网络规模,选项有"0—5 人""6—10 人""11—15 人""16—20 人"及"21 人以上";将后者作为线下网络规模,选项设置为"0—10 桌""11—20 桌""21—30 桌""31—40 桌"及"10 桌以上"(1 桌≈10 人)。调查结果如表 2 所示,线上网络规模"21 人以上"规模占比最高,占调查总人数的 29.2%;"16—20"规模占比较低,占调查总人数的 9.5%。而线下网络规模占比最高为"0—10 桌",占调查总人数的 52.6%;"31—40 桌"及"40 桌以上"占比较少,仅分别占调查总人数的 3.9%和 2.7%。针对网络资源总量的测量,我们调查了受访者的亲戚、朋友、网友等所从事的职业,并基于此计算了其网络资源总量(尉建文、赵延东,2011:64—83),[①]其中线上、线下网络资源总量的最小值与最大值均为 0 和 677 分,前者均值为 77.7,后者均值为 70.0。

---

① 边燕杰与李煜(2001:1—18)为计算职业声望分数,通过调查让城市居民对职业评价分为"非常好"到"不好"五个等级,而"非常好"和"比较好"占所有选项的百分比即为该职业的声望分数。同时,尉建文与赵延东(2011:64—83)采用同样的测量方法,将"保姆/计时工、产业工人、饭店/餐馆服务员、营销人员、护士、司机、会计、民警、厨师炊事员、党政机关领导干部、企事业单位领导、行政办事人员、经济业务人员、科学研究人员、法律专业人员、工程技术人员、大学教师、中小学教师、医生"21 种职业所"拥有的权力/影响力"和"帮别人办事的能力"分为"很有权/能办事=5、比较有权/能办事=4、一般=3、权力较小/办事能力较差=2、几乎没有权力/很难帮别人办事=1"五个层次,让被调查者为每一个职业打分,最后根据每种职业得分合成职业权力分数。本文也借用了该种测量方式,测量了被调查者的网络资源总量。

表 2　深圳居民线上线下社会网络

	规模	取值	频数	有效百分比(%)
线上网络规模	0—5 人	1	243	21.8
	6—10 人	2	254	22.8
	11—15 人	3	186	16.7
	16—20 人	4	106	9.5
	21 人以上	5	326	29.2
	总计		1115	100.0
线下网络规模	0—10 桌	1	587	52.6
	11—20 桌	2	312	28.0
	21—30 桌	3	142	12.7
	31—40 桌	4	44	3.9
	40 桌以上	5	30	2.7
	总计		1115	100.0
		最小值	最大值	均值
线上网络资源总量		0	677	77.7
线下网络资源总量		0	677	70.0

(2) 社会参与

社会参与是衡量社会资本程度的重要指标。在本研究中,从线上社会参与和线下社会参与两个维度测量。线下社会参与主要考察居民参与各种社会组织的情况,要求被调查者回答 7 个项目(见表 3)。同时,运用主成分法对这 7 个项目进行因子分析,这 7 个项目的 KMO 值为 0.872,经最大方差法旋转,提取了 1 个因子——线下社会参与因子。为了在回归模型中更为清楚地分析各个自变量对因变量的影响,运用公式[1]把线下社会参与因子转换为 1—100 之间的指数。计算发现,线下社会参与因子的均值 34.612,说明深圳居民过去一年线下社会参与水平较低。

---

[1] 转换公式是:转换后的因子值=(因子值+B) * A。其中,A = 99/(因子最大值-因子最小值),B =(1/A)-因子最小值。

线上社会参与考察居民使用线上社交媒体与人交往的情况,采用量表测量(见表3),并将答案分为"完全不符合""比较不符合""比较符合"和"完全符合"4个等级,分别赋分1—4。我们运用主成分法对这6个调查项目进行因子分析,这6个项目的KMO值为0.797,经最大方差法旋转,提取了1个因子——线上社会参与因子。同样运用公式把线上社会参与因子值转换为1—100之间的指数,得到线上社会参与因子的均值50.513,要高于线下社会参与水平。

(3) 社会信任

信任是社会资本的核心组成部分。本研究同样将信任分为线上信任与线下信任两个维度进行调查。线下信任考察被调查者对于"家庭成员、亲戚、朋友、老乡、邻居、同小区人员、居委会人员、社会上大多数人"的信任程度,将答案分为"很不信任""较不信任""一般""较信任""非常信任",分别赋分1—5。我们对这8道题进行因子分析,KMO值为0.873,经最大方差法旋转,提取了2个因子——普遍信任因子、特殊信任因子,也运用公式把它们转换为1—100之间的指数。得到普遍信任、特殊信任因子的均值分别是48.580、60.612,可见特殊信任要高于普遍信任,与以往研究结论相一致。

对线上信任的考察,使用网络人际空间信任量表测量(见表3),将答案分为"非常不同意""不同意""不确定""同意""非常同意"五个选项,分别赋分1—5。我们对这7道题进行因子分析,发现"在网上如果不保持警惕,别人就可能占你的便宜"及"在网上,我的网友行为变化莫测,让人不易捉摸,我有时无法确定他(她)将如何行事"题项的共量值小于0.3,因此将其删除,剩下5项KMO值为0.769,经最大方差法旋转,提取了1个因子——线上社会信任因子,也运用公式把它们转换为1—100之间的指数,可得线上社会信任因子的均值是45.852,要低于线下社会信任的两个维度。由此可见,总体而言,深圳居民线下信任水平要高于线上信任水平。

(4) 规范

规范同样是社会资本的重要衡量指标,本研究将规范分为线下规范与线上规范两个维度来测量。线下社会规范的测量分为两个题项,分别考察在现实生活中是否诚实守信与遵纪守法,答案分为"非常不同意""不同意""不确定""同意""非常同意"五个选项,分别赋分 1—5。我们运用主成分法对这两个调查项目进行因子分析,这两个项目的 KMO 值为 0.500,经最大方差法旋转,提取了 1 个因子——线下规范因子。同样运用公式把线下规范因子值转换为 1—100 之间的指数,可知线下社会规范因子的均值是 79.614,可见深圳居民线下社会规范程度比较高。

线上规范分为三个题项(见表 3),答案分为"非常不同意""不同意""不确定""同意""非常同意"五个选项,分别赋分 1—5。我们将这三道题进行因子分析,发现"您会传播没有官方证实的不确定的消息"题项的共量值小于 0.3,因此将其删除,剩下两项 KMO 值为 0.500,经最大方差法旋转,提取了 1 个因子——线上规范因子,运用公式把它转换为 1—100 之间的指数,发现线上社会规范因子的均值是 78.990,与线下社会规范水平差不多,都处于比较高的水平。

(5) 互惠

社会资本的最后一个重要维度是互惠,同样分为线上互惠与线下互惠两个方面测量。线下互惠通过两个题项测量(见表 3),答案分为"非常不同意""不同意""不确定""同意""非常同意"五个选项,分别赋分 1—5。我们将这两道题进行因子分析,发现其 KMO 值为 0.500,经最大方差法旋转,提取了 1 个因子——线下互惠因子,运用公式把它转换为 1—100 之间的指数,可得线下互惠因子的均值是 67.839,处于中等水平。

线上互惠通过两个题项测量(见表 3),答案分为"非常不同意""不同意""不确定""同意""非常同意"五个选项,分别赋分 1—5。我们将这两道题进行因子分析,发现其 KMO 值为 0.500,经最大方差法旋转,提取了 1 个因子——线上互惠因子,运用公式把它转换为 1—100 之间的指数,得到线上互惠因子的均值是 58.512,要低于线下互惠水平。

表3 社会参与、社会信任、规范、互惠因子分析

变量名称	因子名称	题项	因子负载	共量	特征值	平均方差(%)
社会参与	线下社会参与	您是否经常参与同乡聚会	0.720	0.518	3.489	49.849
		您是否经常参与校友聚会	0.770	0.592		
		您是否经常参与兴趣爱好小组的活动	0.748	0.559		
		您是否经常参与行业协会活动	0.783	0.614		
		您是否经常参与小区居委会召开的活动	0.683	0.466		
		您是否经常参与单位组织的集体活动(如聚餐或旅游)	0.642	0.413		
		您是否经常参与寺庙或教会的活动	0.573	0.328		
	线上社会参与	我喜欢使用网络社交媒体与朋友聊天	0.76	0.578	2.604	52.078
		我加入很多线上群体或组织(例如,粉丝群,羽毛球球友会等)	0.647	0.418		
		我经常浏览微博、说说、朋友圈,了解朋友动态	0.782	0.611		
		得知朋友遇到困难,我会第一时间通过网络社交媒体嘘寒问暖	0.742	0.551		
		当我心情不好时,会通过发布微博、朋友圈、说说等多种方式宣泄个人情绪	0.668	0.446		

续表

变量名称	因子名称		题项	因子负载	共量	特征值	平均方差(%)
社会信任	线下社会信任	特殊信任	家庭成员	0.854	0.734	2.004	25.056
			亲戚	0.768	0.672		
			朋友	0.710	0.640		
			老乡	0.772	0.666		
			邻居	0.844	0.742		
		普遍信任	同小区人员	0.859	0.760	3.413	42.659
			居委会人员	0.718	0.576		
	线上社会信任		我相信大多数网友提供的资料是真实的	0.760	0.578	2.688	53.767
			与网友在网上交流一段时间后,我会觉得他(她)是一个值得信任的人	0.815	0.665		
			在网上我提供的个人资料是真实的	0.646	0.417		
			在网上的人际交往中,人们基本上是讲信用的	0.734	0.539		
			我能够向网友吐露心中的秘密,而且我知道他(她)愿意听	0.700	0.489		

续表

变量名称	因子名称	题项	因子负载	共量	特征值	平均方差(%)
规范	线下社会规范	在现实生活中,我诚实守信	0.76	0.578	1.827	91.357
		在现实生活中,我遵纪守法	0.815	0.665		
	线上社会规范	我认为遵守网络道德和行为规范非常重要	0.961	0.924	1.847	92.354
		我在网络上发表自己看法时,会有意识地注意文明用语	0.961	0.924		
互惠	线下互惠	当我有需要时,邻居们、朋友们等都很乐意帮忙	0.909	0.827	1.654	82.704
		当邻居们、朋友们有需要时,我都很乐意帮忙	0.909	0.827		
	线上互惠	当我有需要时,网络社交媒体好友等都很乐意帮忙	0.900	0.810	1.621	81.041
		当网络社交媒体好友们有需要时,我都很乐意帮忙	0.900	0.810		

3. 控制变量

参考以往研究,我们将户籍、性别、年龄、教育程度、年收入、婚姻状态、宗教信仰、政治面貌等作为控制变量。各控制变量的描述性统计结果如表4所示。

表4 各控制变量的描述性统计情况

	样本量	最小值	最大值	均值	标准差
性别	1115	0	1	0.479	0.500
青年	1115	0	1	0.438	0.496
中年	1115	0	1	0.336	0.473
老年	1115	0	1	0.226	0.418
是否非农	1115	0	1	0.709	0.455
未婚	1115	0	1	0.338	0.473
在婚	1115	0	1	0.597	0.491
离异	1115	0	1	0.047	0.211
丧偶	1115	0	1	0.018	0.133
有无宗教信仰	1115	0	1	0.119	0.324
是否党员	1115	0	1	0.172	0.378
学历	1115	1	6	3.960	1.225
月平均收入	1115	1	6	2.070	1.214
自评社会经济地位	1115	1	5	2.050	0.948
是否受到过捐赠	1115	0	1	0.109	0.311

四、社会资本对网络微公益捐赠行为的影响

(一) 社会资本对是否参与网络微公益捐赠的影响

在捐赠行为的二元逻辑斯蒂回归分析中,本研究考察了人口学变量、社会资本对于是否参与网络微公益捐赠行为的影响。表5共包含4个logit模型,模型1考察控制变量对捐赠行为的影响;模型2、模型3在控制变量的基础上,分别加入线下社会资本变量、线上社会资本变量作为自变量;模型4同时加入线上及线下社会资本。经共线性诊断得到,各项的VIF值均

在1—5之间,不存在共线性问题。

控制变量方面,年龄、户籍情况、婚姻状况、学历、月收入水平及是否受到过捐赠对于捐赠行为均有显著影响,其余变量没有统计学上的显著差异。具体来看,和老年人相比,青年人捐赠参与的优势比高126.6%($e^{0.818}-1$),中年人捐赠参与的优势比高41.62%($e^{0.348}-1$);相比农业户籍,非农户籍的居民捐赠参与优势比要低25.1%($1-e^{-0.289}$);相比于在婚状态,未婚人士参与捐赠的优势比低22.66%($1-e^{-0.527}$),离异人士参与捐赠的优势比低64.9%($1-e^{-1.047}$);学历每提升一个等级,捐赠参与的优势比提升43.19%($e^{0.359}-1$);月收入每提升一个等级,捐赠参与的优势比降低15.38%($1-e^{-0.167}$);受到过捐赠的人比未受过捐赠的人捐赠参与的优势比高62.26%($e^{0.484}-1$)。

当然,我们更关心社会资本对是否参与网络微公益捐赠的影响。从社会资本各影响因子来看,特殊信任、线下规范、线上网络规模、线上网络资源总量、线上规范、线上互惠等因子对于捐赠行为有显著作用,但作用方向有所不同,特殊信任对于网络微公益捐赠参与具有负向作用,线下规范、线上网络规模、线上网络资源总量、线上规范、线上互惠等则为正向作用。具体影响表现在,特殊信任因子每提升一分,参与捐赠的优势比降低1.59%($1-e^{-0.016}$);线下规范因子每提升一分,参与捐赠的优势比提升0.8%($e^{0.008}-1$);线上网络规模每提高一个水平,参与捐赠的优势比提升10.63%($e^{0.101}-1$);线上网络资源总量每增加一分,参与捐赠的优势比提升0.1%($e^{0.001}-1$);线上规范因子每提升一分,参与捐赠的优势比提升1.21%($e^{0.012}-1$);线上互惠因子每提升一分,参与捐赠的优势比提升0.9%($e^{0.009}-1$)。

可以看出,对于是否参与网络微公益的社会资本影响因素有线下与线上之别。在线下社会资本方面,特殊信任发挥负向作用,线下规范则有正向促进作用,假设4.1得证,但假设3.1并没有得证。一方面,特殊信任体现了当前居民中"差序格局"表现依旧存在,即按照不同的对象会给予不同程度的信任,也说明信任是有边界的。另一方面,线下规范则体现出了居民在网络微公益捐赠上面的一种道德义务,而道德义务能够对网络慈善捐赠形成显著的正向影响(张潮、邓子园、李广涵,2021:79—99)。在线上社会资本方面,线上网络规模、线上网络资源、线上规范、线上互惠对于是否参与网络微公益捐赠均具有显著的正向促进作用,即假设1.2、4.2及5.2

得证。这是由于具有社会濡染和同群效应的互联网(陈云松,2013:118—143)是四种线上社会资本的载体,其使用对居民慈善捐赠会有正向影响(高翔、王三秀,2021:93—105)。

此外,我们还关心加入线上社会资本之后,线下社会资本对是否参与网络微公益捐赠的影响的变化情况。从表5模型4可以看到,加入线上社会资本变量后,线下规范因子的影响变得不再显著。因此,我们推测线下规范可能是通过线上社会资本的某个维度(如线上网络规模,线上网络资源总量,线上互惠因子)影响了网络微公益的捐赠参与。当然,这一结论有待后文进一步验证。

表5 社会资本对是否参与网络微公益捐赠的影响

变量	模型1	模型2	模型3	模型4
	是否捐赠	是否捐赠	是否捐赠	是否捐赠
性别[a]	-0.118 (0.130)	-0.060 (0.135)	-0.055 (0.134)	-0.056 (0.137)
年龄分组[b]				
青年	0.818*** (0.204)	0.876*** (0.212)	0.890*** (0.212)	0.908*** (0.217)
中年	0.348* (0.181)	0.334* (0.187)	0.354* (0.186)	0.299 (0.191)
是否非农[c]	-0.289* (0.149)	-0.293* (0.154)	-0.276* (0.153)	-0.308** (0.155)
婚姻状况[d]				
未婚	-0.527*** (0.171)	-0.436** (0.176)	-0.498*** (0.176)	-0.475*** (0.180)
离异	-1.047*** (0.339)	-0.771** (0.351)	-0.894** (0.349)	-0.807** (0.356)
丧偶	-0.878 (0.545)	-0.801 (0.547)	-0.942* (0.550)	-0.834 (0.553)
有无宗教信仰[e]	0.331 (0.204)	0.326 (0.209)	0.361* (0.210)	0.378* (0.212)
是否党员[f]	0.099 (0.180)	0.129 (0.185)	0.014 (0.185)	0.033 (0.188)
学历	0.359*** (0.063)	0.272*** (0.067)	0.266*** (0.066)	0.245*** (0.068)

续表

变量	模型 1 是否捐赠	模型 2 是否捐赠	模型 3 是否捐赠	模型 4 是否捐赠
月收入水平	-0.167*** (0.064)	-0.143** (0.067)	-0.159** (0.067)	-0.146** (0.068)
自评社会经济地位	-0.084 (0.080)	-0.068 (0.084)	-0.083 (0.083)	-0.053 (0.085)
是否受到捐赠ᵍ	0.484** (0.217)	0.505** (0.223)	0.494** (0.222)	0.514** (0.226)
线下网络规模		-0.032 (0.075)		-0.060 (0.077)
线下网络资源总量		0.000 (0.001)		-0.001 (0.001)
线下社会参与		0.002 (0.004)		-0.000 (0.004)
普遍信任		0.006 (0.004)		0.007 (0.005)
特殊信任		-0.016*** (0.004)		-0.016*** (0.005)
线下规范因子		0.008** (0.004)		0.003 (0.006)
线下互惠因子		0.003 (0.004)		-0.005 (0.005)
线上网络规模			0.101** (0.046)	0.107** (0.047)
线上网络资源总量			0.001* (0.001)	0.002** (0.001)
线上社会参与因子			0.004 (0.004)	0.003 (0.004)
线上社会信任因子			-0.003 (0.004)	-0.005 (0.005)
线上规范因子			0.012*** (0.003)	0.007 (0.006)
线上互惠因子			0.009** (0.004)	0.010** (0.005)

续表

变量	模型1 是否捐赠	模型2 是否捐赠	模型3 是否捐赠	模型4 是否捐赠
常数	-0.663** (0.275)	-2.643*** (0.471)	-2.361*** (0.417)	-2.935*** (0.490)
样本量	1115	1115	1115	1115
LR chi^2	119.240***	165.150***	166.510***	184.230***
Pseudo R^2	0.078	0.109	0.109	0.121

注：*** $p<0.01$，** $p<0.05$，* $p<0.1$。表中数据为非标准化回归系数，括号内为标准误。参考类别：a"女性"，b"老年"，c"农村"，d"在婚"，e"无"，f"否"，g"否"。

（二）社会资本对网络微公益捐赠金额和频率的影响

接着来看社会资本对网络微公益捐赠金额及捐赠频率的影响。同样地，经共线性诊断得到，各项的VIF值均在1—5之间，不存在共线性问题，回归结果如表6所示。从表中可知，性别、年龄、婚姻状况、政治面貌、月收入水平及自评社会经济地位对于捐赠金额及捐赠频率影响显著，其余变量影响均不显著。具体而言，和女性相比，男性捐赠金额低0.135个水平，捐赠频率低0.187个水平；和老年人相比，青年人捐赠金额低0.288个水平，中年人捐赠金额低0.18个水平；和在婚者相比，离异者的捐赠频率高0.864个水平，丧偶者的捐赠金额高0.791个水平；党员比非党员的捐赠金额高0.236个水平；月收入水平对于捐赠金额及捐赠频率影响显著，每提升一个水平，捐赠金额提升0.216个水平，捐赠频率提升0.113个水平；自评社会经济地位每提升一个层次，捐赠金额提升0.083个水平。

从社会资本影响因子方面看，线下网络规模因子、线下网络资源总量、线下社会参与、特殊信任、线上网络规模、线上网络资源总量、线上互惠对于捐赠金额及捐赠频率有重要影响，其余变量的影响没有统计上的显著差异。具体影响表现在，线下网络规模每提升一个层次，捐赠金额提升0.107个水平，捐赠频率提升0.077个水平；线下网络资源总量每增加一分，捐赠金额提高0.001个水平；线下社会参与因子每提升一分，捐赠金额提高0.004个水平，捐赠频率提高0.005个水平；特殊信任因子每提升一分，捐赠金额及捐赠频率都降低 0.004 个水平;线上网络规模每提升一个层次,捐赠金额及捐赠频率都提高 0.052 个水平;线上网络资源每增加一分,捐赠金额提高 0.001 个水平;线上互惠因子每提升一分,捐赠频率提升 0.003 个水平。可见,线下网络规模、线下网络资源总量、线下社会参与、线上网络规模、线上网络资源总量对于捐赠金额都呈现显著的正向作用;线下网络规模、线下社会参与、线上网络规模、线上互惠对于捐赠频率也呈现显著的正向作用。以上结论基本与假设保持一致。然而,特殊信任对网络微公益的捐赠频率、捐赠金额也都呈现负向作用,这与我们的假设相悖,后文讨论中将给予阐述。

同样地,我们还关心加入线上社会资本之后,线下社会资本对网络微公益捐赠金额、捐赠频率影响的变化情况。如表 6 模型 8、模型 12 所示,在捐赠金额上,线下网络规模的系数变小了,显著性也变弱了;线下网络资源总量、线下社会参与均由显著变得不再显著了。因此推测,线下网络规模、线下网络资源总量、线下社会参与对网络微公益捐赠金额的影响,可能通过线上社会资本(如线上网络规模)发挥中介效应。在捐赠频率上,线下网络规模、线下社会参与的系数变小了,线下网络规模、线下社会参与的显著性也减弱了,因此猜测它们通过影响线上社会资本(如线上网络规模)进而影响网络微公益的捐赠频率。当然,这一结论有待后文进一步验证。

五、从线下到线上：社会资本影响网络微公益捐赠行为的机制分析

根据前文的理论假设,我们猜测线下社会资本是通过线上社会资本,进而影响网络微公益的捐赠行为。前面的回归分析也确实发现,加入线上社会资本各维度后,线下社会资本一些维度对网络微公益捐赠行为的影响,要么系数变小,要么显著性减弱或者消失。为了进一步验证线上社会资本是否为线下社会资本与网络微公益捐赠行为的中介因素,我们做了线

表 6 社会资本对网络微公益捐赠金额和频率的影响

变量	模型 5 捐赠金额	模型 6 捐赠金额	模型 7 捐赠金额	模型 8 捐赠金额	模型 9 捐赠频率	模型 10 捐赠频率	模型 11 捐赠频率	模型 12 捐赠频率
性别[a]	-0.135** (0.068)	-0.145** (0.068)	-0.131* (0.068)	-0.142** (0.069)	-0.187*** (0.069)	-0.192*** (0.069)	-0.185*** (0.069)	-0.195*** (0.070)
年龄分组[b]								
青年	-0.288** (0.112)	-0.251** (0.111)	-0.288** (0.112)	-0.261** (0.113)	-0.134 (0.113)	-0.090 (0.113)	-0.127 (0.114)	-0.103 (0.115)
中年	-0.180* (0.105)	-0.108 (0.105)	-0.180* (0.105)	-0.124 (0.107)	-0.121 (0.106)	-0.065 (0.107)	-0.111 (0.107)	-0.077 (0.109)
是否非农[c]	-0.025 (0.075)	-0.003 (0.075)	-0.017 (0.075)	-0.001 (0.075)	-0.022 (0.076)	0.006 (0.076)	-0.015 (0.076)	0.006 (0.077)
婚姻状况[d]								
未婚	-0.063 (0.085)	-0.072 (0.085)	-0.079 (0.085)	-0.074 (0.087)	-0.013 (0.086)	-0.015 (0.086)	-0.011 (0.087)	0.002 (0.088)
离异	0.206 (0.230)	0.169 (0.227)	0.154 (0.228)	0.129 (0.228)	0.864*** (0.232)	0.832*** (0.232)	0.816*** (0.232)	0.787*** (0.232)
丧偶	0.791** (0.386)	0.825** (0.381)	0.732* (0.382)	0.771** (0.383)	0.459 (0.390)	0.504 (0.388)	0.394 (0.388)	0.447 (0.390)
宗教信仰[e]	0.016 (0.099)	-0.002 (0.098)	0.020 (0.098)	0.006 (0.099)	0.122 (0.100)	0.103 (0.100)	0.128 (0.100)	0.109 (0.101)
是否党员[f]	0.236*** (0.091)	0.182** (0.092)	0.198** (0.091)	0.180* (0.092)	-0.034 (0.092)	-0.077 (0.093)	-0.054 (0.092)	-0.081 (0.094)

续表

变量	模型 5 捐赠金额	模型 6 捐赠金额	模型 7 捐赠金额	模型 8 捐赠金额	模型 9 捐赠频率	模型 10 捐赠频率	模型 11 捐赠频率	模型 12 捐赠频率
学历	0.007 (0.037)	0.001 (0.037)	-0.013 (0.037)	-0.008 (0.037)	-0.035 (0.038)	-0.043 (0.038)	-0.055 (0.038)	-0.048 (0.038)
月收入水平	0.216*** (0.037)	0.195*** (0.036)	0.197*** (0.036)	0.191*** (0.036)	0.113*** (0.037)	0.101*** (0.037)	0.102*** (0.037)	0.097*** (0.037)
自评社会经济地位	0.083* (0.043)	0.050 (0.043)	0.077* (0.044)	0.053 (0.044)	0.002 (0.044)	-0.030 (0.044)	-0.006 (0.044)	-0.028 (0.045)
受到捐赠[a]	0.138 (0.103)	0.079 (0.102)	0.126 (0.102)	0.086 (0.103)	0.124 (0.104)	0.084 (0.104)	0.124 (0.103)	0.093 (0.105)
线下网络规模		0.107*** (0.036)		0.092** (0.036)		0.077** (0.036)		0.063* (0.037)
线下网络资源总量		0.001** (0.000)		0.001 (0.000)		0.000 (0.000)		0.000 (0.000)
线下社会参与		0.004** (0.002)		0.003 (0.002)		0.005** (0.002)		0.004** (0.002)
普遍信任		-0.001 (0.002)		-0.001 (0.002)		0.000 (0.002)		0.000 (0.003)
特殊信任		-0.004* (0.002)		-0.004* (0.002)		-0.004* (0.002)		-0.004* (0.002)
线下规范因子		0.001 (0.002)		0.003 (0.003)		0.003 (0.002)		0.003 (0.003)
线下互惠因子		-0.000 (0.002)		0.000 (0.003)		-0.001 (0.002)		0.001 (0.003)

续表

变量	模型 5 捐赠金额	模型 6 捐赠金额	模型 7 捐赠金额	模型 8 捐赠金额	模型 9 捐赠频率	模型 10 捐赠频率	模型 11 捐赠频率	模型 12 捐赠频率
线上网络规模	1.300*** (0.165)		0.052** (0.023)	0.040* (0.023)			0.052** (0.023)	0.041* (0.023)
线上网络资源总量			0.001** (0.000)	0.000 (0.000)			0.000 (0.000)	0.000 (0.000)
线上社会参与因子			0.003 (0.002)	0.001 (0.002)			0.001 (0.002)	-0.000 (0.002)
线上社会信任因子			0.002 (0.002)	0.001 (0.002)			0.004 (0.002)	0.003 (0.002)
线上规范因子			-0.002 (0.002)	-0.004 (0.003)			0.001 (0.002)	-0.001 (0.003)
线上互惠因子			-0.002 (0.002)	-0.001 (0.002)			0.003* (0.002)	0.004 (0.002)
常数		1.268*** (0.252)	1.268*** (0.230)	1.279*** (0.256)	2.448*** (0.167)	2.251*** (0.256)	2.257*** (0.233)	2.258*** (0.261)
样本量	641	641	641	641	641	641	641	641
F	9.694***	8.147***	7.961***	6.537***	3.571***	3.388***	3.252***	2.856***
R^2	0.167	0.208	0.196	0.217	0.069	0.099	0.091	0.108

注：*** $p<0.01$，** $p<0.05$，* $p<0.1$；表中数据为非标准化回归系数，括号内为标准误差；a"女性"，b"老年"，c"农村"，d"在婚"，e"无"，f"否"，g"否"。

下社会资本对线上社会资本的回归分析(表7)。我们重点关注线下社会资本对线上社会资本影响的显著性情况。从模型13可以看出,线下社会资本,尤其是线下网络规模、线下网络资源总量、线下社会参与、线下互惠对线上网络规模有显著的正向作用;从模型14可以看出,线下网络资源总量、线下社会参与、线下规范对于线上网络资源总量呈显著的正向作用;从模型15可以看出,线下网络规模、线下社会参与、特殊信任、线下规范、线下互惠对于线上社会参与呈显著正向作用;从模型16可以看出,线下网络资源总量、线下社会参与、普遍信任、线下互惠、线下规范对于线上社会信任作用显著;从模型17可以看出,普通信任、特殊信任、线下规范、线下互惠对于线上规范的正向作用同样显著;在模型18中,线下互惠同样显著影响线上互惠。

  由表5、表6的回归分析发现,加入线上社会资本后,线下社会资本的一些维度对网络微公益捐赠的影响显著性减弱或者消失。具体而言,线下规范可能是通过线上社会资本的某个维度(如线上网络规模,线上网络资源总量,线上互惠因子)进而影响是否参与网络微公益;线下网络规模、线下网络资源总量、线下社会参与对网络微公益捐赠金额的影响可能通过线上网络规模发挥中介效应;线下网络规模、线下社会参与可能通过影响线上网络规模进而影响网络微公益的捐赠频率。从表7的结果可以看出,线下规范显著影响线上网络资源总量;线下网络规模、线下网络资源总量、线下社会参与显著影响线上网络规模。因此,假设6部分得证,详细的作用机制以及部分中介效应占比,如表8所示。在是否参与捐赠上,线下规范通过线上网络资源总量中介变量影响因变量;在捐赠金额上,线下网络规模、线下网络资源、线下社会参与都通过线上网络规模影响因变量;在捐赠频率上,线下网络规模、线下社会参与也是通过线上网络规模影响因变量。可以看出,线下社会资本(主要是社会网络、社会参与、规范3个维度)会通过线上社会资本(主要是网络维度)进而对网络微公益捐赠行为产生影响。

表 7 线下社会资本对线上社会资本的影响

变量	模型 13 线上网络规模	模型 14 线上网络资源总量	模型 15 线上社会参与	模型 16 线上社会信任	模型 17 线上规范	模型 18 线上互惠
性别[a]	0.025 (0.090)	-0.944 (4.594)	-2.001* (1.076)	0.748 (0.927)	-0.712 (0.710)	0.895 (0.944)
年龄分组[b]						
青年	0.059 (0.139)	-4.467 (7.108)	6.246*** (1.665)	-0.413 (1.435)	1.149 (1.099)	-4.343*** (1.460)
中年	0.127 (0.126)	9.644 (6.451)	4.049*** (1.511)	-2.192* (1.302)	1.067 (0.997)	-2.741** (1.325)
是否非农[c]	0.090 (0.101)	2.094 (5.158)	-0.357 (1.208)	-0.512 (1.041)	-0.839 (0.797)	0.838 (1.060)
婚姻状况[d]						
未婚	-0.154 (0.114)	0.380 (5.861)	5.074*** (1.373)	3.077*** (1.183)	0.633 (0.906)	3.687*** (1.204)
离异	0.256 (0.216)	2.385 (11.081)	4.280* (2.596)	3.698* (2.236)	-1.599 (1.713)	-0.498 (2.277)

续表

变量	模型 13 线上网络规模	模型 14 线上网络资源总量	模型 15 线上社会参与	模型 16 线上社会信任	模型 17 线上规范	模型 18 线上互惠
丧偶	−0.036 (0.336)	−0.049 (17.196)	8.270** (4.028)	4.842 (3.470)	0.920 (2.658)	1.519 (3.533)
宗教信仰 e	−0.152 (0.135)	−15.633** (6.928)	0.977 (1.623)	−1.832 (1.398)	0.926 (1.071)	−0.453 (1.423)
是否党员 f	0.262** (0.122)	18.215*** (6.247)	−0.661 (1.464)	−0.060 (1.261)	2.897*** (0.966)	0.819 (1.284)
学历	0.075* (0.044)	6.260*** (2.249)	1.466*** (0.527)	0.240 (0.454)	0.372 (0.348)	0.520 (0.462)
月收入水平	0.058 (0.044)	3.795* (2.247)	−1.324** (0.526)	0.470 (0.453)	0.060 (0.347)	−0.384 (0.462)
自评社会经济地位	−0.097* (0.055)	−6.201** (2.840)	1.253* (0.665)	0.688 (0.573)	−0.993** (0.439)	1.218** (0.583)
受到捐赠	−0.245* (0.142)	−0.453 (7.289)	−0.227 (1.707)	1.019 (1.471)	0.753 (1.126)	3.730** (1.497)
线下网络规模	0.219*** (0.049)	4.104 (2.517)	0.995* (0.590)	0.809 (0.508)	−0.492 (0.389)	−0.329 (0.517)
线下网络资源总量	0.002*** (0.000)	0.591*** (0.023)	0.008 (0.005)	−0.008* (0.005)	−0.005 (0.004)	−0.000 (0.005)

续表

变量	模型13 线上网络规模	模型14 线上网络资源总量	模型15 线上社会参与	模型16 线上社会信任	模型17 线上规范	模型18 线上互惠
线下社会参与	0.012*** (0.003)	0.273** (0.129)	0.316*** (0.030)	0.067** (0.026)	-0.005 (0.020)	0.041 (0.027)
普遍信任	-0.001 (0.003)	-0.096 (0.151)	0.047 (0.035)	0.275*** (0.030)	0.051** (0.023)	0.030 (0.031)
特殊信任	0.003 (0.003)	-0.054 (0.151)	0.067* (0.035)	0.014 (0.030)	0.059*** (0.023)	0.005 (0.031)
线下规范因子	-0.002 (0.003)	0.231* (0.129)	0.085*** (0.030)	0.109*** (0.026)	0.677*** (0.020)	0.020 (0.027)
线下互惠因子	0.006* (0.003)	0.203 (0.149)	0.141*** (0.035)	0.159*** (0.030)	0.243*** (0.023)	0.576*** (0.031)
常数	1.359*** (0.300)	-28.404* (15.372)	4.044 (3.601)	5.368* (3.102)	8.512*** (2.376)	11.492*** (3.158)
样本量	1115	1115	1115	1115	1115	1115
F	8.399***	47.380***	18.830***	15.160***	158.100***	33.580***
R^2	0.133	0.464	0.256	0.217	0.743	0.380

注：*** $p<0.01$，** $p<0.05$，* $p<0.1$；表中数据为非标准化回归系数，括号内为标准误差；a "女性"，b "老年"，c "农村"，d "在婚"，e "无"，f "否"，g "否"。

表 8　中介效应汇总

自变量	中介变量	因变量	中介效应	中介效应占比
线下规范因子	线上网络规模	网络微公益是否捐赠	不成立	
	线上网络资源总量		部分中介成立	5.78%
	线上互惠因子		不成立	
线下网络规模	线上网络规模	网络微公益捐赠金额	部分中介成立	8.19%
线下网络资源			部分中介成立	8.00%
线下社会参与			部分中介成立	12.00%
线下网络规模	线上网络规模	网络微公益捐赠频率	部分中介成立	11.66%
线下社会参与			部分中介成立	9.84%

六、讨论与结论

本文以社会资本理论为基础，从捐赠方视角，探讨社会资本对于网络微公益捐赠行为的影响及机制。具体而言，得出了以下几点结论。

（一）网络微公益捐赠参与比例过半，但捐赠金额较少

数据分析发现，深圳市近一年有 57.4% 的居民参加过网络微公益捐赠。捐赠人群中，捐赠频次 1—3 次占比最高，占捐赠总人数的 75.8%，而捐赠频次 6 次以上仅占 9.1%。捐赠金额方面，大部分人的捐赠金额区间为 0—100 元，占捐赠总人数的 50.7%，捐赠金额 500 元以上仅占捐赠总人数的 11.7%。值得深思的是，参与捐赠的居民总体捐赠金额及频率都偏低。原因可能有两个方面：一方面，王海燕等（2022）通过捐赠金额选项数量实验研究发现，捐赠金额选项的多样性会通过选择困难显著降低人们的捐赠意愿；另一方面，个体参与网络微公益的途径较为狭窄，大部分群体通过微信这种"大众化"的网络渠道参与其中，而这种"大众化"渠道多为"轻松筹""99 公益日"等提供传播，这种微

公益随着推荐次数的增多,在一定程度上会让个体产生"捐赠疲劳",进而影响捐赠频次以及数额。

(二) 网络微公益捐赠方社会资本各维度有显著差异

经调查数据分析,捐赠方的社会资本特征如下:网络规模方面,线下网络规模均值为1.76,线上网络规模均值为3.02;网络资源总量方面,线下网络资源总量为70.047,线上网络资源总量为77.679;社会参与方面,线下社会参与均值为34.612,线上社会参与因子均值为50.513;信任方面,线下信任又分为普遍信任与特殊信任,普遍信任均值为48.58,特殊信任均值为60.612,线上社会信任均值为45.852;规范方面,线下规范均值为79.614,线上规范均值为78.99;互惠方面,线下互惠均值为67.839,线上互惠均值为58.512。由此可见,社会资本各维度之间存在明显差异。线上网络规模与线上网络资源总量的上升,侧面反映出我国网民数量的上升趋势,而依托网络空间又可以实现强弱关系类型的转变(缪晓雷、杨珅、边燕杰,2023:91—111),表现为线下强关系因缺少线上交流开始降为弱关系,原有的线下弱关系由于线上共同爱好与认同感转变为强关系(田丰、李夏青,2021:28—37)。这种重塑能够进一步将网络关系转化为稳定的线下合作关系、信任关系等(缪晓雷、杨珅、边燕杰,2023:91—111),有利于提升捐赠方的社会资本质量。

(三) 社会资本对网络微公益捐赠行为的影响具有一定复杂性

前文发现,社会资本对网络微公益捐赠行为的影响具有一定复杂性:社会网络、社会参与、互惠、规范对捐赠行为具有积极效应,但特殊信任对捐赠行为具有一定负向作用。社会资本各维度对网络微公益的积极作用与假设一致,在此不再赘述。但特殊信任对网络微公益的捐赠行为具有一定的负向作用,值得深思。有学者对2013年中国城市公民慈善行为调查的部分数据进行了实证研究,发现陌生人信任水平与中国背景下的志愿服务和捐赠呈正相关,而熟人信任水平对志愿活动没有统计学意义上的显著影响。(Wu et al.,2018)。刘(音)等(Liu et al.,2021:1-16)通过抽样调查的方式研究两种类型的信任对公益慈善的影响,发现广义的信任有利于志愿活动的参与,而特殊信任则对志愿服务存在负向影响,证实了中国社会信任的二分性和分化结构。特殊信任构建的多元化导致特殊信任人群不太进行社会参与,说明信任是有边界的。特殊信任高的人,其有限的资源更多集中在群体内部,不太分配给群体外的陌生人,往往只对强关系群体保持关心,而对弱关系群体如社会上的多数人不够信任,自然对互联网上的人员信任有限,影响其网络捐赠参与行为。因此,降低特殊信任的负向作用,提高普遍信任的正向作用,有助于提升人们参与网络微公益行为的积极性。

(四)社会资本影响网络微公益捐赠的机制:从线下到线上

本研究发现,线下社会资本(主要是社会网络、社会参与、规范3个维度)会通过线上社会资本(主要是网络维度)进而对网络微公益捐赠行为产生影响。换而言之,线上社会资本是线下社会资本影响网络微公益捐赠的中介因素。有研究表明,线下社会资本在捐赠决策与捐赠金额方面起到了决定性作用(Meer,2001:926-941;南方、罗微,2013:121—128)。线下规范表现出了个体对于法律及道德的实际遵循,在捐赠型网络众筹中,当捐赠人调动道德认同时,疏远关系下捐赠人的捐赠金额会提升(张莹、周延风、高银彬,2020:49—57)。个体线下的网络规模、资源及社会参与能够在一定程度上反映出现实的人际关系,而这种现实的人际关系也会影响线上社会网络。李新锐与崔莎(2014:40—47)研究发现,可以以线下社会资本为自变量估测线上社会资本的水平。用户线上线下的社会资本水平又可以对其在线上社会的贡献有一定影响(张璐、张鹏翼,2017:84—90),网络微公益捐赠恰是线上行动的表现之一。

七、对策与建议

针对以上发现,为提高我国网络微公益发展水平,我们尝试从社会资本的各维度提出以下建议。

第一,在社会网络方面,应鼓励社会公众(潜在的捐赠方)通过各种方式拓展已有的强关系社会网络规模和增加社会网络资源总量,特别要利用好互联网渠道,强化已建立起的弱关系网络。在此基础上,还应鼓励社会公众通过个体网络及已拥有的社会网络资源总量向周边人积极转发筹款信息,以便于增加其他潜在捐赠人的捐赠行为,并由此扩大至弱关系社会网络,形成社会网络新节点,促成捐赠行为的发生(周俊、毕荟蓉,2020:60—67),进一步推动网络微公益的可持续性发展。另外,参加多样的社会团体,拓宽社会网络的规模,形成持续稳定的社会关系网络更利于参与捐赠行为(胡涤非、陈思茵,2019:101—109),且凭借互联网,线下潜在、隐藏的社会资本也会更容易以线上社会资本的形式呈现(葛红宁等,2016:454—463)。因此,积极培育民间组织与社会组织、壮大社会网络,不仅能够提高传统慈善活动的参与率,在互联网时代也能进一步推动网络微公益的发展。

第二,在社会参与方面,无论是线上社会参与还是线下社会参与,对于个体来讲,均可以看成社会网络的延伸,能够在参与过程中增加个体间的互助情节。首先,应鼓励社会公众参与到各类社会活动中,提高社会参与的积极性,如公益捐赠、志愿服务等,增加接触网络微公益项目等相关信息的机会并参与其中。其次,国家、媒体等要积极宣传网络微公益的优越性,吸引更多社会公众加入,形成中国式捐赠文化。另外,网络参与也是一种重要的社会参与方式,其为社会参与开辟了新渠道,人们可以使用社交媒体工具(如 QQ、微信、微博、知乎等)参与网络社区的各类讨论、帮助他人解决问题,并从中找到拥有共同兴趣爱好的群组,充分利用网络加强与公众的联系,加强社会参与。

第三,在社会信任方面,本研究发现,特殊信任对捐赠行为具有一定负向作用,故提高普遍信任水平可以提升人们参与网络微公益行为的积极性。首先,捐赠发布方可以以实名认证等方式,向外界大众传递信息,发挥信任背书的作用。信任背书能够提升捐赠方的信任,进而促使其捐献爱心(王正位、王新程,2021)。其次,公众应积极投身公益行动中,在参与中重塑对公益的信赖倾向,构筑公益信任,提升公民的普遍信任,让越来越多人投身于网络微公益事业中。再次,捐款方可以选择普遍信任程度高且捐赠策略完善的筹款机构,通过社交媒体提升情感信任,进而促进个人网络公益贡献行为(钱玲、杜兰英、侯俊东,2019:120—134)。最后,各类网络微公益平台应保证募捐方信息的准确性和权威性,评估数据来源,并且审核监管微公益项目的真实性,以期提升捐赠方的信任。

第四,在社会规范方面,我们可以多向居民宣传《中华人民共和国慈善法》,提升居民关注度,引导居民通过合法渠道进行网络捐赠,形成一种良好的捐赠法治文化氛围。同时,为加强规范,政府可以进一步完善《慈善法》中关于网络慈善的相关条款。一方面,可以加大《慈善法》中关于网络慈善法规问题的补充和解释,厘清网络慈善活动的边界;另一方面,可以完善网络慈善的奖励机制,例如对慈善捐赠较多的组织、群体等享受税收优惠政策,并通过颁发证书等表彰其慈善捐赠行为(常进锋、章洵,2023:47—57)。相关部门与大众群体也需要对捐赠项目进行监督,以防范与制止非法行为。此外,在第三次分配背景下,我国可以优化个体公益捐赠税收优惠政策(王金凤、魏亚楠、孙维章,2021:61—78),以期激励社会公众在相关税收政策下积极参与公益捐赠的行为。

第五,在互惠方面,首先,社会公众要看到网络微公益项目背后所蕴含的公益慈善捐赠应有的道德感,这样能够促进居民将捐赠变为一种可持续性的行为(张潮、邓子园、李广涵,2021:79—99)。基于此,主流媒体以及网络微公益平台可以积极拍摄并宣传网络微公益项目背后的故事,通过记录公益项目的全过程,让公众看到代表人物的慈善行为,激起公众的道德感。其次,捐赠方在网络微公益项目转发过程中,可以通过受捐者来发出感谢反馈与事实信息。相对于慈善组织传递感谢和无感谢,受捐者本人感谢更能激发人们的捐赠意愿(刘波、马永斌、鲁礼华,2016:162—171)。因此,当受捐者本人传递感谢,并且增加了事实信息时,捐赠者会产生共情,进而可能会增加捐赠意愿。最后,加强公众的互惠规范,可以从培育居民间的互助规范出发。通过细化公民政治参与流程,设置标准化的程序,规定制度来保障公民参与社区公共事务的权利,培育公民社会责任感,从而导向互惠利他行为(胡涤非、陈思茵,2019:101—109)。

本研究也存在一些局限:第一,抽样调查的样本量局限于深圳市,网络捐赠的样本对总体的推论也仅能代表深圳市,而不能用于对全国的推论。但今后,可以在此研究基础上继续对全国其他地方进行抽样调查。第二,受深圳市疫情影响,无法开展线下入户调查,成员只能通过联系社区相关人员,并取得其同意后,进行线上问卷调查,这在一定程度影响了数据的质量等。第三,实证分析可能存在一定的内生性问题。例如社会资本与网络捐赠行为可能存在互为因果关系,我们在理论上假设前者影响后者,但也不排除网络捐赠行为导致线上社会资本的提升这种可能性,未来可以从收集追踪数据、采用工具变量方法等方面去克服这些内生性问题。

参考文献

边燕杰、李煜,2000,《中国城市家庭的社会网络资本》,《清华社会学评论》第2辑。
常进锋、章洎,2023,《互联网使用、社会信任与青年慈善行为——基于CFPS2018 的实证分析》,《江汉大学学报》(社会科学版)第 6 期。
陈云松,2013,《互联网使用是否扩大非制度化政治参与——基于 CGSS2006 的工具变量分析》,《社会》第 5 期。
董鸿扬,1988,《论社会规范》,《学术交流》第 5 期。
高翔、王三秀,2021,《促进或抑制:互联网使用与居民慈善捐赠》,《经济社会体制比较》第 1 期。
葛红宁、周京奎、牛更枫、陈武,2016,《社交网络使用能带来社会资本吗?》,《心理科学进展》第 3 期。
光明公益,2022,《数字技术助力公益,近三年来每年有百亿人次在网上做公益》,https://gongyi.gmw.cn/2022-05/20/content_35751525.htm。
胡涤非、陈思茵,2019,《社会资本理论下个人慈善行为影响因素分析——基于多层线性模型的实证研究》,《北京交通大学学报》(社会科学版)第 4 期。
胡荣、沈珊,2013,《中国农村居民的社会资本与捐赠行为》,《公共行政评论》第 5 期。
黄荣贵、桂勇,2009,《互联网与业主集体抗争:一项基于定性比较分析方法的研究》,《社会学研究》第 5 期。

黄少华,2018,《社会资本对网络政治参与行为的影响——对天津、长沙、西安、兰州四城市居民的调查分析》,《社会学评论》第 2 期。

李新锐、崔莎,2014,《微博社会资本的影响因素》,《技术经济》第 3 期。

李银梅,2023,《我国网络慈善研究综述》,《燕山大学学报》(哲学社会科学版)第 4 期。

刘波、马永斌、鲁礼华,2016,《感谢反馈来源对捐赠意愿的影响:有调节的中介效应》,《应用心理学》第 2 期。

孟兆平,2015,《网络"微公益"活动的规范和管理》,《理论导刊》第 12 期。

缪晓雷、杨珅、边燕杰,2023,《互联网时代的社会资本:网民与非网民比较》,《社会学研究》第 3 期。

南方、罗微,2013,《社会资本视角下城市居民捐款行为的影响因素分析》,《北京师范大学学报》(社会科学版)第 3 期。

帕特南、罗伯特,2001,《使民主运转起来》,王列、赖海榕译,南昌:江西人民出版社。

钱玲、杜兰英、侯俊东,2019,《微公益特征因素解析及对个人公益参与行为的影响》,《管理科学》第 3 期。

田丰、李夏青,2021,《网络时代青年社会交往的关系类型演进及表现形式》,《中国青年研究》第 3 期。

王夫寿,2021,《在线社会资本祝角下的大学生捐款行为的影响因素研究》,《高校教育管理》第 6 期。

王海燕、费显政、王涯薇,2022,《捐赠金额选项数量对个体捐赠意愿的影响》,《南开管理评论》第 5 期。

王金凤、魏亚楠、孙维章,2021,《第三次分配背景下个人公益捐赠税收优惠政策优化:基于国际比较》,《中国非营利评论》第 2 期。

王正位、王新程,2021,《信任与捐赠:社会网络在捐赠型众筹中的认证作用》,《管理世界》第 3 期。

温忠麟、刘红云、侯杰泰,2012,《调节效应和中介效应分析》,北京:教育科学出版社。

尉建文、赵延东,2011,《权力还是声望?——社会资本测量的争论与验证》,

《社会学研究》第 26 期。

许英,2019,《新时代微公益公信力研究之相关理论的述评和反思》,《湖南师范大学社会科学学报》第 3 期。

张潮、邓子园、李广涵,2021,《道德义务、募捐信任与网络慈善捐赠持续性的实证研究》,《中国非营利评论》第 2 期。

张晶晶,2022,《2022 年中国互联网公益峰会在线上举办》,《中国社会报》5 月 23 日,第 1 版。

张璐、张鹏翼,2017,《线上线下社会资本与社会化问答行为的关系研究——以知乎医学和健康话题为例》,《图书情报工作》第 17 期。

张文宏,2003,《社会资本:理论争辩与经验研究》,《社会科学研究》第 4 期。

张莹、周延风、高银彬,2020,《捐赠型网络众筹中关系亲疏对捐赠金额的影响研究》,《东北大学学报》(社会科学版)第 1 期。

赵培、巴志超、赵宇翔,2021,《在线医疗健康类项目众筹成功的影响因素综述及展望》,《信息资源管理学报》第 2 期。

周俊、毕荟蓉,2020,《社会网络对线上求助项目筹资的影响——基于 623 个"轻松筹"项目的实证分析》,《湖北社会科学》第 8 期。

Andreoni, J. 1989, "Giving with Impure Altruism: Applications to Charity and Ricardian Equivalence." *Journal of Political Economy* 97(6).

Belleflamme, P., T. Lambert & A. Schwienbacher 2014, "Crowdfunding: Tapping the Right Crowd." *Journal of Business Venturing* 29(5).

Bourdieu, P. 1986, *The Forms of Capital*, Westport: Green wood Press.

Brown, E. & J. Ferris 2007, "Social Capital and Philanthropy: An Analysis of the Impact of Social Capital on Individual Giving and Volunteering." *Nonprofit and Voluntary Sector Quarterly* 36(1).

Coleman, J. 1990, *Foundations of Social Theory*, Harvard: Harvard University Press.

Forbes, K. & E. Zampelli 2014, "Volunteerism: The Influences of Social, Religious, and Human Capital." *Nonprofit and Voluntary Sector Quarterly* 43(2).

Frumkin, P. & M. Kim 2001, "Strategic Positioning and the Financing of Nonprofit

Organizations: Is Efficiency Rewarded in the Contributions Marketplace?" *Public Administration Review* 61(3).

Hart, T. 2010, "E-Philanthropy: Using the Internet to Build Support." *International Journal of Nonprofit & Voluntary Sector Marketing* 7(4).

Kraut, R., S. Kiesler, B. Boneva, J. Curnmings, V. Helyeson & A. Crawford 2002, "Internet Paradox Revisited." *Journal of Social Issues* 58(1).

Letki, N. 2006, "Investigating the Roots of Civic Morality: Trust, Social Capital, and Institutional Performance." *Political Behavior* 28(4).

Liu, S., Z. Wen, J. Su, A. Chony, S. Kong & Z. Jiang. 2021, "Social Trust, Trust Differentsal and Radius of Trust on Volunteering: Evidence from Hong Kong Chinese." *Joarnal of Social Service Research* 47(2).

Marsden, P. & N. Friedkin 1993, "Network Studies of Social Influence." *Sociological Methods and Research* 22(1).

Meer, J. 2001, "Brother, Can You Spare ADime? Peer Pressure in Charitable Solicitation." *Journal of Public Economics* 95.

Mollick, E. 2014, "The Dynamics of Crowdfunding: An Exploratory Study." *Journal of Business Venturing* 29(1).

Moysidou, K. & J. Hausberg 2020, "In Crowdfunding We Trust: A Trust-Building Model in Lending Crowdfunding." *Journal of Small Business Management* 58(3).

Neumayr, M. & F. Handy 2017, "Charitable Giving: What Influences Donors' Choice Among Different Causes?" *Voluntas International Journal of Voluntary & Nonprofit Organizations* 30(4).

Putnam, R. 1994, *Making Democracy Work: Civic Traditions in Modern Italy*, Princeton: Princeton University Press.

Putnam, R. 2000, *Bowling Alone: The Collapse and Revival of American Community*, New York: Simon & Schuster.

Wu, J., Y. Chen & Y. Chung 2010, "Trust Factors Influenciny Virtual Community Members: A Study of Transaction Communities," *Journal of Business Research* 63(9 – 10).

Wang, L. & E. Graddy 2008, "Social Capital, Volunteering, and Charitable Giving." *International Journal of Vduntary and Nonprofit Organizations* 19.

Wu, Z., R. Zhao, X. Zhang & F. Liu 2018, "The Impact of Social Capital on Volunteering and Giving: Evidence from Urban China." *Nonprofit and Voluntary Sector Quarterly* 47(6).

Xu, Y. 2021, "Building Trust Across Borders? Exploring the Trust-Building Process Between the Nonprofit Organizations and the Government in China." *Frontiers in Psychology* 11.

（特约编辑：许琪）

公共图书馆建设与人力资本投资效率协调发展：测度与检验*

高嘉诚　刘　钥　拉里萨·季塔连科**

摘要：本文构建熵值赋权模型、全局超效率 SBM 模型、向量自回归模型和耦合协调模型，测度 2011—2021 年我国 31 个省级行政区的公共图书馆建设水平及人力资本投资效率，评估检验两者间的联动效应及其耦合协调度。结果显示：我国公共图书馆建设水平和人力资本投资效率在此期间总体上分别呈快速上升和波动下降趋势，但地区间差距明显，无论是公共图书馆建设水平，还是人力资本投资效率，东部地区均明显优于中部与西部地区；公共图书馆建设与人力资本投资效率间不仅存在积极的正向联动效应，彼此互为促进，而且两者间的协同发展水平总体上呈稳定上升趋势，耦合等级达到 6 级，即将进入初级协调状态，但存在明显的地区差异性。相较于中部和西部地区，公共图书馆建设对东部地区人力资本投资效率的提升效果明显更弱，而人力资本投资效率对东部地区公共图书馆建设的促进效应明显更强。此外，东部地区公共图书馆建设与人力资本投资效率间的耦合等级已达 7 级，处于初级协调阶段，而中部和西部地区两者间的耦合等级仅分别为 6 级和 5 级，处于勉强协调和濒临失调阶段。

关键词：公共图书馆建设　人力资本投资效率　联动效应　协同发展

---

*　本文系国家留学基金委国外合作项目"赴俄乌白专业人才培养计划"（项目批准号：202108400010）的阶段性研究成果。

**　高嘉诚（13951841399@163.com），白俄罗斯国立大学博士研究生；刘钥（18646335496@163.com），俄罗斯人民友谊大学博士研究生；拉里萨·季塔连科，白俄罗斯国立大学社会学系教授、博士生导师。

一、问题的提出

在人口红利逐渐消退和西方无理由技术封锁的背景下,单纯依靠加大物质资本投入的发展模式已无法持续(封福育、李娟,2020),人力资本的高效积累逐渐成为我国经济社会可持续高质量发展的重要推动因素(刘军、常远、李军,2012),其投资有效性不仅是实现我国经济增长的支柱力量,避免我国经济社会陷入中等收入陷阱的核心关键(蔡昉,2012),也在很大程度上决定了我国科技创新能力的强弱以及能否有效破除西方设置的"卡脖子"难题。如何有效提高人力资本投资效率已成为我国亟待解决的问题,而解决这一问题的前提便是科学测度我国人力资本投资效率水平。为此,大量学者遵循"让事实说话,让数据说话"原则,积极投身测度我国人力资本投资效率研究,并从制度变迁、对外贸易、人口迁移、技能培训、信息化建设、外商直接投资、资本市场风险和居民经济状况等方面深入探讨了我国人力资本投资效率的各类影响因素及其作用机制,目前已取得较为丰硕的成果(白勇、马跃如,2013;封永刚、邓宗兵,2015;高强、徐晗筱、李宪宝,2018;于引、尹庆双,2018;陆新文、程怡、王苗苗,2019;柳劲松、苏美玲,2019;翟富珍、苏立宁,2020)。

但需要注意的是,公共图书馆作为我国公共文化服务体系的重要组成部分,其具备得天独厚的知识信息资源优势,不仅承担着传递科学情报、开展社会教育和开发智力资源等强化国民文化软实力的重要职责,还是对前沿领域开展原始性创新活动的主力军(罗富政、贺小龙,2022)。积极搜寻并吸收转化整合区域内外部各类知识信息资源,有效推进人力资本的空间积累与动态更新(宋丽娟、余泳泽,2023),为我国经济社会实现可持续高质量发展打下坚实基础,是我国广大师生及社会各界人士学习新知识、掌握新技能、传递新思想的最佳基地,但现有研究或是评价公共图书馆建设并探讨其与经济增长间的关系(陈力行、宋华雷、徐建华,2011;王惠、李小聪、丁瑾,2018;罗富政、贺小龙,2022),或是测度人力资本投资效率并探讨其与经济增长间的关系(封福育、李娟,2020;王智勇、李瑞,2021;左马华青、宋旭光,2022),鲜少关注公共图书馆建设与人力资本投资效率间的作用关系。

有鉴于此,为丰富现有研究成果,弥补公共图书馆建设与人力资本投资效率间相关研究的缺失,本文尝试性地基于2011—2021年我国31个省级行政区(不包括台湾、香港、澳门)的面板数据,利用熵值赋权模型和全局超效率SBM模型,评价测度各省级行政区公共图书馆建设水平及人力资本投资效率,并在此基础上构建向量自回归模型和耦合协调模型,评估检验两者间的驱动效应及协同发展水平。

二、 理论分析与研究假设

随着经济社会的高速发展,知识更新周期已由50年缩短至约5年,在学校接受一次教育便可享用终生的时代已逝去,人们唯有不断补充新知识、学习新理论,才能可持续性地适应工作新需求(刘贵富等,2001;宋萍,2006)。公共图书馆作为"没有围墙"且"永不下课"的综合大学堂,就是人们不断充电学习、高效积累人力资本的最佳场所(隋鹏飞,2015)。作为公共文化服务体系的重要支柱性力量,公共图书馆不仅储存着大量文献资料,还承担着向广大民众传播政治法律、科学技术、伦理道德、体育卫生和生活常识等诸多方面知识的重任(戴广珠,2016;刘静,2018;褚树青、屠淑敏,2022),这是促使人力资本有效积累的基础。理论上,无论是纸质文本,还是电子素材,公共图书馆蕴藏的文献资料数量与质量都完全不弱于任何机构。这些文献资料不仅涉及艺术人文、社会科学与自然科学各学科门类和生活领域,科普性与理论性兼备,能够有效满足各种文化程度读者的实际需求,而且始终保持动态更新,确保与最新和最前沿的资讯与学问接轨,从而为人们的可持续终身稳定学习创造优质环境(周宇麟、邵春晓,2014)。

此外,相较于学校的正规教育,公共图书馆的自我教育、终身教育、社区教育和社会教育功能不仅网络布局广泛、内容构成丰富、服务手段完备(褚树青、屠淑敏,2022),而且不会对性别、种族和年龄等因素进行限制,人人都能通过公共图书馆接受免费、平等且多元的教育(张靖、李健伟,2013;周宇麟、邵春骁,2014),这能对学校教育起到重要的补充作用(徐琳,2019)。具体来看,无论是为低龄儿童制定启蒙教育计划,还是为青少年配备科普教育教材,抑或为在岗、转岗和下岗人员提供学习指南与技能培训(李晓新,2005;戴广珠,2016),公共图书馆均有助于促进人们的全面发展与素质提升,这不仅能有效弥补学校教育的不足,更有助于进一步提升人口综合素质,促使全社会人力资本得到有效积累。

与此同时,人口综合素质提高,人力资本得到有效积累后,又会催生出更高层次的公共文化服务需求,这种文化需求将会是推动公共图书馆可持续发展的深层次强劲动力(宋萍,2006)。原因在于,人力资本的有效积累能加速社会进步,刺激社会知识信息需求增长,产生知识信息需求与供给的矛盾(刘静,2018);而公共图书馆作为储存并传播海量知识信息的重要载体,不仅能向不同群体提供通识性、专业性的中文献资源,而且馆际互助功能也能使其服务更具规模效应,进一步拓宽服务宽度,引导政府部门加大对公共图书馆的人力、物力和财力投入,为公共图书馆建设升级提供坚实物质保障。但需要注意的是,受地理位置、经济环境、资源禀赋和产业结构等因素制约,我国中部、西部地区公共图书馆建设和人力资本投资效率很可能与东部地区存在较大差距,这会导致公共图书馆与人力资本投资效率彼此间的影响存在明显的地区差异性。

基于上述分析,本文提出如下假设:

假设 1a:公共图书馆建设能有效提升人力资本投资效率。

假设 1b:公共图书馆建设对人力资本投资效率的提升效果存在地区差异性。

假设 2a:人力资本投资效率能有效促进公共图书馆建设。

假设 2b:人力资本投资效率对公共图书馆建设的促进效果存在地区差异性。

三、公共图书馆建设评价体系的构建与测度结果

（一）模型构建

为有效综合反映公共图书馆建设水平，本文采用熵值赋权法有机整合各项单一指标，通过线性加权求和的方式对公共图书馆建设水平做出客观综合评价。具体模型构建如下：

第一步，采用离差标准化方法对各原始指标进行标准化处理：$y_{i,j} = \dfrac{x_{i,j} - \min(x_j)}{\max(x_j) - \min(x_j)} * 0.99 + 0.01$。

上式中，$y_{i,j}$ 和 $x_{i,j}$ 分别代表评价目标 i 的第 j 个经标准化处理和未经标准化处理的原始指标；$\max(x_j)$ 和 $\min(x_j)$ 分别代表第 j 个指标的最大值和最小值。

第二步，计算各指标熵值：$H_j = -\dfrac{1}{\ln(n)} \sum\limits_{i=1}^{n} p_{i,j} \ln p_{i,j}$。

上式中，$p_{i,j} = y_{i,j} / \sum\limits_{i=1}^{n} y_{i,j}$，当 $p_{i,j} = 0$ 时，令 $p_{i,j} \ln p_{i,j} = 0$，确保 $0 \leq H_j \leq 1$。

第三步，计算各指标权重：$w_j = \dfrac{1 - H_j}{\sum\limits_{j=1}^{m}(1 - H_j)} = \dfrac{1 - H_j}{m - \sum\limits_{j=1}^{m} H_j}$。

上式中，$0 \leq w_j \leq 1$，且 $\sum\limits_{j=1}^{m} w_j = 1$。

第四步，计算数字建设综合得分：$S_i = \sum\limits_{j=1}^{m} w_j y_{i,j}$。

上式中，S_i 值越大，则代表评价目标 i 的公共图书馆建设水平越高。

（二）指标选取

参考现有研究（程慧平、万莉、张熠，2015；韩慧、李少惠，2022；王智勇、

周洁，2023），并结合数据可获得性，本文从基础建设和服务产出角度，选取建筑设施、文献储备、数字接入、常规服务和延伸业务五个维度的指标以综合评价公共图书馆建设水平（表1）。其中，建筑设施采用公共图书馆业机构数和公共图书馆阅览室座席数代理，文献储备采用公共图书馆总藏量代理，数字接入采用公共图书馆计算机数和公共图书馆电子阅览室终端数代理，常规服务采用公共图书馆总流通人次、公共图书馆累计发放有效借书证数、公共图书馆累计发放有效借书证数、公共图书馆书刊文献外借人次和公共图书馆书刊文献外借册次代理，延伸业务采用公共图书馆组织各类讲座次数、公共图书馆参加讲座人次、公共图书馆举办展览数、公共图书馆参观展览人次、公共图书馆举办培训班数和公共图书馆参加培训人次代理。

（三）数据来源及说明

数据来源方面，本文评价各省级行政区公共图书馆建设水平的数据均源于《中国统计年鉴》《中国文化文物和旅游统计年鉴》《中国图书馆统计年鉴》，涵盖了2011—2021年我国31个省级行政区公共图书馆建筑设施、文献储备、数字接入、常规服务和延伸业务相关数据。地区划分方面，本文按照国家统计局的分类标准，将我国31个省级行政区划分为东部、中部和西部地区。

（四）评价结果

基于熵值赋权法，本文计算出建筑设施、文献储备、数字接入、常规服务和延伸业务指标的权重分别为0.0564、0.0474、0.0469、0.3411和0.5082，与标准化后的数据进行加权计算得到2011—2021年间我国各省级行政区公共图书馆建设水平（表2）。

表 1 公共图书馆建设水平的评价指标体系

维度	指标名称(影响方向)	均值	标准差	指标单位	指标权重
建筑设施	公共图书馆业机构数(+)	101.1818	46.6044	个	0.0224
建筑设施	公共图书馆阅览室坐席数(+)	3.1975	2.0749	万个	0.0340
文献储备	公共图书馆总藏量(+)	2909.3638	2329.6013	万册	0.0474
数字接入	公共图书馆计算机数(+)	6544.4018	3398.0758	台	0.0232
数字接入	公共图书馆电子阅览室终端数(+)	4125.4135	2099.3852	台	0.0237
常规服务	公共图书馆总流通人次(+)	1993.5299	2275.6364	万人次	0.0773
常规服务	公共图书馆累计发放有效借书证数(+)	183.1688	309.9523	万个	0.1229
常规服务	公共图书馆书刊文献外借人次(+)	712.3838	683.6707	万人次	0.0636
常规服务	公共图书馆书刊文献外借册次(+)	1553.1896	1728.2201	万册次	0.0773
常规服务	公共图书馆组织各类讲座次数(+)	2035.5689	1718.6824	次	0.0512
延伸业务	公共图书馆参加讲座人次(+)	44.9746	90.9577	万人次	0.1289
延伸业务	公共图书馆举办展览次数(+)	849.2088	812.5183	个	0.0595
延伸业务	公共图书馆参观展览人次(+)	182.5481	271.2158	万人次	0.1001
延伸业务	公共图书馆举办培训班数(+)	1432.4294	1741.0068	个	0.0798
延伸业务	公共图书馆参加培训人次(+)	10.7679	14.3242	万人次	0.0887

表 2　公共图书馆建设水平的评价结果

区域	省级行政区	2011	2012	2013	2014	2015	2016	2017	2018	2019	2020	2021
东部	北京	0.0578	0.0653	0.0738	0.0772	0.0756	0.0870	0.0955	0.1088	0.1152	0.0671	0.0894
	天津	0.0403	0.0433	0.0536	0.0569	0.0570	0.0688	0.0762	0.0869	0.0966	0.0597	0.0742
	河北	0.0781	0.0929	0.1063	0.1058	0.1208	0.1362	0.1542	0.1724	0.1825	0.1342	0.2334
	辽宁	0.1097	0.1340	0.1368	0.1450	0.1476	0.1626	0.1779	0.1850	0.1836	0.1711	0.1598
	上海	0.1157	0.1300	0.1867	0.2116	0.2283	0.2272	0.1607	0.1564	0.1532	0.1050	0.1362
	江苏	0.1862	0.2246	0.2449	0.2726	0.3095	0.3292	0.3657	0.3960	0.4081	0.6874	0.6375
	浙江	0.2338	0.2157	0.2422	0.3038	0.4148	0.3963	0.4754	0.5716	0.6493	0.4654	0.5923
	福建	0.0923	0.1098	0.1189	0.1269	0.1416	0.1692	0.2657	0.2051	0.2207	0.1401	0.1740
	山东	0.1577	0.1709	0.1797	0.1952	0.2083	0.2572	0.2820	0.3227	0.3742	0.3565	0.3737
	广东	0.2632	0.2919	0.3010	0.3439	0.3846	0.4903	0.5458	0.6123	0.7510	0.5622	0.6848
	海南	0.0140	0.0168	0.0181	0.0176	0.0205	0.0298	0.0267	0.0385	0.0342	0.0240	0.0387
	均值	0.1226	0.1359	0.1511	0.1688	0.1917	0.2140	0.2387	0.2596	0.2881	0.2521	0.2904
中部	山西	0.0659	0.0787	0.0847	0.0829	0.0893	0.0985	0.1127	0.1430	0.2153	0.1208	0.1723
	吉林	0.0501	0.0549	0.0545	0.0613	0.0680	0.0697	0.0726	0.0760	0.0776	0.0626	0.0767
	黑龙江	0.0669	0.0757	0.0756	0.0794	0.0807	0.0867	0.0989	0.1097	0.1087	0.0717	0.0680
	安徽	0.0806	0.0925	0.1049	0.1184	0.1314	0.1343	0.1585	0.2278	0.2247	0.2176	0.2481
	江西	0.0761	0.0946	0.1060	0.1138	0.1174	0.1269	0.1450	0.1480	0.1487	0.1410	0.1734

续表

区域	省级行政区	2011	2012	2013	2014	2015	2016	2017	2018	2019	2020	2021
中部	河南	0.1149	0.1250	0.1399	0.1550	0.1620	0.1840	0.2084	0.2207	0.2523	0.3004	0.2370
	湖北	0.1039	0.1245	0.1296	0.1379	0.1401	0.1599	0.1716	0.1796	0.1842	0.1380	0.1777
	湖南	0.0981	0.1211	0.1311	0.1374	0.1468	0.1691	0.2109	0.2285	0.2810	0.3225	0.4178
	均值	0.0820	0.0958	0.1032	0.1107	0.1169	0.1286	0.1473	0.1666	0.1865	0.1718	0.1963
西部	四川	0.1180	0.1412	0.1525	0.1690	0.1768	0.2012	0.2095	0.2099	0.2129	0.1817	0.1973
	贵州	0.0455	0.0552	0.0606	0.0654	0.0684	0.0710	0.0813	0.0830	0.0867	0.0803	0.1089
	云南	0.0828	0.1028	0.1174	0.1244	0.1250	0.1299	0.1319	0.1323	0.1342	0.1259	0.1417
	西藏	0.0008	0.0093	0.0117	0.0136	0.0155	0.0158	0.0177	0.0163	0.0164	0.0173	0.0188
	陕西	0.0587	0.0736	0.0827	0.0869	0.0916	0.1010	0.1131	0.1211	0.1203	0.1123	0.1611
	甘肃	0.0527	0.0577	0.0635	0.0662	0.0673	0.0702	0.0734	0.0793	0.0852	0.0726	0.0869
	青海	0.0167	0.0178	0.0194	0.0189	0.0195	0.0196	0.0206	0.0235	0.0222	0.0213	0.0221
	宁夏	0.0192	0.0180	0.0217	0.0250	0.0248	0.0252	0.0304	0.0314	0.0338	0.0266	0.0346
	新疆	0.0562	0.0654	0.0674	0.0723	0.0774	0.0782	0.0739	0.0714	0.0823	0.0696	0.1086
	内蒙古	0.0492	0.0555	0.0684	0.0690	0.0697	0.0807	0.0902	0.0950	0.0918	0.0760	0.0800
	广西	0.0811	0.0959	0.1028	0.1228	0.1261	0.1316	0.1476	0.1481	0.1508	0.1260	0.1367
	重庆	0.0611	0.0888	0.0730	0.0793	0.0976	0.1059	0.1171	0.1138	0.1187	0.1084	0.1199
	均值	0.0535	0.0651	0.0700	0.0760	0.0799	0.0858	0.0922	0.0937	0.0962	0.0848	0.1013
全国	均值	0.0854	0.0982	0.1074	0.1179	0.1292	0.1424	0.1584	0.1714	0.1876	0.1666	0.1930

根据评价结果绘制图1,可知2011—2021年全国公共图书馆建设水平以稳中求进的态势不断提升,发展势头强劲。全国公共图书馆建设得分从2011年的0.0854增长至2021年的0.1930,提高了约126.00%,年均增幅8.50%。由于受公共卫生事件的影响,2020年全国公共图书馆建设水平在观察期内首次出现下降趋势,但随着《公共图书馆、文化馆(站)疫情防控措施指南》的出台,各地公共图书馆迅速调整工作思路、改善服务,提升效能,重回快速发展通道。但需要注意的是,我国公共图书馆建设水平存在明显的地区性差异。东部地区公共图书馆建设水平始终远高于全国平均发展水平,中部地区则与全国平均发展水平基本保持一致,而西部地区始终低于全国平均发展水平,东部地区公共图书馆建设水平依次达到了中部和西部地区公共图书馆建设水平的1.54和2.57倍。与此同时,地区间公共图书馆建设水平的差距随时间推移而逐渐扩大,2011—2021年间东部与中、西部地区公共图书馆建设的得分差扩大幅度达131.77%和173.66%。特别是近年来江苏和广东两东部省级行政区公共图书馆建设得分已超过0.6,而中、西部地区仅湖南刚达到0.4,地区间差距愈发明显。当然,尽管东部地区公共图书馆建设水平已明显高于中、西部地区,但在2011—2021年间,东部地区公共图书馆建设得分均值整体上也仅刚超过0.2,而海南得分均值更是仅约0.03,表明无论是东部地区还是中部和西部地区,其公共图书馆建设水平距离达到高水平建设仍有非常大的进步空间。

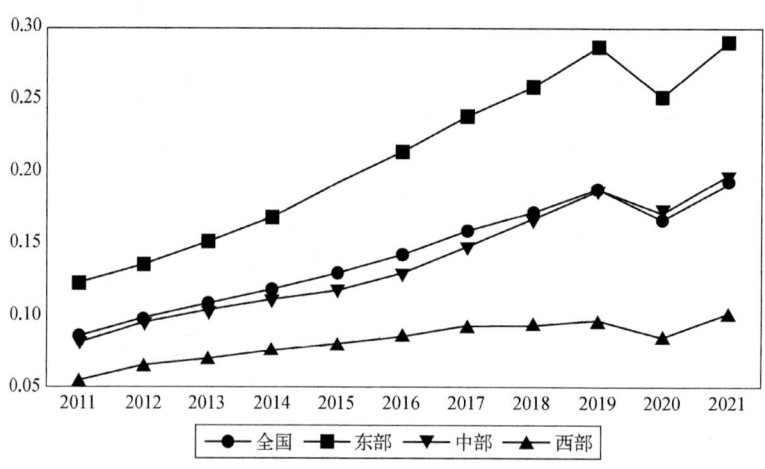

图1 公共图书馆建设水平的变动趋势

四、 人力资本投资效率评价体系的构建与测度结果

(一) 模型构建

本文选择构建全局超效率 SBM 模型测度我国各省级行政区人力资本投资效率,该模型具有如下两方面优势:一是超效率 SBM 模型可避免传统 DEA 模型测度结果易出现大量效率值为 1 的伪有效单元评价偏误(刘华军、乔列成、石印,2021);二是全局参比条件下的超效率 SBM 模型可以克服传统 SBM 模型所测度效率值不可跨期对比问题,从而更有效地纵向对比分析测度结果(高嘉诚、刘钥,2022)。具体模型构建如下:

$$\theta^* = \min \frac{1 + \frac{1}{m}\sum_{i=1}^{m}\frac{S_i^-}{x_{i,o}^t}}{1 - \frac{1}{q}\sum_{\tau}^{q}\frac{S_\tau^+}{y_{\tau,o}^t}}$$

$$s.t.\ x_{i,o}^t \geq \sum_{t=1}^{T}\sum_{j=1,j\neq o}^{n}\lambda_j^t x_{i,j}^t - S_i^-, i = 1,2,\cdots\cdots,m$$

$$y_{\tau,o}^t \leq \sum_{t=1}^{T}\sum_{j=1,j\neq o}^{n}\lambda_j^t y_{\tau,j}^t + S_\tau^+, \tau = 1,2,\cdots\cdots,q$$

$$\lambda_j^t \geq 0, S_i^- \geq 0, S_\tau^+ \geq 0$$

上式中,θ^* 代表人力资本投资效率值;$y_{\tau,o}^t$ 和 $x_{i,o}^t$ 分别代表省级行政区 o 第 t 期的第 τ 个产出指标与第 i 个投入指标;λ_j^t、和 S_i^- 分别代表权重向量、松弛向量和剩余向量。

(二) 指标选取

参考现有研究(刘军、常远、李军,2012;封永刚、邓宗兵,2015;白勇,2016;柳劲松、苏美玲,2019),结合数据可获得性,本文从人力、物力和财力

资源三方面选取投入指标,从经济收入、教育水平和创新能力三方面选取产出指标(表3)。其中,人力资源投入方面,本文选取高校专任教师数和卫生技术人员数作为人力资源投入指标;物力资源投入方面,本文选取医疗卫生机构数、普通高等学校数和医疗卫生机构床位数作为物力资源投入指标;财力资源投入方面,本文选取教育财政支出、社会保障和就业财政支出、科学技术财政支出和医疗卫生财政支出作为财力资源投入指标;经济收入产出方面,本文选取GDP作为经济收入产出指标;教育水平产出方面,本文选取受教育程度作为教育水平产出指标;创新能力产出方面,本文选取专利申请受理量和专利申请授权量作为创新能力产出指标。

(三)数据来源及说明

数据来源方面,本文测度各省级行政区人力资本投资效率的数据均源于《中国统计年鉴》《中国人口和就业统计年鉴》《中国科技统计年鉴》,涵盖了2011—2021年我国31个省级行政区人力资本投资的投入与产出相关数据。地区划分方面,与上文一致,按照国家统计局的分类标准,将我国31个省级行政区划分为东部、中部和西部地区。

(四)测度结果

基于全局超效率SBM模型,本文测度出我国2011—2021年间各省级行政区人力资本投资效率值(表4)。

从图2可知,我国全国及各地区人力资本投资效率总体均呈波动下降趋势。在此期间,全国人力资本投资效率均值为0.6602,相较于2011年,下降了18.38%。分地区来看,尽管东部地区观察期内人力资本投资效率均值已达0.8961,处于相对高效状态,但相较于2011年,其效率值也下降了3.26%。而中部和西部地区观察期内人力资本投资效率均值依次为0.6165和0.4731,并且相较于2011年,其效率均值分别下降了33.10%和19.50%。中部地区人力资本投资效率下降幅度最大,其原因可能是由于中部地区人口流出严重,其省际流出人口东移特性最强,长此以往对中部地

表 3　人力资本投资效率的测度指标体系

指标类别	一级指标	二级指标	均值	标准差	指标单位
投入指标	人力资源投入	普通高等学校专任教师数	12.3274	4.9181	人/万人
		医疗卫生机构卫生技术人员数	64.1026	17.2423	人/万人
	物力资源投入	医疗卫生机构数	7.6010	3.3132	个/万人
		普通高等学校数	0.0209	0.0065	个/万人
		医疗卫生机构床位数	53.9495	11.6072	张/万人
	财力资源投入	地方财政教育支出	0.2190	0.0992	万元/人
		地方财政社会保障和就业支出	0.1870	0.1040	万元/人
		地方财政科学技术支出	0.0305	0.0355	万元/人
		地方财政医疗卫生支出	1.4369	0.8500	万元/人
产出指标	经济收入产出	GDP	5.5475	2.8594	万元/人
	教育水平产出	受教育程度	9.8750	1.2122	年/人
	创新能力产出	专利申请受理量	20.7890	22.7717	项/万人
		专利申请授权量	12.6870	15.2968	项/万人

表 4 人力资本投资效率的测度结果

区域	省级行政区	2011	2012	2013	2014	2015	2016	2017	2018	2019	2020	2021
东部	北京	1.0005	1.0143	1.0082	1.0064	1.0037	1.0052	0.8417	0.8719	0.8237	1.0013	1.1100
	天津	1.0105	1.0170	1.0053	1.0088	1.0037	1.0417	0.9116	1.0109	1.0094	1.0213	1.0475
	河北	1.0578	1.0037	1.0035	0.6597	1.0065	0.7413	0.7709	0.8135	0.7466	0.8242	1.0018
	辽宁	0.3552	0.2642	0.2367	0.3288	0.5380	0.7613	1.0013	1.0013	0.7400	1.0038	1.0314
	上海	1.0294	1.0349	1.0040	1.0181	1.0189	1.0030	1.0015	1.0122	1.0070	1.0126	1.0798
	江苏	1.0391	1.0884	1.0168	1.0023	0.9128	1.0048	1.0129	1.0131	1.0008	1.0280	1.0753
	浙江	1.0184	1.0568	1.0030	0.9235	1.0001	1.0047	0.8784	0.9253	0.7839	1.0022	0.8952
	福建	1.0647	1.0178	1.0036	1.0058	0.9266	1.0249	1.0004	1.0134	0.9171	1.0019	1.0260
	山东	1.0134	1.0092	0.7296	1.0013	0.8239	0.7904	0.6634	0.6280	0.5365	0.7381	0.6241
	广东	1.0563	1.0355	0.8104	1.0150	0.7852	0.8002	0.8385	0.9360	0.8508	1.0233	1.0412
	海南	1.0066	1.0022	0.4639	1.0022	1.0044	0.2091	1.0185	0.4806	0.2074	0.3391	0.3729
	均值	0.9684	0.9585	0.8441	0.9065	0.9113	0.8533	0.9036	0.8824	0.7839	0.9087	0.9368
中部	山西	0.4690	0.4701	0.2851	0.3040	0.4432	1.0048	0.5180	0.5118	1.0009	1.0008	0.5706
	吉林	0.5376	0.4102	0.2612	0.2876	0.2852	0.3240	0.2938	0.4171	0.4607	0.5447	0.5841
	黑龙江	1.0110	0.6832	0.6646	0.6055	0.5321	1.0038	0.7198	1.0000	0.7381	1.0038	1.0153
	安徽	1.1466	0.7210	1.0029	0.5552	0.5345	0.4878	0.4241	0.4805	0.4206	0.4685	0.4943
	江西	1.0563	0.6335	1.0013	0.3690	0.3883	0.4437	0.3232	0.3451	0.3363	0.3786	0.3729

续表

区域	省级行政区	2011	2012	2013	2014	2015	2016	2017	2018	2019	2020	2021
中部	河南	1.0757	0.8276	0.7212	0.7929	1.0035	0.8838	0.5612	0.6377	0.4438	0.5611	0.4299
	湖北	1.0629	1.0136	0.6771	0.3767	0.3518	0.2952	0.2951	0.3503	0.3719	0.4585	0.5091
	湖南	1.0131	1.0120	1.0034	1.0065	0.8048	0.7326	0.6034	0.5240	0.4364	0.5188	0.5544
	均值	0.9215	0.7214	0.7021	0.5371	0.5429	0.6469	0.4673	0.5333	0.5260	0.6168	0.5663
西部	四川	1.0466	0.8296	0.7556	0.6225	0.6288	0.6042	0.7030	0.5128	0.3676	0.4513	0.3492
	贵州	1.0579	0.3813	0.4252	0.3246	0.2574	0.2084	0.1873	0.2163	0.2047	0.2429	0.2938
	云南	1.0575	1.0036	0.3628	0.4156	0.4129	0.5256	0.5246	0.9998	0.7722	0.6862	1.0210
	西藏	0.0696	1.0338	0.0376	0.0395	0.0367	0.0630	0.0540	0.0863	0.1227	0.1254	0.1509
	陕西	0.7178	0.8016	1.0235	0.8518	1.0019	0.6561	0.5830	0.5699	0.7119	1.0405	0.7878
	甘肃	0.4090	0.4303	0.4254	0.3755	0.2990	0.3714	0.4125	0.4846	0.4468	0.4671	0.4137
	青海	0.1946	0.0881	0.0811	0.0738	0.1164	0.1400	0.1275	0.1713	0.2334	0.3191	0.3041
	宁夏	0.1333	0.1554	0.1792	0.1797	0.1422	0.1769	0.1934	0.2167	0.2117	0.3421	0.3641
	新疆	0.1667	0.1648	0.1593	0.1724	0.2150	0.2422	0.2602	0.3992	0.5396	1.0035	1.0081
	内蒙古	0.1276	0.1862	0.2084	0.1834	0.2183	0.2688	0.3132	1.0054	1.0036	1.0017	1.0379
	广西	1.0312	0.3331	0.3279	0.3359	0.5147	1.0005	0.4522	0.4393	0.3903	0.5395	0.5753
	重庆	1.0410	0.7759	0.8129	0.9998	1.0161	0.7416	0.6364	0.6012	0.5366	1.0020	0.7668
	均值	0.5877	0.5153	0.3999	0.3812	0.4049	0.4165	0.3706	0.4752	0.4617	0.6017	0.5893
全国	均值	0.8089	0.7258	0.6355	0.6079	0.6202	0.6310	0.5847	0.6347	0.5927	0.7146	0.7067

区人力资本投资效率产生不利影响。而西部地区虽然人力资本投资效率均值较2011年有所下降,但西部地区人力资本投资效率整体保持上升趋势,其原因可能是西部大开发与特定的西部人才引进政策取得了一定成效。

与此同时,东部地区与中部地区人力资本投资效率差距随着时间推移不断扩大,而与西部地区人力资本投资效率差距在不断缩小。具体来看,东部地区与中部地区人力资本投资效率差距由2011年的0.0469扩大至2021年的0.3705,差距扩大幅度约7倍,而东部地区与西部地区人力资本投资效率差距在观察期内缩小了8.72%。此外,2011—2021年间东部地区大多省级行政区人力资本投资效率均处于相对高效状态,其中北京、天津、河北、上海、江苏、浙江、福建和广东这8个省级行政区在此期间效率均值均已超过0.8,仅辽宁、山东和海南这3个省级行政区效率均值低于0.8,东部地区人力资本投资相对高效率,均值达72.73%。而中、西部地区仅黑龙江和重庆这2个省级行政区在2011—2021年间人力资本投资效率均值超过0.8,其他省级行政区在此期间效率均值均低于0.8,中、西部地区大多省级行政区人力资本投资效率都处于相对低效状态。

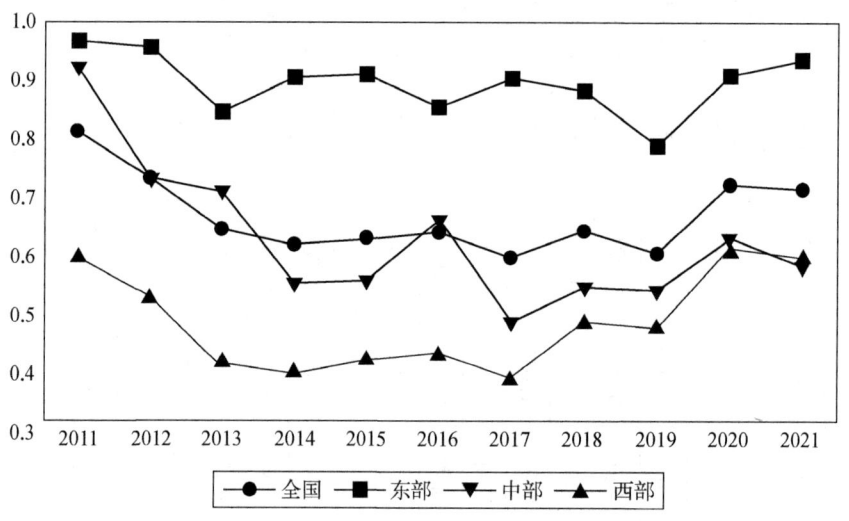

图2　人力资本投资效率的变动趋势

五、公共图书馆建设与人力资本投资效率间的驱动耦合效应分析

（一）驱动效应分析

为检验公共图书馆建设与人力资本投资效率间的驱动效应，更准确评估彼此间的冲击影响，本部分构建向量自回归模型（VAR）进行脉冲响应分析。为确保各序列的平稳性，本文对公共图书馆建设序列与人力资本投资效率序列进行了单位根检验，结果显示全国和各地区公共图书馆建设的原序列已达到平稳状态，而人力资本投资效率则均需对其进行一阶差分处理后才可达到平稳状态。此外，AIC、SC 和 HQ 信息准则以及稳定性检验结果显示全国和各地区 VAR 模型的最优滞后阶数均为 1 阶滞后。对此，本文将全国和各地区具体模型设定如下：

$$DEFF_t = \alpha_1 + \sum_{j=1}^{1} A_j DEFF_{t-j} + \sum_{j=1}^{1} B_j Score_{t-j} + \mu_t$$

$$Score_t = \alpha_2 + \sum_{j=1}^{1} C_j DEFF_{t-j} + \sum_{j=1}^{1} D_j Score_{t-j} + \epsilon_t$$

上式中，$DEFF_t$ 代表全国和各地区第 t 期经过一阶差分处理后的人力资本投资效率，$Score_t$ 代表全国和各地区第 t 期公共图书馆建设水平，A_j、B_j、C_j 和 D_j 分别代表各变量的若干滞后期变量前的待估系数，α_1、α_2、μ_t 和 ϵ_t 分别代表常数项和随机扰动项。脉冲响应结果见图 3、图 4 与图 5。

图 3 报告了全国范围内公共图书馆建设与人力资本投资效率彼此间的冲击影响。结果显示：从全国范围来看，公共图书馆与人力资本投资效率对彼此间的冲击均呈现不同程度的正向响应，并迅速在第 2 期达到峰值，随后两者对彼此间的响应都由高到低，逐渐波动收敛于 0，这验证了假设 1a 和假设 2a。不过值得注意的是，人力资本投资效率对

公共图书馆冲击的响应强度明显强于公共图书馆对人力资本投资效率冲击的响应强度,而公共图书馆则对人力资本投资效率冲击的响应更具波动性。

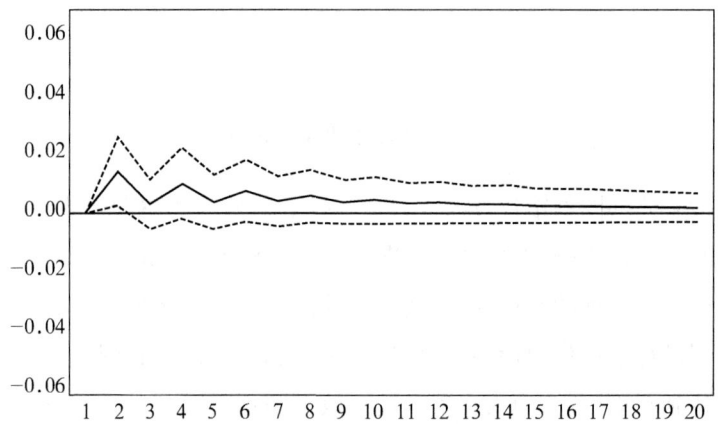

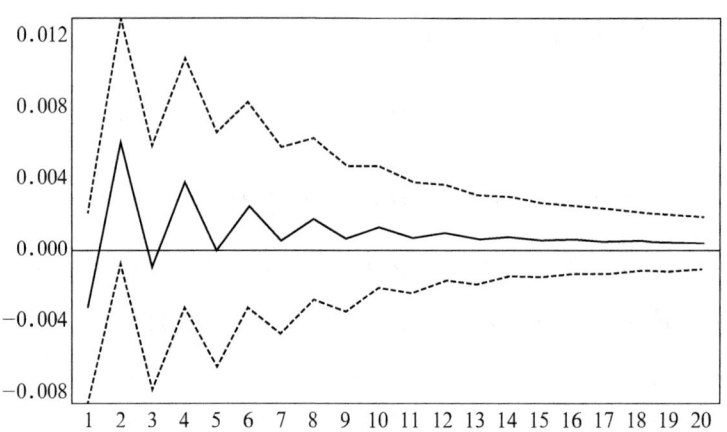

图 3　全国范围内公共图书馆建设与人力资本投资效率的脉冲响应图

东部人力资本投资效率对公共图书馆建设一个标准差新息的响应

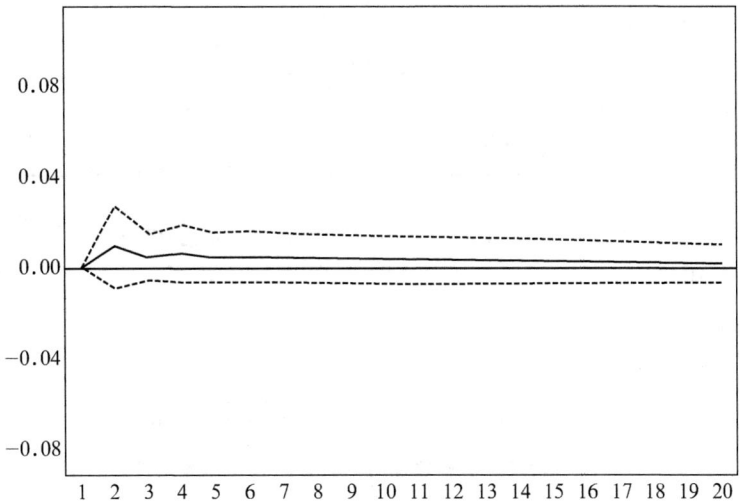

中部人力资本投资效率对公共图书馆建设一个标准差新息的响应

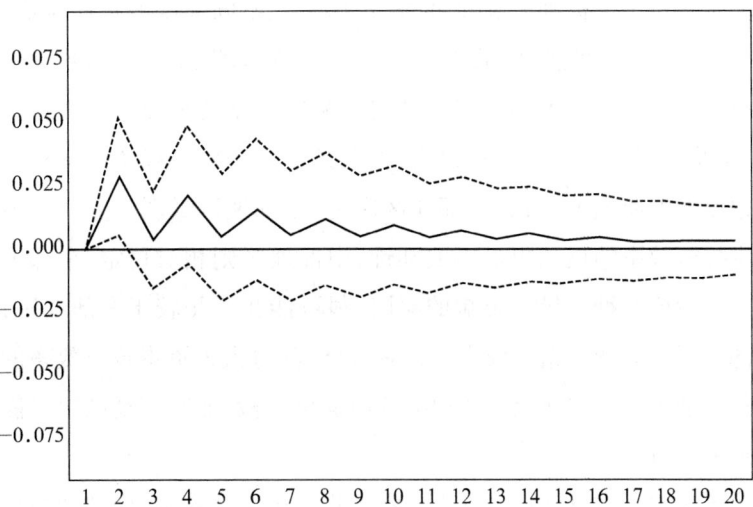

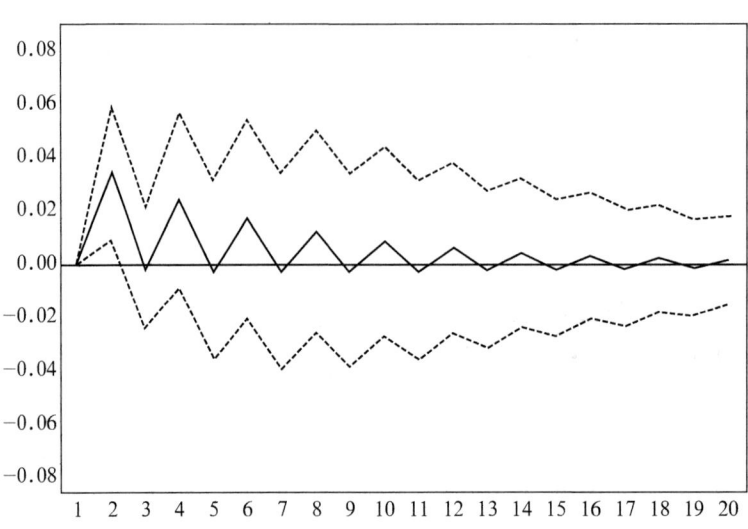

西部人力资本投资效率对公共图书馆建设一个标准差新息的响应

图4　各地区公共图书馆建设对人力资本投资效率的冲击影响

图4从左至右分别报告了公共图书馆建设对东部、中部和西部地区人力资本投资效率的冲击影响。结果显示：各地区人力资本投资效率受到公共图书馆建设一个标准差新息冲击后，均呈现不同强度的正向响应，并都在第2期迅速达到峰值，随后由高到低，逐渐波动收敛于0，但各地区人力资本投资效率对公共图书馆建设冲击的响应强度及其波动性均存在明显差异，这验证了假设1b。具体来看，西部地区人力资本投资效率对公共图书馆建设的响应强度最强，中部地区次之，东部地区最弱。但西部地区人力资本投资效率的反馈也最具波动性，中部地区则相对稳定，东部地区最为稳定。造成这种差异性影响的原因，很可能在于相较于东部地区，中部和西部地区公共图书馆建设水平相对较低，其对人力资本投资效率的积极影响很可能正处于快速上升的边际效应递增阶段，而东部地区很可能已转入稳定上升阶段。

图5从左至右分别报告了人力资本投资效率对东部、中部和西部地区公共图书馆建设的冲击影响。结果显示：各地区公共图书馆建设受到人力资本投资效率一个标准差新息冲击后，均在第1期呈现不同强度的负向响应，但都在第2期迅速转为正向响应，并达到各自峰值，随后由高到低，逐渐波动收敛于0，但各地区公共图书馆建设对人力资本投资效率冲击的响

应强度及其波动性同样都存在明显差异,这验证了假设 2b。具体来看,东部地区公共图书馆建设不仅对人力资本投资效率的响应强度明显强于中部和西部地区,而且其公共图书馆建设的反馈相较于中部和西部地区也明显更加稳定。造成这种差异性影响的原因,很可能在于相较于中部和西部地区,东部地区已达到相对高效的人力资本投资效率,其对公共图书馆建设能够产生更加稳定且强劲的促进效果。

东部公共图书馆建设对人力资本投资效率一个标准差新息的响应

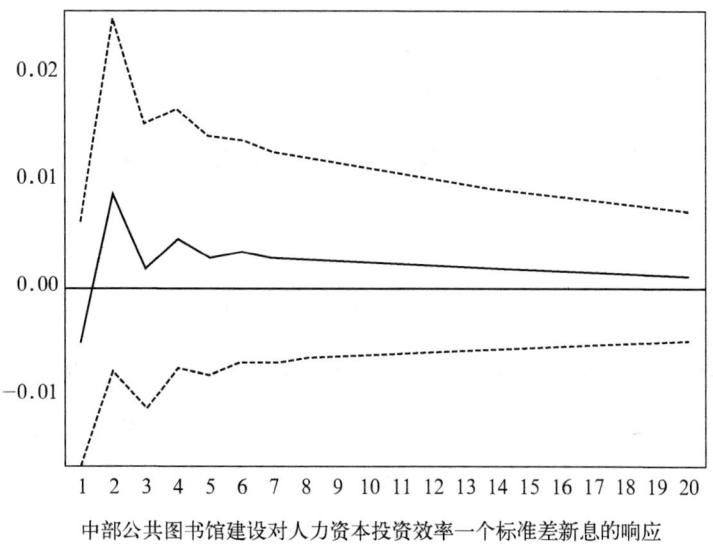

中部公共图书馆建设对人力资本投资效率一个标准差新息的响应

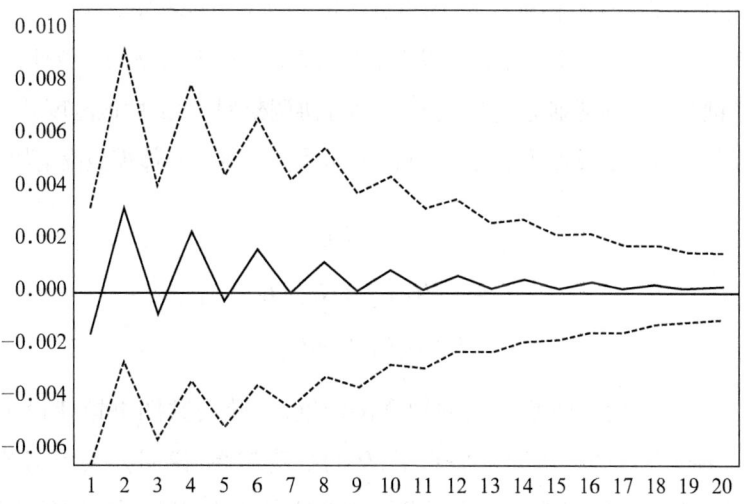

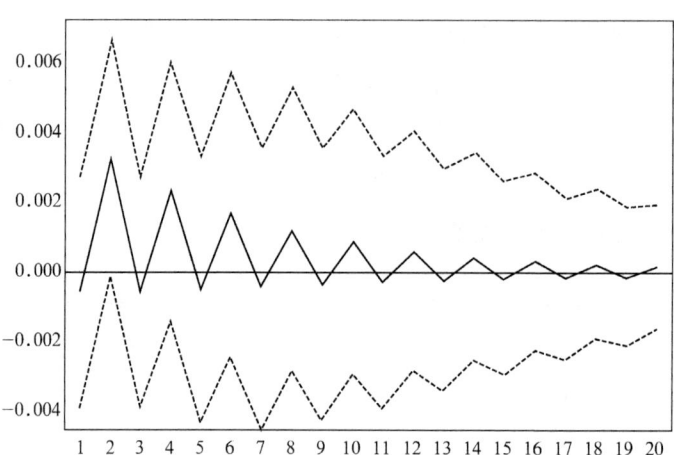

图 5　各地区人力资本投资效率对公共图书馆建设的冲击影响

（二）耦合效应分析

根据人力资本投资效率与公共图书馆建设的测度评价结果（图6）可以发现，2011—2021年间我国部分省级行政区位于公共图书馆建设与人力资本投资效率二维矩阵的第二和第四象限，呈现出公共图书馆建设水平越高，人力资本投资效率越高的特点，但也有部分省级行政区位于第一象限，呈现出公共图书馆建设水平相对较低，人力资本投资效率相对较高的特点。

为进一步探究公共图书馆建设水平与人力资本投资效率的一致性，在借鉴物理学耦合概念的基础上，本部分构建耦合协调模型，尝试性地测度公共图书馆建设与人力资本投资效率两系间的协同发展水平。具体模型设定如下：

$$D = \sqrt{CT}$$
$$C = 2\sqrt{G_1 G_2}/(G_1 + G_2)$$
$$T = \alpha_1 G_1 + \alpha_2 G_2$$

上式中，D 代表两系统间的耦合协调度，反映公共图书馆建设水平与人力资本投资效率的协同发展水平，D 的数值越高，说明公共图书馆建设水平与人力资本投资效率的协同发展水平越高；C 代表两系统间的协调度，

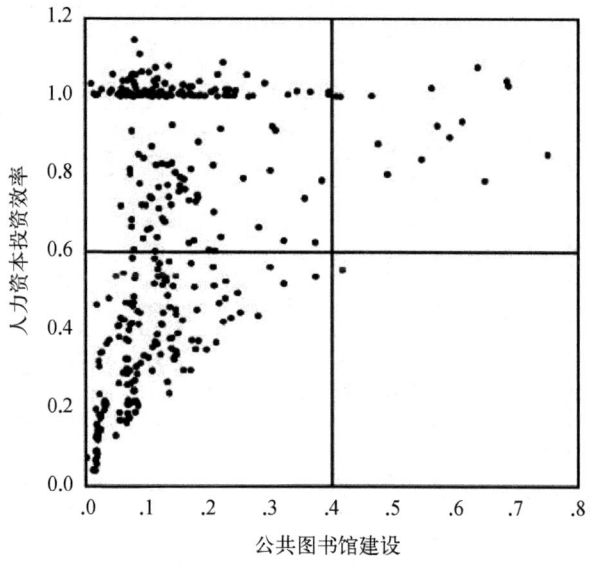

图 6　公共图书馆建设水平与人力资本投资效率的二维矩阵

T 代表两系统间的综合发展水平；G_1 和 G_2 分别代表公共图书馆建设水平和人力资本投资效率；α_1 和 α_2 分别代表公共图书馆建设水平和人力资本投资效率的权重，并且满足 $\alpha_1+\alpha_2=1$，两者在本文中具有同等重要性，因此 α_1 和 α_2 均被赋值为 0.5。判断标准见表 5，测度结果见表 6。

表 5　耦合协调度的判断标准

耦合层次	耦合等级	耦合值	耦合协调度
失调衰退类	1	(0,0.1)	极度失调
	2	[0.1,0.2)	严重失调
	3	[0.2,0.3)	中度失调
协调过度类	4	[0.3,0.4)	轻度失调
	5	[0.4,0.5)	濒临失调
	6	[0.5,0.6)	勉强协调
耦合协调类	7	[0.6,0.7)	初级协调
	8	[0.7,0.8)	中级协调
	9	[0.8,0.9)	良好协调
	10	[0.9,1.0)	优质协调

表6 公共图书馆建设与人力资本投资效率耦合协调度的测度结果

区域	省级行政区	2011	2012	2013	2014	2015	2016	2017	2018	2019	2020	2021
东部	北京	0.4903	0.5073	0.5222	0.5279	0.5248	0.5438	0.5324	0.5549	0.5550	0.5091	0.5612
	天津	0.4492	0.4580	0.4817	0.4894	0.4890	0.5174	0.5133	0.5444	0.5588	0.4969	0.5280
	河北	0.5361	0.5525	0.5714	0.5139	0.5905	0.5636	0.5871	0.6119	0.6075	0.5766	0.6953
	辽宁	0.4442	0.4337	0.4242	0.4672	0.5308	0.5931	0.6496	0.6560	0.6071	0.6437	0.6371
	上海	0.5874	0.6056	0.6579	0.6812	0.6944	0.6909	0.6333	0.6307	0.6267	0.5710	0.6192
	江苏	0.6632	0.7031	0.7064	0.7229	0.7290	0.7583	0.7801	0.7958	0.7994	0.9168	0.9099
	浙江	0.6985	0.6909	0.7020	0.7277	0.8025	0.7943	0.8038	0.8527	0.8446	0.8264	0.8533
	福建	0.5598	0.5781	0.5877	0.5977	0.6018	0.6453	0.7180	0.6752	0.6707	0.6120	0.6500
	山东	0.6322	0.6444	0.6017	0.6649	0.6436	0.6714	0.6576	0.6709	0.6693	0.7162	0.6949
	广东	0.7261	0.7414	0.7027	0.7686	0.7413	0.7914	0.8224	0.8700	0.8940	0.8709	0.9189
	海南	0.3445	0.3602	0.3027	0.3644	0.3788	0.2809	0.4060	0.3688	0.2902	0.3003	0.3465
	均值	0.5574	0.5705	0.5691	0.5933	0.6115	0.6228	0.6458	0.6574	0.6476	0.6400	0.6740
中部	山西	0.4192	0.4385	0.3942	0.3984	0.4460	0.5608	0.4915	0.5201	0.6813	0.5896	0.5599
	吉林	0.4051	0.3873	0.3454	0.3643	0.3731	0.3876	0.3821	0.4219	0.4348	0.4297	0.4600
	黑龙江	0.5099	0.4768	0.4734	0.4682	0.4552	0.5431	0.5165	0.5755	0.5322	0.5179	0.5125
	安徽	0.5513	0.5081	0.5695	0.5063	0.5147	0.5059	0.5091	0.5751	0.5544	0.5650	0.5917
	江西	0.5324	0.4947	0.5707	0.4526	0.4620	0.4871	0.4652	0.4753	0.4728	0.4806	0.5042

续表

区域	省级行政区	2011	2012	2013	2014	2015	2016	2017	2018	2019	2020	2021
中部	河南	0.5929	0.5671	0.5635	0.5920	0.6349	0.6350	0.5847	0.6124	0.5784	0.6407	0.5649
	湖北	0.5764	0.5960	0.5442	0.4774	0.4711	0.4661	0.4743	0.5008	0.5115	0.5015	0.5484
	湖南	0.5614	0.5916	0.6022	0.6098	0.5862	0.5932	0.5972	0.5882	0.5917	0.6395	0.6937
	均值	0.5185	0.5075	0.5078	0.4836	0.4929	0.5223	0.5025	0.5336	0.5446	0.5455	0.5544
西部	四川	0.5928	0.5850	0.5826	0.5695	0.5774	0.5904	0.6194	0.5727	0.5289	0.5351	0.5123
	贵州	0.4683	0.3808	0.4006	0.3817	0.3642	0.3487	0.3512	0.3660	0.3649	0.3737	0.4229
	云南	0.5439	0.5667	0.4542	0.4768	0.4766	0.5111	0.5128	0.6030	0.5673	0.5421	0.6167
	西藏	0.0863	0.3131	0.1448	0.1522	0.1544	0.1776	0.1758	0.1936	0.2117	0.2158	0.2307
	陕西	0.4530	0.4928	0.5393	0.5216	0.5504	0.5073	0.5067	0.5125	0.5409	0.5846	0.5968
	甘肃	0.3831	0.3969	0.4054	0.3970	0.3766	0.4018	0.4171	0.4427	0.4417	0.4291	0.4354
	青海	0.2387	0.1989	0.1991	0.1932	0.2182	0.2288	0.2263	0.2518	0.2682	0.2871	0.2863
	宁夏	0.2249	0.2299	0.2497	0.2588	0.2436	0.2583	0.2769	0.2872	0.2908	0.3088	0.3350
	新疆	0.3111	0.3222	0.3218	0.3341	0.3591	0.3709	0.3723	0.4108	0.4590	0.5140	0.5752
	内蒙古	0.2814	0.3188	0.3455	0.3353	0.3512	0.3837	0.4099	0.5559	0.5509	0.5252	0.5367
	广西	0.5377	0.4227	0.4284	0.4506	0.5047	0.6023	0.5082	0.5050	0.4925	0.5106	0.5295
	重庆	0.5021	0.5123	0.4935	0.5306	0.5611	0.5293	0.5224	0.5114	0.5023	0.5740	0.5506
	均值	0.3852	0.3950	0.3804	0.3834	0.3947	0.4091	0.4082	0.4343	0.4349	0.4500	0.4690
全国	均值	0.4808	0.4863	0.4803	0.4837	0.4970	0.5142	0.5169	0.5391	0.5387	0.5421	0.5638

根据测度结果(图7)可知,2011—2021年间,我国全国公共图书馆建设与人力资本投资效率的协同发展水平呈平稳上升趋势,两者的耦合协调度在2021年达到0.5638,不仅相较2011年提升17.26%,而且即将达到初级协调状态。但从发展阶段来看,尽管我国公共图书馆建设与人力资本投资效率的耦合等级在2011—2021年间已达6级,但耦合均值在此期间仅为0.5129,整体依旧处于勉强协调阶段,两者的协同发展水平仍具有较大提升空间,耦合协调度有待进一步提高。其中,2011—2015年间,我国全国公共图书馆建设与人力资本投资效率的耦合等级均为5级,处于濒临失调的初级发展阶段,耦合值均在0.4—0.5区间范围内;2016—2021年间,两者耦合等级提升至6级,进入勉强协调的转型升级阶段,耦合值均在0.5—0.6区间范围内。

分地区来看,东部地区公共图书馆建设与人力资本投资效率的协同发展水平一直远高于全国平均水平,耦合均值在2011—2021年间为0.6172,耦合等级达到7级,处于初级协调阶段,近年来更是有迈入中级协调状态的趋势。中部地区公共图书馆建设与人力资本投资效率的协同发展水平与全国平均水平基本保持一致,耦合均值在2011—2021年间为0.5194,耦合等级为6级,处于勉强协调阶段。而西部地区公共图书馆建设与人力资本投资效率的协同发展水平则一直低于全国平均水平,耦合均值在2011—2021年间仅为0.4131,耦合等级仅为5级,处于濒临失调阶段。

从省级行政区层面看,公共图书馆建设与人力资本投资效率的协同发展水平大致分为五个梯队。第一梯队为广东。具体来看,广东在2011—2021年间公共图书馆建设与人力资本投资效率的耦合均值为0.8043,耦合等级达到9级,处于良好协调阶段,并且在2021年其耦合值超过0.9,耦合等级高达10级,达到优质协调状态。第二梯队为江苏和浙江,这两个省级行政区在2011—2021年间公共图书馆建设与人力资本投资效率的耦合均值分别为0.7713和0.7815,耦合等级均达到8级,处于中级协调阶段。其中,江苏自2020年起,其耦合值均超过0.9,耦合等级高达10级,保持优质协调状态;浙江则是自2017年起,其耦合值均超过0.8,耦合等级达到9级,保持良好协调状态。第三梯队为上海、福建、山东和湖南,这四个地区在2011—2021年间公共图书馆建设与人力资本投资效率的耦合均值分别为0.6362、0.6269、0.6606和0.6049,耦合等级均达到7级,处于初级协调阶段。其中,山东和湖南近年来有迈入中级协调状态的趋势,而上海和福建则相对稳定。第四梯队为北京、天津、河北、辽宁、黑龙江、安徽、河南、湖北、四川、云南、陕西和重庆,这 12 个地区在 2011—2021 年间公共图书馆建设与人力资本投资效率的耦合均值分别为 0.5299、0.5023、0.5824、0.5533、0.5073、0.5410、0.5969、0.5152、0.5696、0.5337、0.5278 和 0.5263,耦合等级均为 6 级,处于勉强协调阶段。其中,河北和辽宁分别自 2018 年和 2017 年起,效率均值均已超过 0.6,耦合等级达到 7 级,有进入初级协调阶段的趋势,而其他地区则相对稳定。第五梯队为海南、山西、吉林、江西、贵州、西藏、甘肃、青海、宁夏、新疆、内蒙古和广西,这十二个地区在 2011—2021 年间公共图书馆建设与人力资本投资效率的耦合均值整体均低于 0.5,或是处于濒临失调阶段,或是仍陷在轻度和中度失调阶段,甚至西藏在此期间耦合均值仅为 0.1869,耦合等级仅为 2 级,深陷在严重失调阶段,并且除海南以外的 11 个省级行政区均位于中部和西部地区。

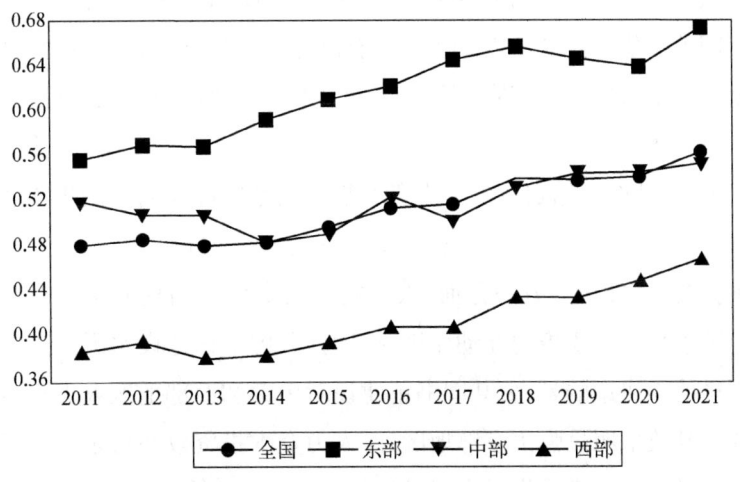

图 7　公共图书馆建设与人力资本投资效率耦合协调度的变动趋势

六、研究结论与政策建议

本文构建熵值赋权模型和全局超效率 SBM 模型,评价测度 2011—

2021 年我国 31 个省级行政区的公共图书馆建设水平及人力资本投资效率。在此基础上,本文利用向量自回归模型和耦合协调模型,评估检验公共图书馆建设与人力资本投资效率间的驱动效应及协同发展水平。

研究发现:第一,我国全国公共图书馆建设水平总体呈快速上升趋势。相较于 2011 年,建设水平在 2021 年提升 126.00%,但其建设水平得分均值在此期间仅为 0.1416,距离达到高水平建设水平仍具有较大进步空间,并且地区间存在明显差距。东部、中部和西部地区建设水平得分均值在此期间分别为 0.2103、0.1401 和 0.0817,东部地区不仅建设水平明显高于中部和西部地区,而且两者间的建设水平差距还随着时间推移而逐渐扩大,年均扩大幅度分别达 8.77% 和 10.59%。

第二,我国全国人力资本投资效率在此期间总体呈波动下降趋势。相较于 2011 年,效率值在 2021 年下降 12.63%,效率均值在此期间仅为 0.6602,处于相对弱有效状态,并且地区间存在明显差距。东部、中部和西部地区效率均值在此期间分别为 0.8961、0.6165 和 0.4731,尽管东部地区在此期间效率值下降 3.26%,但仍处于相对高效状态;而中部和西部地区在此期间不仅效率值分别下降 33.10% 和 19.50%,且仅处于相对低效状态。

第三,公共图书馆建设与人力资本投资效率间存在明显的正向联动效应,彼此间互为驱动。一方面,公共图书馆建设水平的提高有助于促进人力资本投资效率提升;另一方面,人力资本投资效率的提升又将对公共图书馆建设水平产生积极的互动作用,推动公共图书馆建设水平的进一步提高。不过值得注意的是,公共图书馆建设对中部和西部地区人力资本投资效率的提升效果明显强于东部地区,而人力资本投资效率对东部地区公共图书馆建设水平的互动作用力明显强于中部和西部地区。

第四,我国全国公共图书馆建设与人力资本投资效率的协同发展水平总体呈稳定上升趋势。相较于 2011 年,两者间的耦合协调度在 2021 年提升了 17.26%,耦合等级达到 6 级,即将进入初级协调状态,但两者间的耦合均值在此期间仅为 0.5129,整体仍处于勉强协调阶段,并且地区间存在明显差距。东部地区公共图书馆建设与人力资本投资效率的耦合均值在此期间为 0.6172,处于初级协调阶段;而中部和西部地区两者间的耦合均值在此期间仅分别为 0.5194 和 0.4131,处于勉强协调和濒临失调阶段。

上述研究结论具有明显的政策含义。一方面,政府部门应当构建公共图书馆建设与人力资本投资的财政扶持长效机制,加大对两者财政投入力度的同时,尝试性地引入多重民间资本投资,从而有效拓宽两者的投融资渠道,并适当对中部和西部地区进行政策倾斜。此外,政府部门还应当积极创造宽松畅通的要素流动环境,引导东部地区优质人才、先进技术和成功经验向中部和西部地区有效流动,强化东部与中部、西部地区间的交流与协作,充分吸收东部地区在公共图书馆建设以及人力资本投资方面的空间溢出效应,实现东部与中部、西部地区间公共图书馆建设与人力资本投资要素的融通、互补和共享,提升地区发展均衡性。另一方面,政府部门应当充分发挥公共图书馆建设与人力资本投资效率间的联动效应,加强两者间的互动作用与协同发展。具体来说,政府部门在提高公共图书馆常规资源流动速率的同时,需要充分考虑地区人力资本积累状况,收集采购与当地人口综合素质相匹配的文献资源以及书籍资料,构建形成具体地方特色的馆藏资源,并积极开展特色知识讲座与展览培训,切实发挥公共图书馆对人力资本投资效率的驱动效应。此外,政府部门在加大地区人力资本投资力度时,也需充分评估地区公共图书馆建设现状,协调匹配人力资本各项指标投资强度与地区公共图书馆建设水平间的发展关系,有效发挥人力资本投资效率对公共图书馆建设的带动效应。

参考文献

白勇,2016,《我国创新型人力资本技术效率研究》,《商业研究》第 4 期。

白勇、马跃如,2013,《我国人力资本投资效率及其影响因素的实证分析》,《统计与决策》第 14 期。

蔡昉,2012,《未富先老与中国经济增长的可持续性》,《国际经济评论》第 1 期。

陈力行、宋华雷、徐建华,2011,《我国公共图书馆发展与经济增长关系初探——公共图书馆财政投入与 GDP 的实证分析》,《图书馆论坛》第 4 期。

陈晓迅、夏勇海,2013,《中国省际经济增长中的人力资本配置效率》,《人口与经济》第 6 期。

程慧平、万莉、张熠,2015,《基于偏最小二乘结构方程的我国区域公共图书馆发展水平研究》,《图书情报工作》第 12 期。

褚树青、屠淑敏,2016,《对公共图书馆使命及其与其他基本公共服务关系的再认识》,《图书馆建设》第 2 期。

戴广珠,2016,《公共文化服务新常态下的省级公共图书馆服务功能定位》,《新世纪图书馆》第 5 期。

封福育、李娟,2020,《文化资本积累与经济增长的多重均衡:理论与中国经验》,《统计与信息论坛》第 2 期。

封永刚、邓宗兵,2015,《中国人力资本投资效率的收敛性及影响因素研究》,《人口与经济》第 3 期。

高嘉诚、刘钥,2022,《财政支出真的提升了医疗资源配置效率吗?》,《中国软科学》第 S1 期。

高强、徐晗筱、李宪宝,2018,《中国农村人力资本投资效率影响因素研究》,《世界农业》第 11 期。

韩慧、李少惠,2022,《我国公共图书馆服务效率的时空差异与影响机制研究》,《图书馆杂志》第 2 期。

李晓新,2005,《我国公共图书馆可持续发展中的功能设计》,《图书馆理论与实践》第 1 期。

刘富贵、龚旭、赵旭,2001,《吉林省 21 世纪图书馆新功能模式探究》,《情报科学》第 7 期。

刘华军、乔列成、石印,2021,《重大国家战略区域视角下长江经济带与黄河流域生态效率比较研究》,《中国软科学》第 10 期。

刘静,2018,《公共图书馆与区域经济发展耦合协调度研究》,《新世纪图书馆》第 11 期。

刘军、常远、李军,2012,《区域人力资本投资效率评价与提升策略研究》,《东岳论丛》第 5 期。

柳劲松、苏美玲,2019,《民族地区基本公共教育投入的人力资本积累效率——基于民族八省区面板数据的 DEA 分析》,《中南民族大学学报》(人文社会科学版)第 5 期。

陆新文、程怡、王苗苗,2019,《长三角城市群人力资本投资效率及其影响因素分析》,《江汉大学学报》(社会科学版)第5期。

罗富政、贺小龙,2022,《公共图书馆事业发展、文化资本与区域经济协调发展》,《统计学报》第4期。

宋丽娟、余泳泽,2023,《书香四溢:城市公共图书馆建设与创新知识溢出》,《当代财经》第3期。

宋萍,2006,《公共图书馆功能的拓展——文化休闲》,《图书馆理论与实践》第4期。

隋鹏飞,2015,《公共图书馆与人口文化素质的耦合协调度研究》,《图书情报工作》第22期。

王惠、李小聪、丁瑾,2018,《我国公共图书馆财政支出与经济增长关系再审视》,《图书馆论坛》第2期。

王智勇、李瑞,2021,《人力资本、技术创新与地区经济增长》,《上海经济研究》第7期。

王智勇、周洁,2023,《公共图书馆、产业集聚与科技创新——基于278个地级市2003—2016年面板数据的分析》,《图书馆研究》第2期。

徐琳,2019,《关于基层公共图书馆拓展教育功能的探索与研究——以上海市嘉定区图书馆"馆校结合"项目为例》,《图书馆理论与实践》第10期。

于引、尹庆双,2018,《资本市场对人力资本投资效率和风险的识别与定价》,《财经问题研究》第11期。

翟富珍、苏立宁,2020,《安徽省人力资本投资效率及其影响因素分析——基于DEA-Tobit模型》,《牡丹江大学学报》第7期。

张靖、李健伟,2013,《公共图书馆与公民教育——以立人乡图书馆为例》,《图书馆》第5期。

周宇麟、邵春骁,2014,《社会教育是公共图书馆的使命——论国内公共图书馆在社会教育中的角色定位》,《图书馆》第4期。

左马华青、宋旭光,2022,《资本投入、劳动力结构与相对人力资本投资效率》,《北京师范大学学报》(自然科学版)第3期。

(特约编辑:许琪)

在正常与异常之间：癌症患者的康复之路

涂　炯　黎子莹*

摘要：在癌症患者的康复历程中，正常感与异常感是一个持续的纠葛状态。本文以经历造口手术的肠癌患者为例，以呈现这种纠葛状态。造口患者期望治疗后能恢复正常，术后却因为造口的存在难以恢复如常。患者持续的异常感不仅与身体的改变有关，更与社会层面的互动与建构息息相关。造口患者通过各种方式努力变得正常：恢复完整的身体、扮演正常的社会身份、接纳新常态。他们的康复之路是一个持续的适应和协商的过程，而所谓的"正常"也是一个复杂的、流动的状态。作为行动者的个体受到"正常"的社会规范形塑，努力让身体和行动符合社会期待，同时也具有能动性，去协商和建构新常态。然而，这些努力仅停留在个体层面，改变患者的生存处境也需要社会观念、空间与制度对多元身体状态的包容与考虑。

关键词：正常状态　正常化　造口人　身体　康复

一、导　言

30多岁的阿霞[①]28岁时被确诊为肠癌，门诊时最权威的医生告诉她，由于病变位置离肛门很近，无法保肛，需要做造口，俗称人工肛门。"这是我第一次听到'造口'两个字，医生给我拿出了造口示意图。我对造口一无

---

*　涂炯（tujiong@mail.sysu.edu.cn），中山大学社会学与人类学学院教授；黎子莹，中山大学社会学与人类学学院硕士研究生。
①　为遵守保密性和匿名性的研究伦理，文中被访者名称均为化名。

所知,只是在医生的口中,造口对于我来说,意味着我只要做了造口,以后还可以正常生活、工作,跟正常人没什么不同,只是改变了排便方式而已。""医生反复强调,做了手术以后,我就可以恢复得跟正常人一样了,没有什么不方便的……"年轻的阿霞不想做造口,但在生命安全与身体完整性之间考虑,阿霞最终同意了医生的建议。然而"术后回到家,心里的落差太大了,生活和医生说的完全不一样,本来说和正常人一样,简直都是骗人的……"

阿霞的遭遇是很多术后身体改变的患者的共同经历。在临床实践中,疾病被视为异常,健康则被视为正常(Souza & Lima,2007)。患者期待通过手术等方式来摆脱疾病状态,恢复"正常"的生活。可是对带病生存的癌症患者而言,这似乎无法实现。术后,身体发生彻底改变的他们发现生活再也回不到从前,个人似乎将要永远处于一种"异常"的状态。对于这些身患重大疾病的患者,我们需要关注的不仅是患者的治疗体验,也需要去理解患者治疗后漫长的康复生活。如果疾病打破了患者过去"正常"的生活,那么扛过了治疗期后,患者是否能够恢复"正常"? 如果不能,那么他们如何协商正常与异常感,如何适应和应对"异常"的生活?

对此,本文以"造口人"的经历为例,考察患者身患威胁生命的重大疾病后,他们的术后生存与适应。造口是指通过手术方式(在治疗直肠癌、膀胱癌或其他肠道疾病时)不得已将排泄口改道,医生在患者下腹部开一个排泄口,将肠道出口移位到肚子上。术后,患者要在腹部携带承接排泄物的袋子,接受造口手术的人因为这一明显的特征也被称为"造口人"。国内造口人数量巨大,总数已超过100万,每年新增人数在十万以上(39深呼吸,2020;胡亚平,2015)。然而,这个群体隐藏在人群中,很少被公众所了解。

造口术的发展和改进挽救了不少(结直肠、膀胱泌尿系统)癌症患者的生命,却也给他们带来了身体永久的改变,且不可避免地在心理、家庭、社会等方面影响着患者的生活(Zhang, Wong & Zheng, 2017)。在身体方面,造口人术后的改变包括外观的改变、功能的中断和感觉的变化。在体验上,除了一般的身体虚弱、不适甚至疼痛,还有对身体控制的焦虑。身体影响着心理,造口患者术后大都存在不同程度的负面情绪:一方面是由于疾病本身的症状及术后并发症带来的躯体痛苦、对疾病复发的恐惧;另一方面是由于造口的外观、排泄的不可控性、排泄物的气味和声响等使患者产生强烈的病耻感(刘恒旸、陈曦、王静成,2017)。生理结构和排泄习惯的改变使个体失去了"熟悉的身体"。造口后,患者身体原有的排泄功能不再受控,需要时刻关注造口袋的状况,而当使用造口器材过程中出现大小便泄露时,许多患者会产生失望、自卑的心理。有学者将对身体控制的焦虑与个体的自我意识联系起来,认为身体的改变造成了身体与自我的脱节。对身体的有效控制符合对成人的社会期待,而造口人术后的排泄方式与社会认可的普遍方式相去甚远,造口人还需承担排泄物渗漏的风险,诸如此类丧失控制的事件与成人自主的观念相矛盾(Manderson,2005)。除了身体的改变和失控,与身体和排泄相关的文化也进一步强化了造口人对于自我身体认知的断裂,比如对于排泄物的不洁性认知(龚霓、方芗,2016),中国民间话语中与直肠、肛门有关的诅咒和传统观念中的"身体发肤受之父母"等(Yuan,Zhang & Zheng et al.,2018)。有造口的身体是陌生的、可能令人厌恶的,这种不符合自我期待、社会文化的身体认知导致造口人出现逃避或退出社会活动的倾向,将自我与社会进行隔离(Thorpe & McArthur,2017)。面对疾病带来的巨大改变,患者经历过冲击,也努力适应。对许多造口人而言,追寻"正常"是他们术后生活的主题。他们会通过重新熟悉和掌控自己的身体来开始适应,努力回归"正常",越是接近社会认可的排泄习惯,就越是接近完整成人人格的文化范畴,让他们作为正常人或普通人的身份被合法化(Kelly,1991)。

  本文以造口人群体为例,关注癌症患者的康复历程,了解他们的术后体验和回归日常生活的经历;理解患者如何回归生活、找寻"正常",有助于构想如何为患者提供更好的支持系统。造口人代表了各种经历重病治疗、遭受不幸或先天残疾的人在社会上的状态,对他们过去"隐蔽"经验的呈现有助于我们反思如何在公共空间建构一个包容多元身体与生活状态的社会。

二、文献回顾：正常与异常

这部分从慢性病患者患病经历中的疾病应对开始,围绕疾病适应策略中的正常化来重点讨论。在患者正常化作为疾病应对方式的基础上,后文继续就患者正常化的原因及后果进行讨论,引出"正常"的规范性和建构性。正是"正常"的规范性和建构性,让患者的正常化努力具有不确定性,后文则以造口人的经历为例来探讨社会建构的"异常"与患者个体层面的"正常化"努力,彰显二者之间的不匹配。

（一）对慢性疾病的适应策略:正常化

慢性疾病是一种持续性破坏事件。社会学家查默兹(Charmaz,1983)提出:疾病会导致患者的"自我丧失",现在的疾病无法融入过去的行为、生活和自我;急性疾病可能只会导致暂时的自我破坏,但慢性疾病可能会导致持续的自我丧失。对于慢性疾病的具体影响,伯里(M. Bury)提出"人生进程的破坏"(biographical disruption)这一概念,认为慢性疾病是一种日常生活的结构和支撑它们的知识形式被破坏的体验,使个人、家庭以及社会网络受到影响,破坏了正常的互惠和相互支持的规则,个人对未来的期望和计划也受到影响(Bury,1982;郇建立,2009)。面对慢性疾病带来的不可逆的改变,研究者注意到了病人在适应症状和治疗方案的冲击时所采取的积极行动。人们应对疾病的方式多样——忽略疾病、最小化疾病、与疾病斗争、对疾病妥协以及接受疾病——在这个过程中,可能会使用各种不同的资源。伯里认为可以用三个概念来分析慢性病的适应:"应对"(coping)指的是患者在情绪上处理自己处境的方法;"策略"(strategy)指的是病人试图通过自己的行动来应对疾病的方式;"风格"(style)反映了不同的人对疾病有不同的态度(Bury,2001)。此外,他还提出慢性病患者的两种"正常化"努力以应对疾病带来的破坏:通过保持尽可能多的病前活动,掩饰或最小化症状来保持他们病前的生活方式和身份的完整性;或是找到方法将他们的疾病融入改变的生活方式中（Bury, 1991）。查默兹研究慢性病人如何修复由慢性疾病带来的自我丧失，得出相似的结论：有些人客观化和外化疾病并努力回归过去的生活，以恢复、维护和保存疾病前的自我意识和身份认同；另一些人则适应了疾病，并在这个过程中建立了一个新的身份，通过改变日常活动以适应疾病的影响（Charmaz, 1995）。结直肠癌患者术后生活的相关研究也发现，患者的疾病管理方式可能是努力保持或恢复诊断前的身份（Manderson, 2005），也可能是接受并适应诊断后的新身份（Rozmovits & Ziebland, 2004），这两种都是"正常化"的方式。

许多学者也关注到患者具体的"正常化"方式和过程。正常化是人们维持正常生活的所有行为，包括承认疾病带来的破坏是存在的，最小化疾病带来的社会影响（如隐藏），进行能向他人展示出正常状态的活动（如保持与以往一致），将疾病融入个人的身份中（如构建新的正常），等等（Weiner, 1975; Sanderson, Calnan & Morris et al., 2011:619; Lewis, Willis & Yee et al., 2016:1168）。对患乳腺癌女性的研究发现，很多做妈妈的女性会让自己维持忙碌的生活，以保持一种正常状态，跟孩子维持连续感（Bell & Ristovski-Slijepcevic, 2011）；或采取"身体替代"如使用假发、戴义乳等方式来进行形象管理，使自己处在正常人的状态（黄盈盈、鲍雨, 2013）。与身患相同疾病的人共情地互相支持，也让人感觉相对正常（Parry, 2008）。克纳福等（Knafl & Deatrick, 1986）确定了这一正常化过程中的四个关键要素：（1）承认存在不同；（2）将生活定义为基本正常；（3）尽量减少疾病的社会后果；（4）在他人面前表现出正常的行为。与关注行为上的"正常化"不同，凯勒赫（Kelleher, 1988）则认为正常化是一种认知过程，它可能涉及"隔离"疾病的影响以将其影响最小化，或者通过重新定义价值观和信仰将疾病更充分地纳入个人身份与公共自我。

但"正常化"的适应策略也受到一些学者的批判。很多研究指出，对于如癌症一样威胁生命的重大疾病，患者难以维持发病前的状态，因为癌症诊断后的完全"恢复"是不可能的，患者可能感受到持续的破坏性体验，陷入生病和完全康复之间的过渡状态，不得不接受一个被改变的正常状态（Balmer, Griffiths & Dunn, 2015）。有研究者用"临界性"（liminality）这个概念来表达这种处于生活受限的状态，认为乳腺癌患者治疗后的生活涉及身份、日常生活和未来的持续协商状态(Trusson,Pilnick & Roy,2016)。此外，与过去的生活建立连续性也并非易事。纳文等(Navon & Morag,2004)探索关于激素治疗对前列腺癌患者的影响，指出治疗的副作用会使患者难以将疾病融入过去的生活方式中，"正常"和"异常"的差异随着时间的推移只会持续扩大。"正常化"的适应策略不同可能会让患者更好地应对疾病，也可能让疾病带来的影响更加严重(如疾病的隐瞒并不能解决问题，还可能限制患者的社会活动)。

从现有文献可以看出，面对如癌症一类的重大慢性疾病对个人生活的巨大冲击，"正常化"是大多数患者选择的应对方式，然而这样的应对结果具有极大的不确定性。

（二）正常的建构性与规范性

慢性疾病患者会积极地"正常化"他们的病情，这是从实践层面去努力达成的结果。那么，为什么患者会主动选择"正常化"？研究者将其归于两方面。一方面，从患者自身的认知和体验出发，个体通过疾病的"正常化"叙述对疾病进行"隔离"并对疾病后果进行否认，努力减少疾病带来的影响，以此作为一种应对和重建身份的手段(Pound, Gompertz & Ebrahim, 1988)。另一方面，从社会文化的角度出发，患者选择"正常化"与疾病的象征意义和道德化有关。研究发现家庭对其成员患病或残疾有一种隐含的道德期待，认为正常化是好的，强大的社会压力促使家庭做出这种反应(Knafl & Deatrick,1986)，患者自己也会表现出自己的"正常"的一面以摆脱一些负面的刻板印象(Sanders,Donovan & Dieppe,2002)；另有研究指出，呈现外部正常生活的动力大多与维持社会身份以及不履行社会角色的污名相关(Sanderson,Calnan & Morris et al.,2011)，生病使人不能扮演正常的社会角色，患者被要求配合医生治疗，以期恢复健康的身体状态，回到"正常"的生活轨道上来(Parsons,1951)。

无论是患者自身的认知体验还是社会文化期待，都将"正常"作为一种应有的规范。然而，"正常"(normal)或"正常状态(常态)"(normality)的定义是什么？正常与异常的衡量是基于什么标准？

正常隐没于人们的感知中,常常被视为理所当然。但正常及常态却是社会学关注的议题,因为社会学一直以来都关注日常生活秩序是如何维持稳定的;正常的生活意味着是"普通的"(ordinary)、"平均的"(average)或者"常规的"(conventional)(Boll,2022)。对于人的身体,传统的医学模式也强调"正常"(normal)与"异常"(abnormal)的概念,认为没有残损且具有活动与社会参与能力的状态是一种"正常"状态,而残障是一种机能"异常","正常"与"异常"的差异是客观的、生理性的、本质的(鲍雨、黄盈盈,2015)。这种观点强调了疾病的消极方面,忽略了意义形成的结构背景,强化了残疾人的"受害者"形象,以及对自我和身份的消极认识(Williams,1996)。"正常"的定义以及正常化的反思常常涉及对人的行为和状态(从智力障碍、身体残疾到越轨行为)进行道德评价。虽然身体的客观现实是判断正常或异常的核心要素(Grosz,1994),但正常与异常的标准不一,其定义受到社会、文化、意识形态等多方面的影响,且随不同历史时期而有所变化。正常化被认为是一种意识形态,而意识形态常常由占主导地位的人所设定。正常化的意识形态涉及什么是好的、什么是公正的观念(Anderton,Elfert & Lai,1989)。

社会结构和规范控制着我们对正常与不正常的认知(Landqvist & Nikolaidou,2019)。"正常"指向的是常态与合乎规范,不仅包括健康的、身体机能正常运转的生理性身体,也包括社会对于身体的态度,即符合社会规定的某种身体(黄盈盈、鲍雨,2013)。从这个意义上讲,"正常"的概念具有规范性(健康需要什么),也常常等同于道德上的正确性(个人"应该"怎样)(Lock & Nguyen,2010:32),对人具有极大的控制。

在医疗领域,对于"健康"与"疾病"的定义在不同文化和历史时期有很大差异。对正常与异常的争议在看不见的并没有器质性改变的精神类疾病或行为科学中尤为凸显。在这个领域,针对正常本身,研究者从功能的视角指出它表达的四个方面:正常作为健康(health)——人没有显著的精神病理问题,行为则在正常的范围内;正常作为理想(utopia)——人身心各方面处于和谐的最佳功能状态;正常作为平均(average)——个人的指标数据处于人群统计数值的中间状态;正常作为过程(process)——正常行为是互动系统的结果,暂时的变化是必然的,正常则是在过程和变化中所形塑的(Rhi,1995)。从以上四个方面可以看出,正常有很多社会的影响因素及社会建构的成分,正常在很多情况下是相对的。正如学者指出:"根本就不存在其本身就是正常或病态的现象。一种异常,或者一种突变,本身并不是病态的。这两者表达了其他可能的生命标准……病态,并非是生物学标准的缺席;而是被生命相对排斥的另一种标准。"(康吉莱姆,2015:103)

"正常化"是许多慢性病患者,包括造口人术后社会适应的策略,然而"正常化"的结果和"正常"的规范是不确定的。受上述观点的启发,本研究将从造口人术后的身体体验和社会生活切入,探讨正常、异常对于切身经历疾病的患者意味着什么?造口人如何协商正常和异常感?如何积极地形塑他们的身体和生活以变得更加"正常"?这些正常与异常的纠葛如何受到社会结构(医保机构、残疾认证制度、社会观念等)所形塑?对这些问题的探讨,有助于我们了解经历重大身体改变的患者社会适应中的困境,进而思考对患者支持系统的改进。

三、研究方法

本研究通过访谈和观察相结合来探索造口人的术后生活。研究最早在一所肿瘤医院的泌尿科开展。在田野中,研究者结识了一群做"志愿者"的造口人,他们造口多年并将自己的经历与即将面临造口手术的患者分享。后来在他们的介绍下,研究者结识了更多处于不同阶段的造口人及其家庭,前后与17位造口人进行深度访谈。受访者包括11位女性、6位男性,年龄介于18—76岁之间,造口时长最短的不到半年,最长的24年(表1)。这些异质性的受访者为收集造口人术后不同阶段的疾痛体验提供了契机。

除了访谈,研究团队成员在医院观察造口人的治疗经历,并多次参与造口人的线下聚会,加入他们的线上社交平台(如微信群),观察他们的互动与日常疾病的应对。造口人之间的交流展现了一些他们很少向"外人"

透露的感受。此外,研究者收集造口人的自我记录、自述文章等资料,获得许可后作为本研究的补充,以进一步了解造口人术后的日常经历及真实想法。

患者不同的病情诊断、年龄、患病时长、所处社会环境、家庭支持等情况,都会影响他们的疾病经历与应对策略。在注意这些差异性的前提下,我们试图去寻找以造口人为例的癌症患者在疾病的不同时期感受和应对策略中的一些共性,以更好地理解这个群体所经历的苦痛并思考社会可以改进之处。[①] 文中所有的名字都做了匿名化处理以保护受访者隐私,减少可识别性。

表 1 被访者信息表

信息		人数
性别	男	6
	女	11
年龄区间(岁)	18—40	7
	41—60	7
	>60	3
患病时长(年)	<5	9
	5—10	7
	>10	1
总数		17

四、在正常与异常之间

我从来就没把自己当病人看。

---

① 如后文所呈现的,刚做完手术的患者会有更多异常感,而术后多年的患者更可能发展出新常态。但对于患病很多年的患者,我们会通过他们对自身经历的回顾,回溯到患病初期的冲击和异常感,并呈现这些患者在同样的时期可能共享的主体体验。

我们本来就是病人。(20190511HLB)[①]

这是某次访谈中两位造口人的对话。这种对病人身份的认知与反思、在健康与疾病分别意指的"正常"与"不正常"之间的挣扎，反复出现在他们的叙述中。患者"从来就没把自己当病人看"，反驳病人身份所带来的异常，努力"正常地生活"。可身体切实的改变和被事实赋予的"病人"身份似乎又是无法否认的，"异常"依然多多少少在日常生活中随时凸显。"正常"，是几乎每一位受访者都会提及的词语。术前对造口手术的抗拒，觉得造口后的自己不再"正常"；手术后安慰自己恢复后还可以像"正常"人一样；造口多年后强调自己和"正常"人没什么不同；然而即便"近乎正常"，各种经历依旧让患者有持续的残障感……"正常"与"不正常"出现在所有受访者的话语中，贯穿着他们疾痛的始终。后文围绕三方面对患者历时体验中"正常"与"异常"的纠葛进行讨论：术后被改变的身体与生活所带来的异常；恢复期社会建构的持续残障感；随着时间推移，患者试图变为正常的努力。

（一）被改变的身体与生活

疾病是"不正常"的，变得"正常"意味着进行治疗并康复。医务人员为了挽救患者生命，鼓励患者接受造口手术，强调术后能回归正常生活。医务人员强调的"正常"是基于病理的视角，如膀胱的全切可以有效地控制肿瘤，避免扩散。对于医生来说，患者不再被疾病威胁生命就是最佳的选择。来自专家的鼓励及医学技术带来的希望让患者对手术抱以厚望，术后将要面临的问题被暂时遮蔽。然而，手术的切割反而让治疗后的身体变得不正常，这打破了患者的自我期待。造口人对改造后的身体的抗拒在造口初期表现得尤为强烈，甚至有患者拒绝接受造口手术，因为不能接受自己的身

[①] 访谈编号由访谈日期和（单个或多个）受访者名字缩写组成，以匿名化受访者个人信息。因引用的话语有的来自单个人的深度访谈，有的来自田野调查中造口人的讨论，涉及多人谈话，故并没有使用单个受访者假名的方式来编码。

体变得不正常。他们表示,宁可作为一个"正常"的病人死,也不愿意以"不正常"的身体活着。

> 那个医生跟我讲:"你做完这个手术后,应该能够恢复得和正常人一样,不是那种无法完全康复的情况。"医生说的是很好的前景,然后跟我说做造口的事,图片在那放着,但是我没有概念嘛,以为还可以像以前一样生活,也不耽误什么,我就这样想,就想活着嘛。(20180114YYTT)
>
> 我文化那么低,再没有肛门,这样对我的影响是不是很严重?没有肛门,是不是会毁了我的一生?那还不如让我死呢,我活在这个世界上也是受罪。(20181203XY)

对大多数造口人来说,造口是为了生存而不得已接受的权宜之计,在面临生存希望和疾病恶化时,求生的本能驱使他们做出选择。做了造口就有可能活下来,至于造口后的生活如何,他们来不及去细想。但当死亡的阴霾逐渐褪去,改造后的身体却突兀地出现在生活中,成为患者不得不关注的焦点。不少造口人术后很长一段时间内都对自己的身体持抗拒态度,觉得自己"身体坏了""像怪物"。

> 我刚做完手术时,心情不好的时候很不接受自己,穿上衣服像个人一样,不穿衣服像个妖怪一样——就像怪物那样。(20180114YY)
>
> 我一直很排斥这个造口,甚至出院一年后我都很难受,我接受不了,造口袋子我都不自己换。(20190511HLB)

手术后,患者感觉自己的身体已经"跟以前不一样"了,偏离了过往对自己的认知,这种偏离被他们判定为"不正常"。他们用"残废""像怪物"这样的词来形容自己,将异常的身体与"像个人""以前"的正常身体对立起来。身体部分的缺失和身体功能的改变使他们不能继续生活在一个毫无争议的、熟悉的世界里(Hunt, 1998)。

对不少造口人而言,他们在术后面临的不只是身体的变化,还有随之而来的生活变化。生活的变化无处不在,从维持生命最基本的吃和睡开始。对大多数普通人来说,进食不只为了维持生存所需,还有享受美食所带来的快乐和满足感。"民以食为天",对于中国人来说,"吃"还是一种庆祝的仪式,过年过节少不了聚餐。可是,造口后生理结构的改变和消化系统疾病的阴影,使得患者不能也不敢像从前那样吃。除了吃,还有睡。睡觉本是个体在生活中最放松的时刻,但由于造口袋的存在,睡觉也变成了一件不自由的事。造口人即使在睡梦中,也要有意识地保护好造口袋,为此甚至要改变自己多年来睡觉的习惯,否则等待他们的就是清洁衣服、被子的大麻烦。

> 我老婆从上海做手术回来以后庆祝啊,大家高兴啊,又去吃了,吃完就肠梗阻了。(201905JRH)
>
> 我生病之前睡觉乱滚,现在睡觉可乖了,一躺下就不动。要是我也滚,会搞得一床的屎,我接受不了,太受罪了。(20190511HLB)

造口人的外表看上去"正常",这有赖于衣服的掩盖。他们穿衣不再像病前那样考虑喜好和美观,而是考虑会不会影响造口袋,能不能遮掩住造口袋。年轻的女孩也不得不放弃修身塑形的衣裙,转而选择宽松的上衣和能包住造口袋的裤子。

> 现在我们穿的裤子是那种有松紧带的,自从做完手术之后我就没有穿过那种扎皮带的了。我以前很喜欢穿牛仔裤、扎皮带的,现在都不扎皮带了。现在在市场上很少能买到合适的牛仔裤了,裤腰都是正好卡在造口袋上面,要不就是造口袋上面露出来一截,要不就是卡在那块。(20180114YYTT)
>
> 穿衣服不方便,比如不能穿太紧的,别人一眼看到造口袋。(20191030LY)

造口带来的改变出现在日常生活最基本的吃、穿、睡中,虽然都是小事,却如鲠在喉,时刻提醒着造口人身体改变的事实。除了日常生活的改变,身体的变化还对造口人生病前的社会角色及职责履行造成了影响。造口手术并不是一劳永逸的,患者术后需要对造口细心护理,否则会引发皮肤过敏等问题;他们被告诫术后不能提重物、不能剧烈运动,因为对造口的压迫可能会导致旁疝等问题。也因此,造口人难以分担家务劳动,原本的家庭分工不得不转移到其他家庭成员身上。在社会参与方面,他们工作的选择减少了,不能找对体力有要求的工作,对于原有工作的规划也可能因此改变,职业发展受限。

> 对于造口人来讲,虽然术后恢复一段时间后,精神状态可以跟正常人一样;可在生活中,还是跟生病以前不一样。重的东西拿不了了,女人连孩子都不能久抱,更不用说拎桶10斤的油,或者经常拿些重的东西;男人也一样,不像以前扛个煤气灶,拎个几十斤的大米啊。好多病友,男的病了,就说回家什么重活都不做了……因为造口,我很多重体力的工作都不能做了。这就意味着,我回到东北老家,可以选择的工作很少。(201712YY)
>
> 如果我没得病,应该会选择其他工作吧,男孩子嘛,总是想拼一拼事业的,不会像现在这样做内勤。主要是自己的身体,不敢在外面跑,也不能多应酬。(20190920LX)

生理结构的改变和身体的不适是切实存在的。表面上看,造口人和其他人一样生活、一样工作,但是身在其中的造口人可以轻易感受到身体带来的限制。同样的吃、穿、睡,同样的工作,于其他人而言可能是自由选择,于造口人而言则是不得已而为之,这些选择还可能与其病前的生活习惯相悖,使造口人距离术前熟悉的生活世界越来越远。

(二) 社会建构的持续残障感

如果说术后初期患者关注的是身体的疼痛与改变,关注的是身体改变对个人生活带来的直接影响,那么随着时间的推移,患者重新回归社会生活后可能会遭遇新的困境。社会塑造的关于"正常"的规范影响着造口人的自我认知,这种规范和认知在造口人的社会互动与公共生活中被强化和放大。

1. 社会互动

小慧因为先天巨结肠从小就经常住院治疗,最终在15岁时做了造口手术。手术过去三年,现在小慧已经基本回归寻常生活,上大学、住校、谈恋爱。但是令小慧困扰的是,父母因为她从小生病,对她非常关心,即使现在她的身体经过治疗后已好转不少,父母倾注在她身上的关心依然没有减少。虽然小慧已经上大学并住校,但是因为家和学校在同一城市,母亲要求她每周末必须回家,外出旅游也只能跟家人一起,不能自己与朋友单独出行。小慧表示,限制她的不仅是身体,还有父母的关注:"就想赶紧弄好,不要老是被身体限制,被爸妈限制,老是说我身体没好哪里都不能去。"(20191027HJM)小慧的先天疾病使她长期扮演着病人的社会角色,父母和她的互动呈现为管理与被管理的状态。即使身体好转,这种管理仍在继续。在小慧父母的认知中,恢复"正常"是指身体"弄好",回纳、关上造口,小慧显然不符合这个认知,于是父母依然以对待病人的方式对待小慧。小慧即使自我感觉好了,可以和其他人一样生活、出行了,但互动中重要他人对待她的方式影响着她的认知,她在这种持续的被管理中不断感受到自己的"异常"。

对疾病的污名和对病人的排斥也体现了疾病是"异常"的社会认知。一方面表现为他人对疾病及患病者的回避。不少受访者提到自己因为患病而遭受排斥的经历,排斥者甚至不了解这是什么病,就以对待传染病患者的态度对待他们。"有病"被视作一种污点,被排除在正常的社会交往之外,让"有病的人"参与到社会交往中被认为是不符合规范的。造口人不得不在社会目光下感受自己与"正常人"的差异。另一方面,造口在特定文化内的象征意义强化了对它的污名。造口改变了身体的外观,造成了躯体的异化,这种异化被认为是可怕的,"会吓到别人"。同时,造口导致生理结构改变和排泄功能中断,身体的排泄不再是他们可以感知和控制。在一个强调身体控制的社会中,对排泄功能的失控不符合成人自主的文化期待,并会带来污名(Kelly,1991;Ramirez, Altschuler & Mcmullen et al. ,2014)。造口和造口袋用于排出和储存排泄物,对排泄物的文化禁忌让造口人跟他人互动时更加有所顾虑。

> 我术后上班后,新同事跟我说:"×××跟我们说你得了什么病,让我们离你远一点,和你坐在一起都要小心点,会传染。"(20180114YY)

> 随时脏了,有一点想破的我都换,我怕排泄物流出来,我又带着孙子,我怕脏。坐在隔壁的人能闻到,很不好。(20191030LY)

疾病经历使造口人在原来熟悉的群体中变成了不受欢迎的人,造口相关的文化意义进一步使他们遭受贬抑,影响了他们如何看待自己,以及他们认为别人会如何看待自己。正如一位受访者说道:"有的人就是自己恢复了,但是别人抛弃了她,她就再抛弃了自己。"(20180114TT)患者感知到的不仅是来自他人对自己的反应,还有自己对疾病的反应和态度。患者可能经历"感受到"的污名,这个感受到的污名不是来自社会的反应,而是患者自己预判的社会反应(Scambler, 1984)。即使造口人并没有真正经历过他人的排斥,原来习得的文化规范也会使他们进行自我审视,感受可能发生的排斥。

2. 公共生活

对残疾的研究指出:"(残疾是)当代社会组织对活动的不利或限制,社会组织没有或很少考虑到有身体缺陷的人,将他们排除在主流社会活动之外。"(Oliver, 1996:11)造口人回归社会后面临相似的困境,社会的组织和运作按照大多数"正常人"的方式进行,造口人群体"隐蔽"的需求几乎没有被考虑在内。

不少受访者讲述了他们安检的尴尬经历。造口人看上去与其他人无异,最大的差别就是腹部的造口袋,这点差异本可以通过宽松的衣物掩盖,但是安检的全身触碰使得他们的不同被迫暴露在他人的视线中。一些安检人员不了解造口是什么,会质疑他们身体的异样,造口人则需要向其解释,承认自己的异常。火车、高铁的安检相对宽松,造口人很多时候只需要含糊隐晦地向安检人员解释是"做过手术"就可以通过,但是在严格的飞机安检时,却不能简单地解释。受访者表示,他们可能会被拉到房间仔细检查,甚至被怀疑造口袋内的液体是不是危险品,这样的对待让造口人感到"尴尬""尊严都没了"。他们表面的"正常"掩饰被揭开,让他们突兀地感觉到自己是异于常人的。

> 我第一次被拉到那个小房间去,他们怀疑造口袋里的液体,我说要不要放些出来给你们闻一下。
>
> 有些对造口不了解的安检人员也会把我拉到小房间去,现在也有些人知道造口。
>
> 上次××也跟我讲,她有一次坐飞机,被好几个人围住问这是什么东西,她说很丢脸,什么尊严都没了。(20190920造口人聚会讨论)

受访者也提及厕所设置的问题。造口使他们的排泄方式发生改变,他们对厕所的需求也有所改变,虽然不需要去洗手间大小便,但需要对造口袋进行冲洗。然而常规的厕所只有外面公共的洗手台可以冲洗造口袋,携带污物的造口袋在公共洗手池冲洗常常引来他人侧目。一位受访者说,她多年来只见过一个公共场所的厕所设置造口人隔间。造口人厕所和其他厕所基本一样,只是在隔间内设置了冲洗的地方,便池旁边多了一个水龙头,这就避免了要到公共区域冲洗的尴尬。这样简单的设置可以让造口人等有特殊身体需求的群体出现在他人视线中时保持正常的形象。然而,就是这唯一的造口人厕所,受访者发现时还是锁着的,她特意找到管理员开锁后才能使用。这不是个别现象,有调查显示,中国公共场所的无障碍设施普及率仅40%,其中无障碍卫生间的缺失较为严重,普及率不足20%,且普遍存在无障碍设施未开放、被占用、维护不到位等问题(中国消费者协会、中国残疾人联合会,2017)。如造口人一样的少数群体的需求没有被纳入社会组织日常运作的考虑中,即使有相关考虑,也在实际运行中被忽视。

造口人的受限还体现在制度层面。医保和造口用品的花费,是造口人之间交流一定会提及的话题。造口用品(如造口底座、造口袋)是他们术后的日常身体维护必需品,也是终身都需要使用的消耗品,这给造口人带来了不小的经济负担。以造口袋为例,其价格不等,从几十元一个到100多元一个,几天一换,患者每月需要固定支出几百上千元的费用。然而,因为各地的医保政策不同,只有极少数地区将造口用品纳入医保报销范围,在大多数省份造口用品至今未被纳入医保。受访者表示,即便可以报销,通过可报销的正式渠道所能购买到的造口用品有限、型号可能并不适用,不少人依旧需要自费在网上购买适合自己型号的造口用品。在农村地区,甚至有些用不起造口袋的患者依靠自制的矿泉水瓶来承接身体的排泄物,走到哪里身上都接着显眼的污物瓶,这让本可以隐身的异常突兀地出现在社会互动中。

除此之外,造口人还难以获得制度化的身份认同。在"正常"运行的社会中,造口人不是"正常人",甚至不是正常的"异常人"。受访者表示,造口人无法提重物、干体力活,身上有明显的伤口但却无法申请残疾证。对于一些依靠体力活谋生的农村造口人而言,残疾证带来的福利能在一定程度上减轻家庭负担,但是他们却无法获得制度上的认证。另有受访者原本打算与家人一同移民外国,但是体检时发现有造口,移民申请被拒绝,理由是会造成外国政府的负担;现在家人都移民外国了,只剩她和丈夫留在国内。造口人在社会中处于这样一种尴尬境地,他们不享有正常人的待遇,被视作"负担",但又不能作为制度上被认可的异常者——"残疾人"而享有福利。

(三)努力变得正常

"正常"是社会交往和社会运作中暗含的规范,这种规范已在造口人发病前多年的正常生活中被内化。既然治疗没有让他们成功恢复"正常",造口人就在术后生活中努力让自己变得"正常"。无论是在线下病房的探访中,还是在线上微信群、QQ 群的互动中,经常能看到造口人互相鼓励:"我们一定能像正常人一般地活着。""像正常人一般",这是他们追求的目标,也是他们的期待。在漫长的术后生活中,他们通过不同的策略适应身体的改变并使自己看起来"正常"。

1. 恢复正常的身体:回纳

对于造口人来说,造口是他们为了治疗癌症等重大疾病不得已做出的选择。在疾病的阴影退却之后，治疗带来的造口却成了另一种"疾病"。患者依然在寻求"康复"，尤其是那些将手术后的身体视作令人厌恶和不受欢迎的患者。既然经过改造的身体是造口人在术后感知"不正常"的根源，那么不少造口人就试图从身体入手，期望将身体变回原样，让生活也变回原样。造口回纳手术就是这样一个机会，它可以关闭造口，恢复患者原来的生理结构和功能。近年来，随着医学技术的提升，越来越多的造口人可以接受造口回纳手术。回纳技术的发展，使得原以为不可逆的永久性造口损伤有机会"治愈"，回纳也成了许多不能接受现状的造口人的希望。对他们来说，造口关闭后他们才算是真的"好了"。然而，造口回纳真的能让所有人都回归"正常"吗？

> 我很怕造口弄不回去，但是有时候又很怕弄回去之后身体也回去了……最担心的不是能不能做回纳，而是做回去之后又消化不了，又怕肠道堵住。现在至少排泄是挺正常的，啥都不用担心……（20191027HJM）

> 我老婆就是，一开始的时候做回去了，然后肛门排便功能出了问题——已经半年多不排便了，它的机能已经退化了，所以排便的次数很多。她就说当初为什么要做回去，还不如挂着个袋子，又方便，那个袋子挂着也习惯了嘛。（201905JRH）

对不少造口人来说，回纳后的生活与回纳前的设想不太一样。受访者表示，因为造口时排泄方式改变导致原来的排泄功能退化，回纳后排泄变得难以控制，虽然身体恢复原样了，但是身体控制不如从前，回纳后的生活质量反而下降了。相比之下，造口时的生活更为便利，只要掌握了造口的护理方法，同样可以很好地掌控身体。同时，造口手术本身就是为了治疗原来的身体异常，一些造口人担心回纳后造口前的病痛也会重新出现。回纳使异常的身体转变为看起来"正常"的身体，但也有可能带来新的异常。有学者指出，社会存在一种潜在的假设，认为"正常化"是好的，应该鼓励和帮助有慢性病或残疾成员的家庭实现正常化的生活；但在实践中，还应该考虑正常化的成本和收益，当正常化的代价远高于收益时，就不应鼓励正常化,而应该帮助他们适应目前所过的"不正常"的生活(Knafl & Deatrick,1986)——这同样适用于造口人。回纳并非适用于每一个造口人,只有造口时间不长,并且在造口后一直做相关功能维持训练的造口人,在实施回纳手术后才有可能过上理想的"正常"生活,而对于其他大多数人,回纳手术可能会使他们陷入另一种"不正常"的困境中。

2. 扮演正常的身份:隐藏

许多造口人在术后选择隐藏的策略来塑造自己"正常"的社会身份,以保持和生病前一样的生活。隐藏主要体现在疾病公开和日常表现两个方面。

几乎所有造口人都选择不轻易告知他人自己"造口人"的身份,甚至自己的家庭成员都并非全部知情。有受访者说甚至术后五年,自己年幼的妹妹还不知道他做了造口,只知道是做了手术;有受访者没有让丈夫的家人知道自己有造口,甚至带着造口生了两个孩子,没有让婆婆发现自己身体的真实情况。他们隐瞒自己的造口,主要出于两方面的考虑:一方面,担心被歧视;另一方面,不想被同情。无论是被歧视还是被同情,在造口人看来,都是把他们区别于"常人"对待。

> 因为说了也没办法,他也帮不了你,而且我也不需要他帮忙。而且说给他听,他还会有一种每次接近你的时候,都会突然想一想你有这个东西,那不是不好嘛!不说好像比说了好,所以就不说。(20191102RM)

在日常表现方面,造口人也会竭力表现自己和别人没什么不同。在访谈中,正在上大一的小慧提到,最近正是每年一次的大学生体育测试,要跑步、仰卧起坐等,可这些都是造口后的她不能轻易去做的剧烈运动,她只需去找医生开证明就可以免除体测,但是她不想这么做,因为这样会让她觉得自己在"搞特殊"。在其他时候,小慧也一直努力表现自己的优秀以呈现自己的"正常":当班干部、参加各种比赛获奖、担任学校活动主持人……在其他人看来,她不仅是"正常"人,还是优秀的正常人。热爱马拉松的亮哥也是如此。亮哥术后身体变得比以前虚弱很多,在医生的建议下他开始适当运动,后来逐渐发展成为跑步和健身爱好者,只要在腹部戴着特制的腰带固定造口和造口袋,他也可以像其他人一样运动。他陆续参加了不少马拉松比赛,屡屡获奖,不知情的人很难将他这样一个马拉松比赛获奖者和造口人联系起来。

> 我不想搞特殊,不想让别人觉得我跟他们不一样……我不想让人家看轻,不想让人家知道我跟别人不一样……就是觉得老是融入不了大家,就想吸引别人,让大家知道我这个人的存在。(20191027HJM)

通过弱化身体差异对日常生活的影响,造口人尽量正常表现,让自己跟常人一样安排人生(生子、锻炼、社交、学习等)。他们需要在"表现正常"与"获得他人认可"之间小心地维持平衡,在此过程中可能对自己的要求更高。社会学家左拉(Zola,1982:205)回顾自己的残疾生活经验时提到,他一直拒绝使用轮椅,常使自己陷入旅途长途跋涉的不适,他将这种行为称为"巨大成就综合征"(great achievement syndrome)的一部分;他指出,很多力求成功适应的残疾人都会有这样的经历,为了表现自己的成功适应,而否认生活的不适。某种程度上,这也源于成功适应的社会压力。有观点认为,有缺陷的个体被认为有义务尽可能快地承担尽可能多的"正常"功能,那些成功的人被奉为个人意志和努力的典范,而大多数没有成功的人则被批评为消极应对(Barnes & Oliver,1993)。许多追求"正常"的造口人会否认异常的社会意义——虽然他们的身体和其他人的不一样,但是他们的表现可以和其他人一样。但在这种追求"正常"的过程中,他们往往会陷入对"正常"的无限追求。只有当他们表现得比很多身体正常的人还优秀时,他们才会认为自己"正常"。

3. 接纳新常态:做一个"正常的"造口人

在长期应对疾病的过程中,不少造口人学会调整自己的日常习惯和生活安排的优先性,让生活来适应他们的身体情况。例如,在饮食方面控制在八成饱;长途交通带上引流袋和矿泉水瓶来防止造口袋满了又没办法更换的情况;为了避免体力活对腹壁的压迫造成旁疝,更换轻松一点的工作;等等。有受访者表示,造口后的生活只不过是在原来的生活中穿插进了造口护理这一额外事项,他们只是排泄的方式和其他人不一样,别人上厕所,他们换造口袋。即便身体上与他人不一样,他们也尽量过对于自己来说"正常的生活",一样上学、上班、旅游、和家人聚会、帮子女带孩子等等。患病以及造口后需要长期与疾病共处的事实也成为一种契机,让患者从社会压力中解脱出来,去过一种以前不会选择的"新生活"。欢哥因为生病调离了原来忙碌的工作岗位,虽然收入和待遇有所下调,但也有了更多陪伴家人、放松自己的时间;丽姨从前的所有时间都用来做家务、带孙子,但在术后也会主动和朋友出去旅游,不会像以前那样觉得这是浪费钱。度过了术后适应的焦虑期,很多患者谈到他们心态的转变,他们会更加注重"活在当下"、享受生活。虽然他们很难获得"正常人"的"圆满"和"成功",比如在拼搏事业、结婚生子上存在一定困难,但调整后的新生活仍在继续,不用加班,不用苛待自己,接纳新常态的他们可能比以前过得更加轻松。

> 就和正常人一样,一样开心地坐火车,坐 12 个小时也不怕,第二天早上醒来把造口袋扔到洗手间就完了。什么东西都在于心态,只要心态好,那你就会想办法去应对它。(20170302ZB)
>
> 有些事把它放开算了,得病以后给他们干什么都可以了,基本上可以挣钱就行,比如说你今天上班了,达到最基础的要求就好了,升职这些我都不想那么多了。(20190509TW)

此外,在与同类人的交往中,造口人更易建立"正常"的自我认知。克莱曼(2010:3)指出,在不同的社会环境里,在特定的人际圈子中,什么是正常的,什么是不正常的,会通过舆论、交涉、协商而改变。无法测量、难以定位和分享的病痛,使病人在承担身体限制和异化的同时,会感到难以获得周围人的理解与信任(方静文,2011)。但与其他造口人建立关系可以提供一种共同体验的感觉。不少造口人都加入了一些病友团体、参加病友活动。在病友的人际圈子中,他们都是一样的,可以自由交流疾病的经验、面临的困境,不会因为得不到回应和理解而感受到与"正常人"的隔阂。造口袋漏了怎么办？这是所有造口人都经历过或者担心会面临的问题。对于非造口人而言，这是不正常的身体状况，是无法理解也不会处理的"非正常"事件。但对同为造口人的病友来说，这是使用造口袋时常会遇到的一个正常事件，他们可以有序地帮助彼此处理，并不会有惊奇、诧异等的表现。面对公共设施不完善的问题，造口人也彼此分享了很多日常生活的护理技巧，如将保鲜袋放在造口袋内承接排泄物，如厕时直接在厕所隔间取出保鲜袋扔掉，这避免了去公共洗手台清洗的尴尬，也延长了造口袋的使用时间。病友之间的交往有助于造口人正视与接纳造口的存在，不再将其视为异物。同时，在病友团体的帮助下，许多造口人可以很好地掌握造口护理的方式，将身体护理与日常生活安排进行融合，建立新的生活常态。

> 跟其他人在一起有压力和负担，而和造口朋友们聚在一起感觉很自在、有意思，所以每年大老远也来一聚。（20181228MGZY）
>
> 反正我们这些人都是这样的，可以互相交流，可以大家一起出去玩，我们在路上可以互相照顾。如果你跟其他人去，人家会把你当怪物一样看。都是同伴，吃的玩的说的都是同样的嘛，所以我们也放心。（20210918 小组访谈）

不难发现，在造口人的叙述中，"正常"这个词频频出现，对"正常"的追求既体现在他们的行动中，也体现在他们的话语中。一方面，"像正常人一样"隐约成为一种衡量的标准，衡量他们的术后适应与恢复是否达到期待的水平；另一方面，他们在叙事中对"像正常人一样"的强调，既是他们的自我暗示和肯定，也是他们想要传达给他人的信息。他们对"正常"的期待，虽然无法通过治疗后的身体呈现，但是能够在他们所展演的自我形象和日常安排上得以实现，并且在正视与接纳造口的存在后将疾病与生活结合起来，发展出生活的新常态。患者清醒地认识到，治愈并不意味着回到以前的状态，这有助于他们建立一种新的生活方式。"康复"不应是为了恢复到以前的"正常"状态，而是尊重新的生活方式；疾病并不表示规范的缺失，而是表示存在一种不同于健康的规范，疾病并不是异常，而可能是另一种正常（Souza & Lima, 2007）。造口人术后适应中发展生活的新常态，也是在建立一种疾病状态(不同于患病前状态)中的"正常"规范。新的"正常生活"正是在造口人的希望与积极探索中,通过群体一起积极创造的结果。但这种正常依旧只是"个人层面的正常",而不是"社会层面的正常",造口人的正常化努力只是在个人及小群体范围内,超出这个边界则失效了。

五、讨论:社会形塑的"异常"与个体的"正常化"努力

癌症的确诊让患者及其家人的生活突然被划分为病前正常的生活和病后被改变的世界。本以为治疗后就可以康复,恢复成病前正常的状态,术后却发现事实并非如此。对于本文中的造口人,"正常"与"不正常",贯穿着他们的术后体验,体现了他们术后康复经历的迷茫与困难。造口患者期望术后能像"正常人"一样生活,他们虽然不是严格意义上的病人,但却似乎永远处于一个不能恢复"如常"的状态,因为他们身上有一个需要时时关注的地方——造口。

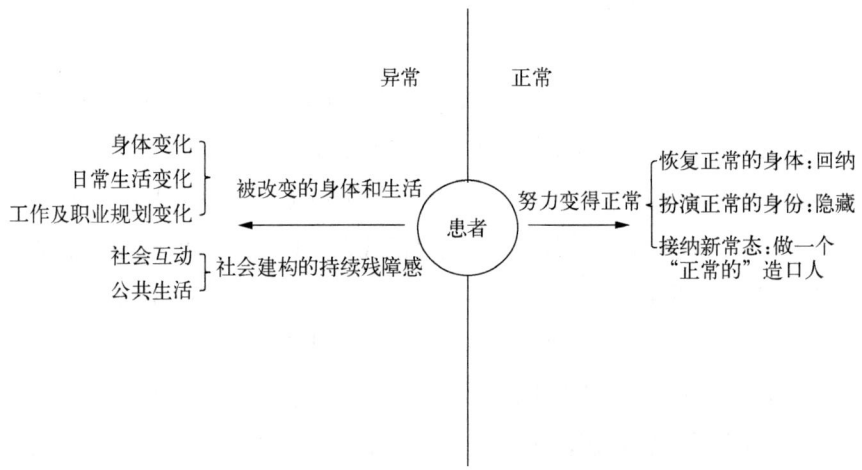

图1 "异常"感与"正常化"努力间的不匹配

造口人的异常感在最初手术后尤其明显,患者过去几十年生活的习惯和方式,以及生活中潜藏的知识都被打破了。而在之后很长一段时间,他

们可能都摇摆在"正常"与"异常"之间,一些患者在病后多年能很好地处理造口则有可能发展出"新常态"。但在这个过程中,"不正常"是始终笼罩着他们的阴影,即使是造口多年、适应良好的造口人,也会偶尔感知到自我的"不正常"。疾病对于这些患者来说,不是一个线性的从发现疾病、治疗到康复的过程。在治疗后的康复期,患者依旧面临一个时刻变化的、与造口共存的状态,处在不断地适应、调整与平衡中。在此过程中,正常感与异常感可能是一个持续的纠葛状态。

本文不仅看到了患者的"正常"生活如何被疾病所影响,也进一步呈现了患者如何应对。从借助医学手段对身体再改造,在微观社会互动层面"隐藏"以扮演正常身份,再到集体层面的协商和建构新常态,造口人从多方入手来维持正常,这彰显了他们的能动性、积极性和创造性。但在所有的努力中,正常化的压力都落到了个人身上。个人要去符合社会的期待与规范,努力做一个正常人;即便无法达到正常健康人的标准,也要努力去做一个正常的造口人。他们努力去符合社会的期待,成为一个积极的、自我负责的造口人。然而这样的努力有其局限性。

首先,借助医学技术来对身体进行再改造以重回"正常",可能作用有限。在认可医学帮助患者缓解身心痛苦的前提下,我们也要看到医疗纠正技术的局限性及其带来的新身体问题。医生从医学角度强调治疗后恢复"正常",与患者切身感受到的术后"不正常"形成反差。患者的康复生活起起伏伏,是正常与破坏相伴的过程,这个过程却是现代以救治为主的生物医学难以应对的。生物医学模式对救治"生命"的片面强调忽视了"生活"的复杂性,不足以回应和关照患者的切身感受。另外,医学技术(如"回纳")的使用更加强了社会对于正常的规范,它让更多人不得不去适应和满足这些规范提出的要求,让自己的身体去接近规范中对于正常的标准,而不是去建构一个更加包容的对于"正常"的规范。医学自身需要扩大其关注范围,看到介于生病与健康之间的难以康复的状态,而医学之外更需要社会层面的改变。

患者扮演正常身份或建构新常态,这些努力都在个体层面,改变也止于个体及其身边的小群体内,无法进一步影响到社会的观念与态度。这些努力也是让患者去做一个"正常的"、积极的造口人,去成为符合社会规范的"好病人"。对于那些既无法成为正常的健康人,也难以成为"正常"造口人的病人,他们可能面临更多道德压力。关于身体、疾病的观念及这些观念带来的影响是社会性的。造口人即使努力营造正常感,强调术后生活的积极一面,但是社会层面"异常"的事实如影随形地跟随着他们,社会生活的种种限制一次次将他们"打回原形"。患者持续的"异常"感与社会层面的建构息息相关。对此,残疾的社会模式或许能给我们启发。该模式认为,残疾是"社会组织的产物,而不是个人限制的产物"(Oliver, 1996:1),残障人士在日常生活中遭遇的不利或限制,是因为社会组织没有或很少考虑到有身体缺陷的人,社会不能有效地提供公共设施和制度来保障其参与,从而使他们被排除在主流社会生活之外。对于造口人群体及很多其他有着"不同"身体的人群,社会以"正常身体"为前提来运行本身可能给他们带来诸多困境。从出入机场的安检、厕所的安排,到社会文化观念所期待的性别角色与气质,这些社会观念与制度影响着造口人对自身"正常性"的认识,并给他们的社会行动带来切实的影响。然而,"造口人"自身感知到的"不正常性"却不为社会制度所承认(如无法办到残疾人证、医保对造口用品的不纳入),这进一步加深了他们身份认同的困境。造口人发挥主体性去适应"正常"的社会,比如在安检前清空造口袋或换成透明的造口袋以避免安检人员的质疑,外出前一定要去厕所、少进食不喝水以避免造口袋满了要去厕所更换,等等。个体承担了疾病的大部分后果,迎合"正常"社会的运行。然而,在他们去适应社会的同时,社会是否也应该创造更好的环境帮助他们适应?

对于改变不了的身体状态,患者可能需要去接纳一种"新常态",这种接纳不仅需要自身的调节,需要病友团体的协助,更需要社会层面的改观。正如左拉(Zola, 1991)指出,仅靠改变真实的自我才被允许参与的社会,不是一个真正实现了残障者等多元个体社会参与的社会。即使有一些造口人通过在小范围内重新建立"正常"的规范来适应术后生活,但如果以普遍的"正常"社会规范作为衡量标准,个体竭尽所能地寻求"正常"也只能做到近乎正常,他们力图正常,却无法达到完全正常,大多数造口人始终无法彻底摆脱残障感正表明了这点。社会对疾病和残疾应该给予更多的宽容和理解。疾病和残疾就代表着"不正常"吗?可很多患者和残疾者表现得和其他人没什么不同,甚至比"正常"人更加优秀,获得更大的成就。对正常和不正常的刻板认知强化了他们与其他人存在差异的感知,不断再造他们的"异常"身份,使他们在社会生活中处于弱势。然而,正常与不正常的规范本就是社会建构的。造口人的经历让我们看到,正常状态并不是静态不变的,而是复杂流动的。作为行动者的个体受到"正常"的社会规范形塑,努力让身体和行动符合社会期待,同时也具有能动性,去协商和建构新常态。正常在具有规范性的同时,也具有生发性,这给了改变以空间。这样的改变不仅需要病人群体自身的努力,还需要制度层面和社会观念层面的变化。在社会观念方面对身体多样性的理解和宽容可以避免"不正常"的感知和身份认同的困惑被不断再生产,这需要社会观念的包容性,需要公众对不同的身体及其需求有更多了解和认识。此外,社会空间与制度的安排也需要为身体的多样性考虑,如为残疾人提供的公共设施应成为标配,这些公共设施的多元化设计并不会增加太多成本。重要的是在公共空间,我们需要对差异的尊重,对多元化的考虑与安排。

随着我国社会老龄化的深化以及癌症等重病慢病的高发,可以预见未来如造口人一样的经历重大慢性疾病会越来越多。他们如何带病生存、如何有质量地愈后生存,成为凸显的问题。让这些过去隐蔽的问题回归公共空间,回到学术讨论中,有助于我们反思如何建立一个包容的社会,为建设"健康中国"贡献一分力量。

参考文献

鲍雨、黄盈盈,2015,《从偏差到"体现":对"残障"意义的社会学理解》,《北京社会科学》第5期。

方静文,2011,《体验与存在——一个村落长期慢性病人的病痛叙述》,《广西民族大学学报》(哲学社会科学版)第4期。

龚霓、方芗,2016,《"造口"患者的社会互动及文化意涵》,《广西民族大学学报》(哲学社会科学版)第3期。

胡亚平,2015,《"造口人"每年增 10 万且呈年轻化趋势》,http://health. people. com. cn/n1/2015/1222/c398004－27960747. html。

郇建立,2009,《慢性病与人生进程的破坏——评迈克尔·伯里的一个核心概念》,《社会学研究》第 5 期。

黄盈盈、鲍雨,2013,《经历乳腺癌:从"疾病"到"残缺"的女性身体》,《社会》第 2 期。

康吉莱姆,2015,《正常与病态》,李春译,西安:西北大学出版社。

克莱曼,2010,《疾痛的故事:苦难、治愈与人的境况》,方筱丽译,上海:上海译文出版社。

刘恒旸、陈曦、王静成,2017,《认知行为干预对永久性肠造口患者病耻感和应对方式的影响研究》,《实用临床医药杂志》第 8 期。

39 深呼吸,2020,《中国 100 万造口人:改道的肠子,改变的人生》,https://www. sohu. com/a/392080103 ＿ 456063? spm ＝ smpc. content. share. 1. 1710729810609Pgxxpj3#comment_area。

中国消费者协会、中国残疾人联合会,2017,《2017 年百城无障碍设施调查体验报告》,http://www. cca. cn/jmxf/detail/27797. html。

Anderton, M., H. Elfert& M. Lai 1989, "Ideology in the Clinical Context: Chronic Illness, Ethnicity and the Discourse on Normalisation." *Sociology of Health & Illness* 11(3).

Balmer, C., F. Griffiths & J. Dunn 2015, "A 'New Normal': Exploring the Disruption of APoor Prognostic Cancer Diagnosis Using Interviews and Participant-Produced Photographs." *Health* 19(5).

Barnes, C. & M. Oliver 1993, *Disability: A Sociological Phenomenon Ignored by Sociologists*, Leeds: University of Leeds.

Bell, K. &S. Ristovski-Slijepcevic 2011, "Metastatic Cancer and Mothering: Being A Mother in the Face of A Contracted Future." *Medical Anthropology* 30.

Boll, T. 2022, "Becoming '(Ab-)Normal': Normality, Deviance, and Doing Life Course Transitions." in *Doing Transitions in the Life Course*, Cham: Springer.

Bury, M. 1982, "Chronic Illness as Biographical Disruption." *Sociology of Health & Illness* 4(2).

Bury, M. 1991, "The Sociology of Chronic Illness: A Review of Research and Prospects."*Sociology of Health and Illness* 13(4).

Bury, M. 2001, "Illness Narratives: Fact or Fiction?" *Sociology of Health and Illness* 23(3).

Charmaz, K. 1983, "Loss of Self: A Fundamental Form of Suffering in the Chronically Ill."*Sociology of Health & Illness* 5(2).

Charmaz, K. 1995, "The Body, Identity, and Self: Adapting to Impairment." *Sociological Quarterly* 36(4).

Conrad, P. 2007, *The Medicalization of Society: On the Transformations of Human Conditions into Treatable Disorders*, Baltimore: Johns Hopkins University Press.

Grosz, E. 1994, *Volatile Bodies: Toward A Corporeal Feminism: Theories of Representation and Difference*, Bloomington: Indiana University Press.

Hunt, L. 1998, "Moral Reasoning and the Meaning of Cancer: Causal Explanations of Oncologists and Patients in Southern Mexico." *Medical Anthropology Quarterly* 12(3).

Kelleher, D. 1988, "Coming to Terms with Diabetes: Coping Strategies and Non-Compliance." in R. Anderson, M. Buryeds., *Living with Chronic Illness: The Experiences of Patients and Their Families*, Boston: Unwin Hyman.

Kelly, M. 1991, "Coping with An Ileostomy."*Social Science & Medicine* 33(2).

Knafl, K. & J. Deatrick 1986, "How Families Manage Chronic Conditions: An Analysis of the Concept of Normalization." *Research in Nursing and Health* 9(3).

Landqvist, M. & Z. Nikolaidou 2019, "Drawing the Line Between Sick and Healthy: Normality Constructions in Health Communication Contexts."*Health Communication* 35(12).

Lewis, S., K. Willis & J. Yee et al. 2016, "Living Well? Strategies Used by Women Living with Metastatic Breast Cancer."*Qualitative Health Research* 26(9).

Lock, M. & V. Nguyen 2010, *An Anthropology of Biomedicine*, Cambridge, MA.: Wiley-Blackwell.

Manderson, L. 2005, "Boundary Breaches: The Body, Sex and Sexuality." *Social Science and Medicine* 61(2).

Navon, L. & A. Morag 2004, "Liminality as Biographical Disruption: Unclassifiability Following Hormonal Therapy for Advanced Prostate Cancer." *Social Science and Medicine* 58(11).

Oliver, M. 1996, *Understanding Disability: from Theory to Practice*, London: Macmillan.

Parry, D. 2008, "The Contribution of Dragon Boat Racing to Women's Health and Breast Cancer Survivorship." *Qualitative Health Research* 18(2).

Parsons, T. 1951, "Illness and the Role of the Physician: A Sociological Perspective." *American Journal of Orthopsychiatry* 21(3).

Pound, P., P. Gompertz & S. Ebrahim 1998, "Illness in the Context of Older Age: the Case of Stroke." *Sociology of Health and Illness* 20(4).

Ramirez, M., A. Altschuler & C. Mcmullen et al. 2014, "'I Didn't Feel Like I Was A Person Anymore': Realigning Full Adult Personhood after Ostomy Surgery." *Medical Anthropology Quarterly* 28(2).

Rhi, B. 1995, "Normality and Abnormality in Behavioural Aspect." *Acta Neurochirurgica* 132.

Rozmovits, L. & S. Ziebland 2004, "Expressions of Loss of Adulthood in the Narratives of People with Colorectal Cancer." *Qualitative Health Research* 14(2).

Sanders, C., J. Donovan & P. Dieppe 2002, "The Significance and Consequences of Having Painful and Disabled Joints in Older Age: Co-Existing Accounts of Normal and Disrupted Biographies." *Sociology of Health & Illness* 24(2).

Sanderson, T., M. Calnan & M. Morris et al. 2011, "Shifting Normalities: Interaction of Changing Conceptions of A Normal Life and the Normalization of Symptoms in Rheumatoid Arthritis." *Sociology of Health & Illness* 33(4).

Scambler, G. 1984, "Perceiving and Coping with Stigmatizing Illness." in *The Experience of Illness*, London: Tavistock.

Souza, S. & R. Lima 2007, "Chronic Condition and Normality: Towards the

Movement that Broadens the Power of Acting and Being Happy." *Rev Latino-am Enfermagem* 15(1).

Thorpe, G. & M. McArthur 2017, "Social Adaptation Following Intestinal Stoma Formation in People Living at Home: A Longitudinal Phenomenological Study." *Disability & Rehabilitation* 39(22).

Trusson, D., A. Pilnick & S. Roy 2016, "A New Normal?: Women's Experiences of Biographical Disruption and Liminality Following Treatment for Early Stage Breast Cancer." *Social Science and Medicine* 151.

Weiner, C. 1975, "The Burden of Rheumatoid Arthritis: Tolerating the Uncertainty." *Social Science and Medicine* 9(2).

Williams, G. 1996, "Representing Disability: Some Questions of Phenomenology and Politics." in C. Barnes & G. Mercer eds., *Exploring the Divide: Illness and Disability*, Leeds: The Disability Press.

Yuan, J., J. Zhang & M. Zheng et al. 2018, "Stigma and Its Influencing Factors among Chinese Patients with Stoma." *Psychooncology* 27(6).

Zhang, J., F. Wong & M. Zheng 2017, "The Preoperative Reaction and Decision-Making Process Regarding Colostomy Surgery among Chinese Rectal Cancer Patients." *European Journal of Oncology Nursing* 28.

Zola, I. 1982, *Missing Pieces: A Chronicle of Living with A Disability*, Philadelphia: Temple University Press.

Zola, I. 1991, "Bringing Our Bodies and Ourselves Back in: Reflections on A Past, Present, and Future 'Medical Sociology'." *Journal of Health and Social Behavior* 32(1).

(特约编辑:陈家建)

景观的生产：项目试点下的乡村社区建设
——基于鄂东塘村的实地研究

刘　江　张文明*

摘要：在乡村振兴阶段，项目试点成为农村地区获得发展资源的重要渠道，但项目试点有其特殊的运转逻辑，深刻改变了基层执行者的行为取向，引发了景观化建设等异化形式。本文以湖北省东部某行政村的"美丽乡村"项目试点为例，揭示项目试点中的景观生产逻辑。研究发现，项目建设容易受政绩和结果导向的影响而出现基层造景现象，具体表现为资源集中在部分区域形成展示空间，而放任剩余区域不顾，形成"展示"与"隐藏"的分异。这种区域分化对社区治理产生了负面影响，需要探索更为优化的资源投入方式。

关键词：景观化建设　项目试点　展示空间　隐藏空间　社区治理

一、问题的提出

在工业化初始阶段，以城市为中心的发展战略促进了经济的快速崛起，但也导致了城乡分化、"三农"问题突出。农业税费取消以后，我国农村在一段时期内还面临着资源不足、社区衰败的问题（董磊明，2007）。随着城市化和工业化不断推进，国家开始着手解决这一问题，提出"以工促农、以城带乡"的反哺政策，国家资源开始向农村倾斜。近年来，国家深入实施乡村振兴战略，投入大量资源推动乡村建设。在此背景下，如何使用各类

---

* 刘江（liujiang1232023@163.com），华东师范大学社会发展学院博士研究生；张文明（wmzhang@soci.edu.cn），华东师范大学社会发展学院教授、博士生导师。

资源并推动资源落地乡村,引发了学界的广泛关注。

在城乡与区域发展不平衡背景下,当前的乡村建设资源主要以财政转移支付的方式下拨,并冠以"项目资金"的名义加以分配(李祖佩,2015)。这种资源下发方式具有高度的专用性,绕过了科层体制直接下达乡村,有利于国家意志贯彻到基层,深刻改变了央地关系(渠敬东,2012)。此外,我国在乡村通过试点促进政策创新和经验总结,项目资源也向试点倾斜。在乡村建设领域,近年来的重要试点是"美丽乡村"建设,其作为提升农村人居质量的重要举措,成为许多地区推动乡村改建和村庄复苏的关键抓手。以项目资源推动"美丽乡村"试点,为乡村地区带来大量建设资源,有利于改善城乡与区域发展不平衡问题。

项目试点的执行方式深刻改变了地方行为,主要表现为两点:一是除了普惠项目外,特殊项目引入了竞争性因素,成为许多地区实现更高水平发展的重要资金来源,由此导致了资源依赖,"跑项目"变成了地方的重要工作(张森、叶敬忠,2023);二是项目制本来是要通过发包机制实现自上而下的控制,却引发了地方上通过打包与抓包机制实现自下而上的反控制(折晓叶、陈婴婴,2011)。获取资源的迫切性与资源下发的策略性相结合,导致了项目试点的异化现象,如"经营村庄"的普遍趋势(李祖佩、钟涨宝,2020)、"形象工程"现象(叶云、王芊,2016)以及选择性投入(曹海林、周全,2023)等。

本文所要研究的乡村建设景观化现象,同样是项目试点的异化表现,体现为在"美丽乡村"项目试点中,地方政府忽视对乡村的内在建设,而是通过资源密集投入打造亮点景观。对于此种景观化现象,以往研究多有涉及,但大多是将其作为项目下乡和形式化执行的附带现象,缺少以该现象为中心的研究。实际上,景观化作为许多地区执行乡村建设项目的普遍倾向,其具体的生成机制和表现形式仍不清晰,特别是该现象在空间上的呈现方式更是少有研究。基于这一思路,本文以"景观的生产"作为研究主线,深入剖析该现象的内在逻辑和空间表现形式,进而说明其对农村社区治理的负面影响。

本文案例源于笔者于2021年下半年对湖北省东部某行政村的实地研究。该村作为当地远近闻名的省级"美丽乡村"示范村,在社区建设方面堪称地方样板。但实际上该村仍是一个老化的山区空心村,其通过"展示"与"隐藏"的双重逻辑推动村庄建设,导致了空间上的二分,呈现出明显的景观化特征。通过这一案例,本文试图揭示项目试点逻辑下的乡村建设方式,考察其生产模式和负面影响。

二、 文献综述

以往很多研究注意到了项目试点所导致的乡村建设景观化现象,将其视作项目执行过程中的异化表现,但对该现象的生成逻辑缺少深入分析。本节将从景观化建设本身开始论述,剖析景观化的不同内涵,延伸出乡村建设的异化现象,进而从项目试点的角度对具体的生成机制进行探讨,从而对景观化现象进行总体把握。

(一) 手段与目的:乡村建设景观化的不同含义

"景观"一词最早属于地理学与生态学的概念,指一定区域内空间的外在表征,因此最早这一概念是描述性的,并不带有特殊的价值判断(比特雷,2012;景天魁、张志敏,2017:88)。景观作为人类的文化产品,体现了地方社会、自然环境与精神生活的交织,因此如何通过景观的构造来展示地方文化、改善居住环境以及促进经济社会发展,成为一种合理的设想(蓝宇蕴、郭志坚,2006),由此催动了景观设计学科与行业的出现。然而,景观本身也具有印象整饰的功能,具有迷惑、压制以及掩盖的作用(刘扬,2011),从而与实际产生偏离,出现异化的可能性。由此可见,景观在实际生活与精神体验上扮演着复杂角色(伯吉斯,1997:42—62)。本文从景观社会学视角出发,借助"实体"与"景观"的具体关系(仇叶,2022),将乡村建设划分为"作为手段的景观化建设"与"作为目的的景观化建设"两种类型,这里的"实体"指的是乡土内生的物质与精神风貌。

"作为手段的景观化建设"指将景观构建作为唤醒乡村"实体"的手段,从而反映地方历史文脉、改善乡村社区生活以及推动农村经济社会发展的建设方式。这种景观化仅是作为手段,其目的在于促进乡村焕发生机。在人文地理学和规划学中,以打造景观、设计景点来复兴乡村社会成为一条重要路径,并在打造乡村旅游景观、改善农村人居环境的实践中付诸实施(汤雪萍,2023)。通过景观化建设,将乡村独特的自然环境和人文景观转化为旅游产业发展优势,能够有效盘活乡村资源(银元、李晓琴,2018),是内生型发展的有效模式;也能够以景观建设勾连起农村基础设施建设、环境治理以及村庄规划等工作,提高乡村生活舒适度(王宾、于法稳,2021)。当然,将景观建设作为手段,并不必然会达成唤醒乡村活力的目的,也存在乡土风貌破坏、文化受损、秩序失衡等风险(童心刚,2020)。总的来看,"作为手段的景观化建设"的出发点并不在于景观本身,而是将其作为乡村振兴的一条可行路径,尽管存在失败的风险,但总体上体现了景观化建设的正面取向。

"作为目的的景观化建设"则相反,在此种建设方式中,"景观"与"实体"之间的关系是断裂的,即景观建设脱离了地方的内生需要,本身成为一种目的。在很多情况下,受到其他因素驱动,景观建设的实际意义在于展示与凸显,通过景观的排列组合与刻意设计就能达到目的,尽管它与地方并不契合(张惠强、连欣,2019)。在社会学领域,已有研究注意到了有些景观建设不仅难以与社区或社会力量形成良性互动,反而会导致资源浪费和"视觉暴政"(张红翠,2014)。特别是在乡村建设中,有些地方政府和村干部基于政绩需求,通过资源密集投入来打造亮点景观,这些景观脱离了地方经济、文化与社会支撑(卢青青,2021),并且消解了乡村的实体功能,给乡村振兴带来不利影响(仇叶,2022)。此种建设方式中,最典型的是"形象工程"或"政绩工程"(叶云、王芊,2016)。对空间规划的人为更改,使得部分地区的乡村建设带有形式化色彩,忽视村庄内涵,导致资源浪费,成为哈维(2015:372)所谓的"建设表象之地"。

本文所分析的主要是"作为目的的景观化建设",这种建设的主要特征就是实体功能的消解,沦为形式化建设,下面在项目试点的作用机制下分析此种景观的生产逻辑。

（二）项目资源下发与景观的生产

尽管景观化建设的起因多种多样，但就乡村建设领域来看，项目试点的资源下发方式产生了重要影响。不同于科层化的资源下发方式，项目试点深刻影响了中央与地方、政府与社会、国家与农民之间的关系（周雪光，2015），引发了学界的广泛关注。

就项目制来说，陈家建（2013）认为其给基层提供了计划外的增量资源，绕开了常规程序，有利于实现上级意志。折晓叶和陈婴婴（2011）立足于项目制运作本身，将其分解为国家"发包"机制、地方"打包"机制和村庄"抓包"机制三个方面。不过，看似管理规范的项目在执行中可能会扭曲变形，难以达到设计中的效果（周飞舟，2012）。项目制作为一种新的治理体制，必然引起基层行为方式的变化。由于项目制引入了竞争性因素（渠敬东，2012），许多基层组织如今的任务变成了"跑项目"（张世勇，2009：208）。而就试点来说，尽管其作为我国推进改革事业的重要制度设计（丰雷、胡依洁，2021），但研究发现实践中存在诸多"试点失败"现象，如试点政策层层传递过程中的认知偏差、执行者的形式化应对（陈那波、蔡荣，2017），特别是试点过程中体现出了地方政府的共谋行为和追求政绩效应等（王路昊、林海龙，2021）。

从项目试点到景观化建设的传导机制中，主要通过资源的不平等分配和项目的形式化执行两条路径展开：

首先是资源的不平等分配。除了普惠型项目外，项目资源并非平均分配的，而是能者多得、强者多得，表现为项目资源在某一单位过度堆砌和其他单位资源不足并存的马太效应。例如，有研究就发现项目资源存在两种分配方式："撒胡椒面"的平均主义和资源集中投放（陈家建、巩阅瑄，2021）。其中后一种分配方式占据主流，因为平均分配资源的方式使得建设效果不明显，只有将资源集中起来打造亮点，才能起到立竿见影的效果（陈家建，2013；史普原，2019）。试点模式有时也会呈现出相似的逻辑，如李阿琳（2021）发现只有积极主动的单位才会被选为试点，那些沉默保守的单位几乎不可能成为试点。之所以会出现以上现象，主要还是政绩导向，以及对执行者积极性、能力和社会关系的考量,由此不同单位的资源可得性是不同的。不平等分配导致的资源集中问题为景观化建设提供了相对充足的资金和物质支持。

其次是项目的形式化执行。获得资源倾斜的单位之所以会采取景观化建设方式,也与项目本身的考核方式与执行者的行为方式有很大关系(曹海林、吕安丽,2023)。就项目考核方式来看,主要是对项目本身的结果考核,对于项目的潜在后果与整体效果缺少评估(吴月,2023)。而且,执行者可以通过非正式运作等方式对项目进行反控制,影响项目目标的设定与评估过程(杨丽新,2023)。在这种模式下,执行者为了提高项目建设效率,倾向于将项目试点放在看得见的地方,注重空间上的营造和视觉上的效果,这就导致一些项目试点村大拆大建、注重建筑的外观与形式(郁建兴、高翔,2012)。景观化建设正是形式化执行的一种表现,其目的是凸显建设效果、提高建设效率,其结果是实用性和实体性受损。

总的来说,项目试点模式产生了通过资源集中投放来打造亮点工程的需要,这是检验项目执行效果的直观标准,而且执行者的形式化执行策略和项目验收的结果导向等因素助长了基层造景行为。可见,项目资源下发与景观生产之间存在一定的因果关系。换句话说,景观化建设是项目试点在实践层面的后果之一,项目试点是景观化建设的动力机制,由此可以探明景观生产的内在逻辑。现有关于项目试点和景观化的研究,或多或少都暗含了这样的逻辑线索,但很少对此进行深入分析,也缺少自觉的经验探索。实际上,对乡村建设景观化的研究,应该作为项目试点研究的组成部分或进一步延伸,具有深刻的理论与实践意义。基于以上认识,本文以鄂东某行政村为案例,揭示其"美丽乡村"项目的执行逻辑,特别是资源在行政村层面的差异化分配所导致的空间二分现象,以及对社区治理产生的影响。

三、案例简介与资料来源

（一）案例简介：地理区位与发展过程

塘村①地处鄂东、大别山南麓、长江中下游北段，全域面积4.5平方千米，其中耕地2235亩、山林3770亩、水面217亩。全村有15个村民小组，24个自然垸落，553户计2445户籍人口，其中三分之二以上在外务工。塘村是一个典型的以山区农业为主的贫困村，人口外流所导致的空心化问题日益严重，村内产业空虚，缺乏经济发展的必要基础。由此可见，塘村实现振兴的关键在于重塑发展基础，而非简单的景观建设。

不同于经济发达地区采取整县整市推进乡村建设的方式，2015年湖北省提出的"美丽乡村"建设实施方案主要以项目试点的形式进行，计划到2020年底建设2000个"美丽乡村"示范村（约占全省行政村数量的8%）。不仅如此，早期湖北省各级政府对"美丽乡村"这一概念的理解相当浅显，主要集中在生态治理与人居环境改造上，尽管到后期逐渐覆盖到产业发展等方面，但早期的行动取向深刻影响了"美丽乡村"的实际建设。

2015年塘村所在的Q县为了执行上级政策，推出了初级版本的"美丽乡村"建设，即"洁美乡村"行动，主要内容是垃圾处理方面的"户分类、组清扫、村收集、镇处理"。与该行动同时展开的是"四好农村路"建设，即"建好、管好、护好、运营好"，而直接的判断标准是路基宽度不低于6.5米、路面宽度不低于4.5米。所以，Q县最早的"美丽乡村"建设并非对村庄的整体改造，只包括"洁美乡村"和"四好农村路"两项工程。到了2017年，"洁美乡村"这一概念逐渐消失，代之以主流的"美丽乡村"建设，其内容也扩展到整体的人居环境改善。

塘村的"美丽乡村"建设也是在这样的政策背景下展开的，其关键人物是2014年上台的王斌书记。无论是在生活理念上还是社区治理中，王斌都

---

① 本文所涉及的人名、地名等信息均进行了匿名化处理。

非常重视环境卫生，上台之初就提出"以洁为底、以美为形、以人为本、以文为魂"十六字方针，这与同期 Q 县的"洁美乡村"行动不谋而合。不同于其他村庄敷衍应付的态度，王斌带领的塘村在"洁美乡村"行动中表现积极，逐渐崭露头角。到 2017 年，塘村申报省级"美丽乡村"项目试点，得到了上级政府的大力支持，获得了 300 万元建设资金，塘村的景观生产由此展开。

2017 年至今，塘村的"美丽乡村"建设经历了两期工程（图 1）：第一期从 2017 年开始至 2018 年底，主要依靠 300 万元省级"美丽乡村"项目资金，用于环境整治和建设村委会办公楼；第二期从 2018 年底起，社会资金开始占据主导，以长青山庄和金果基地为代表的社会资本在塘村大规模"圈地"，计划发展经济产业。纵观这几年的建设过程，塘村获得了大量项目支持，包括但不限于：环境整治专项、"四好农村路"项目、省发展改革委道路养护专项、河湖整治专项、省级"美丽乡村"建设项目、农村社会工作建设项目、长青山庄、金果基地、县政府投资艾草苗圃项目、中央预算内拨付的乡镇养老院建设项目、电子加工厂等等。① 项目扎堆、捆绑的现象十分明显。

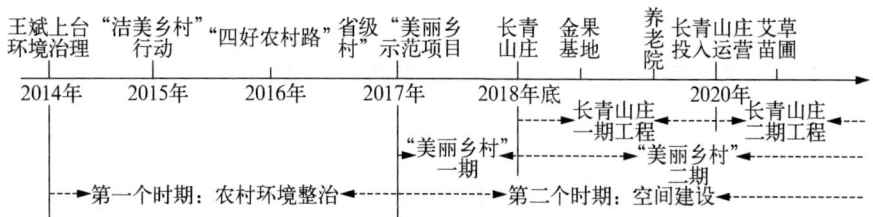

图 1　塘村"美丽乡村"建设的时间线

（二）方法与资料来源

为了研究项目试点下的社区建设，笔者于 2021 年 9—11 月对塘村进行了实地研究，并在随后几年持续关注塘村的项目进展。实地研究分为两个阶段。第一阶段是对社工机构和村委会所收集、存档的资料进行系统整理，并对其进行访谈调查。塘村的社工机构建立于 2018 年，在实际运营中

---

① 长青山庄、金果基地和电子加工厂等项目虽然不属于政府投资，但也是政府推动的，所以仍遵循项目试点的逻辑。

开展了大量社区探访和社区调查,积累了相关资料,使得笔者在短时间内就获得了丰富的数据和信息。笔者也搜集到了村委会的档案资料,其中有相当一部分保存在该村的"乡村记忆馆"中。另外,笔者还对3位农村社工、5位村干部进行了详细的访谈。第二阶段,笔者又对整个村庄进行了系统的观察和访谈。这一阶段更注重对空间生产和景观建设的研究,包括对15个村民小组、村委会、长青山庄、金果基地各进行半天至一天的观察和记录,并访谈了9位村民。具体资料分类见表1：

表1 资料收集来源情况表

资料来源	资料类型	数量	资料来源	资料类型	数量
一手资料	访谈资料(FT)	17人	二手资料	村委会档案资料(CDA)	16篇
				社工机构档案资料(SDA)	21篇
	观察笔记(GC)	22篇		第七次人口普查底册(PC)	1份
				宣传标语、标志(XC)	215条
				各类地图(XDT)	5幅
	手绘地图(SDT)	19幅		媒体报道(BD)	13篇
				其他资料(QT)	6篇

四、台前幕后：塘村景观的生产与空间分割

前文在"案例简介"部分列举了塘村所获得的大量项目资源。相对于其他行政村,塘村的项目资源无疑是非常丰富的。但是即使如此丰厚的资源,也不足以满足全村15个村组的需要,只能进行选择性投入。何况如果进行平均分配,也不能达到显著的建设效果,难以满足试点项目的考核要求。因此,塘村选择了资源的密集投入,使得整个村域形成了"展示空间"与"隐藏空间"的二分格局。

(一)政治激励与治理目标偏移

按照理性选择理论,村干部有其利益追求。当前基层政府之所以能够

将村级组织编织进基层治理体系之中,主要依靠的是经济激励和政治激励。从经济激励来看,Q县各村一把手工资报酬比照乡镇副科级待遇执行,其中60%按月发放,40%作为绩效工资需要经过年终考核才能得到。不过在实际工作中,村干部只要能够完成日常工作,基本上就能获得全部工资,导致经济报酬并不能激励村干部承担更多的非常规任务,自然也不会去申请像"美丽乡村"建设这样的试点项目。而就政治激励来看,村干部不属于公务员编制,除了参与"定向村(社区)干部考录乡镇(街道)公务员考试"之外,几乎没有正规渠道获得晋升,所以村干部获得政治激励的机会是极低的。因此,一方面是经济激励的极易获得;另一方面是政治激励的难以获取,导致绝大多数村干部安于现状,使得基层的日常工作虽然能够落实,但对日常工作之外的特殊任务却缺少积极性。在实践中,即使是像"美丽乡村"建设这样对村庄有利的项目,村干部基于个人付出与收益的考虑,大多也不会主动承担。

不过,基层中仍有少数村干部会积极包揽一些特殊任务,付出常规工作之外的努力,形成了李阿琳(2021)提到的大多数沉默保守的单位与少数积极主动的单位的对比。对于这一现象,最合理的解释还是政治激励。对村干部来说,政治激励难以获得,但不代表没有,前提是做出亮眼的成绩,获得上级赏识,从而得以提拔。杨华(2021)提出的观点对理解这一点具有启发意义:在基层单位里,承担特殊任务的人更容易获得重用,而这类事情大多是超常规、额外性和去科层化的,本文研究的"美丽乡村"建设正是此类事务。塘村"美丽乡村"建设试点所具有的政绩显示功能,使其得到县乡两级领导的重视,但大多数村庄既无意愿,也无能力承接,此时塘村的积极主动就显得十分重要。不仅如此,塘村的"美丽乡村"建设属于省级立项,平时检查、参观的领导络绎不绝,也便于拓展政治人脉。笔者调研期间曾记录了该村一个月内的接待情况,该月塘村有17次接待,涉及省、市、县、乡四级。另外,还要考虑到塘村的一把手年龄不大、组织能力强、执行效率高等因素,使其获得政治晋升的机会显著高于其他行政村的村干部。2021年,王斌由于在"美丽乡村"建设中的出色成绩,由村支书调往邻镇担任宣传部部长,在常规渠道之外进入公务员行列。不难想见,政治激励在其中发挥了重要作用。

既然塘村承担的省级"美丽乡村"建设属于政治激励，那么评价该项目实际效果的标准就不是社区福祉，而是贯彻上级政府意图的能力。另外，由于建设资源来源于项目试点而非村集体或村民，因此村级层面没有干预权。而且项目制本身是一种结果考核，执行过程缺少必要的控制，对项目的潜在效果和实际效用难以评估。总的来看，塘村的"美丽乡村"建设受到三方面因素的影响，分别为上级政府的政绩考量、项目制的执行方式以及项目本身的艰巨性，而真正应当被纳入考虑的村庄发展与村民福祉反而被忽视了。由此，塘村的整个治理目标发生了偏移。

（二）"展示空间"：资源密集投入的三角区域

塘村治理目标偏移集中表现在为了方便展示建设效果，将全部项目资源密集投入到某一区域而放任剩余区域不顾，形成了"展示空间"与"隐藏空间"的分异。从 2017 年开始，塘村先后获得了 300 万元省级"美丽乡村"项目建设资金、5000 万元长青山庄一期工程建设资金、200 万元金果基地建设资金、中央 1100 万元养老院建设专项资金、550 万元电子加工厂建设资金、20 万元艾草种植专项资金，以及省发展改革委下达的道路养护资金若干。预计塘村未来还可获得 4000 万元长青山庄二期工程建设资金以及省发展改革委已立项的两个足球场资金等。总的建设资金总额估计在 1 亿 2 千万元以上，人均 5 万元，这在当地比较少见，项目捆绑可见一斑。但在政绩导向和项目执行逻辑下，项目和资金使用的"可见性"非常重要，因而塘村将资源进行密集投入以达到展示效果，遵循了"好钢用在刀刃上"的原则。

图 2 是各项目在塘村的分布图，从中可以看出，众多项目主要分布在"村口—村委会—长青山庄"这一狭长的三角区域。从地理上看，这一三角区域近似东西走向，与整个塘村的区位方向是一致的。选择这片区域的好处有以下三点：第一，这一区域呈钝角三角形，尽管狭长，面积却不大，减少了需要建设的覆盖面，此区域内的住房大约在 150 栋，约占塘村的四分之一到三分之一；第二，这片区域本身在道路、景观等设施方面有着较好基础，便于开展建设；第三，从"村口"到"长青山庄"这片三角区域，在地形上相对

完整,从村口向村内观察,这片区域大部分都在视野之内,而剩余区域基本都有群山阻隔,视野上是隐蔽的。

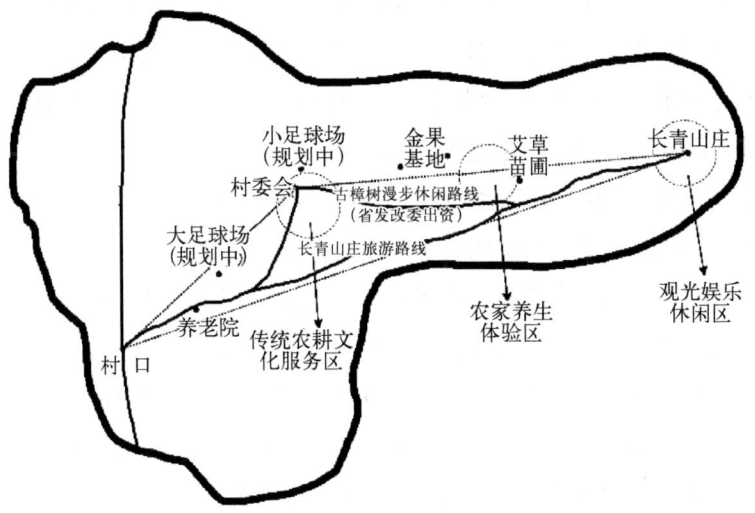

图 2　塘村重点建设项目与空间分布图

在村委会自己所做的统计中,这个三角区域的资源密集投入同样是惊人的:

> 古樟树漫步休闲硬化水泥路 1 公里,安装防护栏 2000 米,种植苗木 600 余株;长青观光旅游路刷黑村级公路 3 公里,安装防护栏 6000 米,仿古路灯 120 盏,种植胸径 10 公分以上桂花树、红叶石兰、樟树、柳树等 1000 余株……传统农耕文化服务区修建河沟石砌 800 余米,铺建鹅卵石墙面、路面 800 余平方米,新建公厕 5 座,仿古观景亭 2 个,打造景观塘 3 口,古樟树景点 2 个,铺植优质草皮 3000 余平方米……农家养生体验区,房前屋后种植樱花 3000 余棵,花卉 30000 余株……将 58 家住户屋顶石棉瓦统一更换红色琉璃瓦……观光娱乐休闲区,建成了 600 亩集种养、采摘、餐饮、民宿、旅游观光、水上娱乐为一体的旅游观光娱乐产业……翻修了 1000 余平方米的文化礼堂,安装了 20 余盏矿工灯,配套建设了 1500 余平方米的文化广场和百姓舞台,配套建设的卫生室、村史馆、公厕、文化长廊,均为徽派风格……种植名贵樟、松、

梅、樱花、盆景 2000 多棵。(CDA-07)

这片三角区域几乎集中了塘村所能申请到的全部项目,密集的资源投入带来了后续的维护保养问题。笔者根据塘村 2020 年上半年的用工事项表进行了统计,在这 160 天里,各临时用工数为 107.2 个,其中打扫卫生 29.2 个、道路装饰 11 个、绿化 56.5 个、迎检 6 个、其他事项 4.5 个,按照临时用工 100 元一天的价格,塘村上半年因各种临时原因用工支出就达到 10720 元。这部分支出大多用在卫生和环境美化方面,特别是为每次重要检查和领导参观所做的临时卫生清扫。除了这些临时支出,村内还设置了 18 个公益扶贫岗位,主要是清扫道路和垃圾清理,根据绩效考核,每个承担公益岗位的人年终可获得几千到一万元的工资。根据村干部的粗略估算,每年塘村在卫生方面的支出就有 20 万元左右(FT-03)。另外,塘村还需要经常购买材料对建成项目进行维修、改造和更新,如在 2020 年 8 月,塘村为了给村内主干道更换中式风格的路灯就花费近 4 万元。

除了苦心兴建和维护这些实体景观要素之外,塘村在建设过程中还在构造象征性的空间景观方面下功夫。笔者曾对塘村的宣传标语、标志进行了搜集,最后共收集各类标语、标志 215 条,内容近 5 万字。根据"美丽乡村"建设的总体要求,笔者设置了产业发展、生态宜居、乡风文化、村庄治理、基础设施建设与公共服务、防灾与安全等 6 个一级类目,6 个一级类目下面再次分解成 19 个二级类目。根据这些二级类目,笔者对 215 条标语中能够表达特定意义的词汇进行编码,获得了 254 个编码,进而得到 3978 个匹配项。这里简单报告匹配项的分布结果。(1)从内容来看,塘村关于"村庄治理"的宣传占据最大比重(46%),其次是"防灾与安全"(13.7%)、"基础设施建设与公共服务"(11.6%)、"生态宜居"(11.4%)、"乡风文化"(10.7%)与"产业发展"(6.6%)。由此可见,塘村对外宣传主打的是"村庄治理",特别是党建与民主治理。而令人诧异的是,尽管塘村目前在大力进行产业设施建设,但在宣传上的反映并不多。(2)从空间分布来看,宣传标语、标志主要分布于村委会及其所在的 1 组(80.9%),3 组、9 组、11 组和 14 组也有一定的分布,而这几个小组都位于"展示空间"之内。因此,象征景观在空间上的不平衡分布是十分明显的。

在象征景观营造方面,除了直接的宣传标语、标志,在其他方面也有显著的体现:革命时代风格的村大礼堂、徽派风格的村委会办公楼、古风的乡村记忆馆、徽派路灯、徽派观景亭、古井、名贵花草树植,以及未来规划运行的两个足球场……这些项目存在着明显的"景观"与"实体"割裂问题,这里试举几例。首先是塘村的大礼堂,尽管看似朴素,实则大有讲究,礼堂外墙所用的青砖是从集体时期遗留的建筑中扒下来的,礼堂内特意安装了 20 余盏矿灯以及摆放百余张板凳,尽显集体时代风格。大礼堂主要被镇政府用来召开大型动员会,颇具集体时期的动员色彩。乡村记忆馆中保存了各种传统农具、生活用品、家谱、集体时期的经济社会资料与村庄发展史,主要满足的是外来参观需要。按照村委会的设想,规划中的两个足球场建成后,将会引进足球俱乐部前来训练,但根据当地足球发展水平和其他条件来看,这一设想实现的可能性并不高,且足球场的维护成本很高。

通过实体景观及象征物的捆绑,塘村集中构筑了一个展示村庄发展成就的区域。对于生活在这个区域的村民来说,尽管道路等基础设施的完善带来了部分好处,但更多的景观建设失去了部分实用性。村民日常生活中的鸡舍鸭棚、菜地山林和略显陈旧的房屋庭院并不成为"美丽乡村"的内在部分。那些景观尽管亮丽,但与实际生活关系不大,由此这一区域的资源密集投入实际上产生了两个场域,一个是村民日常生活的场域,另一个是景观展示的场域,二者之间构成了明显的分裂。

(三)"隐藏空间":景观生产的剩余区域

除了"展示空间",塘村大部分村组由于地形阻隔,其陈旧破败、杂乱无序的外观遮蔽在群山树木之间。在这些没有"美丽乡村"项目建设的地方,保留了塘村的真实面貌,而这正是塘村"美丽乡村"建设缺少关注的部分。

这些剩余的村组在空间外观和发展程度上具有很强的同质性,这里主要以与村委会仅一山之隔的 2 组为例进行说明(图 3)。与"展示空间"内的村组相比,2 组的空间布局显得凌乱无序:首先是各类房屋散落在空间中,特别是西边的房屋见缝插针、没有章法;其次是新房、旧房各有分布,房屋保持着自然的更新速率;最后是组内还零散分布着大量柴草堆和土坯房,而这些是"展示空间"内绝少见到的。实际上,尽管2组仍有人居住,但房屋倒塌问题比较严重。从基础设施建设来看,尽管建设了路灯、公厕,并整治了一个池塘,但这是普惠型项目资源的建设成果,与前文提及的试点项目并无关系,且这些设施的数量要少得多。

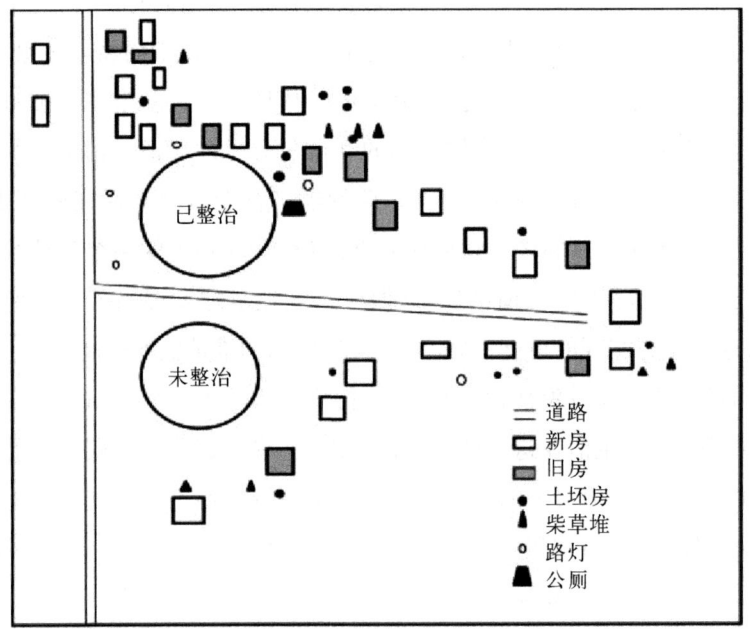

图3 2组的空间布局

2组是一个典型的长江中下游空心化农村社区,农村人口大量外出,空间衰退与老化成为不可逆转的趋势。以往对于这种空心化现象有过众多研究,在这一点上,塘村的"隐藏空间"并无特殊之处,也无须过多赘述。其他村组呈现出类似的情况:

> 这个小垸落有五六户人家,但现在只有两个人在家,第一个约60岁,坐在门口晒太阳(最近因为家里有人去世才回来的),第二个是70多岁的老太太,坐在椅子上整理衣物。(GC-05)
> 大别山旅游公路地势太高,它下面的11组像是陷入坑中一样,村子比道路低七八米,大部分人都搬走了,衰败、空心化的情况是我去过的所有小组中最严重的。房屋失修、土坯房非常多,土路。第一排房

子深陷坑中,几座土坯房完全坍塌,长满了杂草,第二排房子还住着三户,共计5个人。(GC-11)

一些普通住房散居期间,外表斑驳,青砖绿苔历历在目,房顶破旧,但看起来还在使用。(GC-09)

费恩斯坦(2016:161—170)在探讨"正义城市"的特点时曾提到,"充足的公共空间应该得到广泛和多样性的使用","防止造价昂贵的大型项目提供微不足道的普遍好处"。但是塘村进行的景观建设与村民的需求不相匹配,资源的社会效益低下:一方面是相当一部分资源被用来从事景观化建设,存在资源浪费问题;另一方面是那些即使能够产生实际效益的资源,也主要被投入到"展示空间"中,而"隐藏空间"中的村民难以受益。塘村采取的这种建设方式,遮蔽了农村的发展水平和实际需要。

五、延伸研究:景观生产与社区治理

前文分析了塘村的景观生产过程所导致的空间分割,这种社区建设方式主要基于行政主导和项目考核的要求,因而导致资源利用的低效率,不能满足村民实际需要。本节继续对这种景观生产的社区治理效果展开研究。

正如上文提到的,塘村在本质上仍是一个空心化的行政村,在王斌书记上台之前,大量人口就已经外流,村组织处于虚浮状态,村庄治理的主体、客体和工具均已缺失。2017年下拨的"美丽乡村"试点项目本可以通过资源注入来唤醒沉睡的社区治理,以更合理的资源使用方式来满足村民的需要,进而将村民吸纳到社区治理中来,以村民参与的方式来推进"美丽乡村"建设。但塘村的社区建设采用了差别化的方式,所形成的空间分割反而在社区之间形成裂痕。一方面是开展大型项目建设,将普通村民排斥出去;另一方面又太看重项目的展示效果,难以与村民形成共鸣。因此,塘村的"美丽乡村"建设并没有明显地发挥改善社区治理、调动村民积极性的正向效应。

例如2018年年末,为了长青山庄顺利落地塘村,需要修建一条通往山庄所在地的道路,这就是现在所称的"长青山庄旅游公路"。为了获得建设用地并保持沿路美观,政府和村委会给沿路村民施加了不小的压力,将区域内的小型养殖设施全部拆除,不准村民开展养殖活动:

> 2018年底,村里在资金困难的情况下,找到了在外创业的成功人士来开发乡村旅游,首先着手修一条循环旅游公路。可在当时,WXL等一批村民的猪圈和鸡圈在路边迟迟不肯搬走,建设陷入僵局。为了不影响修建进度,镇党委副书记和村干部一起,连续7天吃住在村,做拆迁群众的工作,与拆迁群众同吃同住,按期完成156户的流转、拆迁任务。(BD-05)

可是此类工作的社会效益并不明显。在对外宣传中,塘村通过长青山庄、金果基地等构筑了本村的产业支柱,但并不成功,也并未给村民和村集体带来实际好处。首先是长青山庄,由于其所在地原为塘村的林场,并不属于村民承包的山林,村集体将其无偿承包给山庄,并不能为村民和村集体带来土地租金。而长青山庄将这片山林承包后,摧毁原生林木以种植名贵苗木,破坏了原有的生态系统。另外,山庄提出的吸收本村劳动力的承诺也难以兑现,不仅是因为塘村缺少合适的年轻劳动力,也是由于山庄尽管持续投资,但实际运营方面入不敷出,难以盈利。不仅如此,村集体还为建设山庄周边的设施投入了大量资金。其次是金果基地,占地面积为300亩,其使用的土地是村集体原来包产到户时未分完的山林,每亩100元的租金也全部归村集体。建立该基地之前,这片山林种植板栗树,每年村民可以自由采摘,获得的收入归村民自己所有,金果基地的建立实际对村民收入起到了反作用。因此,塘村产业的实际发展与宣传存在很大差距,即使长青山庄与金果基地最终能够取得成功,但以目前这种合作模式来说,村民和集体并不能取得太多收益。① 塘村的这种发展方式引发了村民的一些

---

① 村集体对长青山庄、金果基地之间既不存在土地、资金入股的关系,村集体也不能参与实际的管理工作。在现有的合作模式中,村集体只是将土地无偿或以极低价格流转给这两个经营主体,获得的土地租金是极少的。在名义上,塘村确实拥有这两大重要产业,但不能获得收益分配。

质疑：

> 大家在这些项目建设中并没有得到很多实惠，主要是因为长青山庄和金果基地，都是老板们在做，也不需要我们参与。我们都是小农民，不是出去打工，就是种地，他们搞的这些东西我们也不懂，当然也没有资金加入进去。(FT-09)

> 目前我们村主要是想发展旅游业和特色农业，但旅游业只是大老板在做，老百姓没有参与其中。基层行政接待的任务太重，没有心情管发展，"横幅每年都花万把块，扫地要花七八万"。(FT-13)

塘村的空间建设行动并未激发自下而上的村民反馈，究其原因，根本上还在于空心化的村庄本来就不能汇集足够的民意资源，村民民主难以组织，也就不能对项目形成有力的监督。总之，在空心化的社区条件下，塘村的景观生产难以得到自下而上的村民反馈，其改善社区治理的效能并不明显。

六、结论与讨论

本文将项目试点与景观生产相结合，分析了鄂东塘村社区建设的内在逻辑和治理效果。塘村的景观生产是由项目试点的逻辑所决定的，在这种资源下达方式中，项目建设与考核裹挟着地方的政绩导向。在政治激励的作用下，村庄治理目标发生偏移，建设效果取代村民需要、社区发展而成为试点项目的主要目的。塘村的景观生产建立在社区空心化的基础之上，为了资源投入的可见性，将项目资源集中投入在村庄的部分区域，形成了对外展示的空间，剩余区域则保持空心化的底色，在对外展示中被隐藏下来，最终一个成功的"美丽乡村"试点诞生了。具体来看，该项目的资源集中堆砌在"村口—村委会—长青山庄"这一三角区域，上亿元的资金集中在此，导致这一区域的景观要素十分密集。与此形成鲜明对照的是剩余区域陷入衰退老化的境地,资源的投入不足使其维持了空心化的原貌。本文还分析了塘村景观生产对社区治理的不利影响,在当前社区共同体凝聚力大为下降、丧失发展活力的背景下,塘村的建设模式无助于扭转这一趋势,甚至会由于景观的分割而产生村民的隔阂。

对塘村案例的研究说明了景观化作为一种分析工具或视角所具有的价值。以往许多农村社会研究忽视了景观维度,未将其视为一种塑造社区结构的力量。本研究对塘村景观建设的分析中,一方面从项目试点的角度分析了景观化的形成过程,另一方面也阐释了这种空间形态与社区治理之间的关系。

当然,塘村的景观建设并不能单纯被视为空间造假。若以实用性作为判断标准,需要思考的是这些景观对谁有用、对谁无用,而有用的程度与利用的方式是什么。就"展示空间"来说,并不是所有的景观都是无用之物,也有不少项目发挥了实际作用,对村民的生活产生了积极影响。如果按照"有总比没有好"的标准来说,这些建设项目总是好的,但这种建设方式也确实给社区治理带来了不小的隐患。主要体现在资源分配的不均,可能会在村民心态和村庄结构方面产生撕裂感,导致"不患寡而患不均"。本文所要传达的理念在于,如何探索一种新的资源投入方式,使得资源的分配变得更加合理,更能满足村民的实际需要。仅就塘村的空间建设来说,尽管资源以密集投入的方式集中在村庄的部分区域,但至少促进了这部分区域的空间更新,仍取得了一定的建设成就。但如果将这些项目资源以一种更合理的方式加以分配,就能够促进空间的良性建设,产生更好的治理效果。

项目资源如果能够得到最优利用当然是最理想的状态,但塘村的景观建设却采用了一种次优的利用方式,本文更倾向于将其归为"政策执行偏差"。出现此类偏差的一个重要原因是政策在各行政层级之间的传导所产生的偏移。就"美丽乡村"建设来说,其本意是探索乡村振兴的经验,但是这一政策越到基层,越容易变成取悦行政的形式化执行,衍生出了一些不是经验的"经验",这些经验不可复制,"试点"变成了"孤点"。以项目制试点的方式下发资源存在着一个矛盾,即资源与信息的错位,上级政府作为项目发包方控制着资源但缺少信息,而作为执行方的下级政府虽没有资源但掌控着信息,使得下级政府有能力影响项目运作。加上地方共谋现象的存在,不少"试点"被成功包装。

带着问题意识看待塘村的"美丽乡村"建设,并不代表否认这一建设行动的价值。相反,随着改革开放以后城乡发展鸿沟的显现,乡村振兴迫在眉睫,"美丽乡村"建设对于落后农村地区来说显得尤为及时。过去几十年,国家权威与各种资源同时在农村退出,资源匮乏问题日益严重。在此情况下,对农村的资源反哺成为实现共同富裕的必要条件和应有之义。实际上,"美丽乡村"建设在农村社会发展、满足农民生活等方面发挥了重要作用。

最后需要提出讨论的是景观与空间研究在农村研究中的前景问题。过去几十年农村研究领域相继形成了村民自治、干群关系、悬浮型治理和项目下乡等热点话题,今后关于农村社区规划的研究可能会占据更重要的地位。随着国家乡村振兴战略的实施,如何统筹产业发展、人口布局、公共服务、土地利用、生态保护等,科学合理地规划农村生产生活布局和设施建设,成为乡村发展迈向更高阶段的必然要求。农村发展面临的不少问题可以通过合理的空间布局加以解决,如乡土文化的保存、生态价值的维护、人居环境的改善等都需要正确的空间规划加以引导。在这种宏观背景下,社会学应该更加注重对农村社会空间的研究,为建设更加宜居、更为善治的农村空间贡献力量。

参考文献

比特雷,2012,《消失的故土:全球化时代可持续发展的住宅和小区》,王骏、张冠增译,上海:同济大学出版社。

伯吉斯,1997,《城市发展:一项研究计划的导言》,载帕克、伯吉斯、麦肯齐,《城市社会学——芝加哥学派城市研究文集》,宋俊岭、吴建华、王登斌译,北京:华夏出版社。

曹海林、吕安丽,2023,《乡村振兴视角下"项目进村"政策执行偏差及其矫正》,《江苏社会科学》第4期。

曹海林、周全,2023,《"项目进村"实施中的行政能力、产业推进与村民收益》,《社会发展研究》第2期。

陈家建,2013,《项目制与基层政府动员——对社会管理项目化运作的社会学考察》,《中国社会科学》第 2 期。

陈家建、巩阅瑄,2021,《项目制的"双重效应"研究——基于城乡社区项目的数据分析》,《社会学研究》第 2 期。

陈那波、蔡荣,2017,《"试点"何以失败？——A 市生活垃圾"计量收费"政策试行过程研究》,《社会学研究》第 2 期。

董磊明,2007,《村将不村——湖北尚武村调查》,《中国乡村研究》第 5 辑。

费恩斯坦,2016,《正义城市》,武烜译,北京:社会科学文献出版社。

丰雷、胡依洁,2021,《我国政策试点的中央政府行为逻辑探析——基于我国农村土地制度"三项试点"的案例研究》,《中国行政管理》第 8 期。

哈维,2015,《正义、自然和差异地理学》,胡大平译,上海:上海人民出版社。

景天魁、张志敏,2017,《时空社会学:拓展与创新》,北京:北京师范大学出版社。

蓝宇蕴、郭志坚,2006,《城中村"景观"问题的社会学思考》,《学术研究》第 5 期。

李阿琳,2021,《地方身份的规划叙事——一个乡镇城市化的案例》,《社会学研究》第 3 期。

李祖佩,2015,《项目制基层实践困境及其解释——国家自主性的视角》,《政治学研究》第 5 期。

李祖佩、钟涨宝,2020,《"经营村庄":项目进村背景下的乡镇政府行为研究》,《政治学研究》第 3 期。

刘扬,2011,《德波景观空间文化理论述略》,《城市问题》第 11 期。

卢青青,2021,《经营村庄:项目资源下乡的实践与困境》,《西北农林科技大学学报》(社会科学版)第 6 期。

仇叶,2022,《乡村旅游的景观制造逻辑与乡村产业发展路径——基于赣南 C 县梯田景观开发的实证调研》,《南京农业大学学报》(社会科学版)第 2 期。

渠敬东,2012,《项目制:一种新的国家治理体制》,《中国社会科学》第 5 期。

史普原,2019,《项目制治理的边界变迁与异质性——四个农业农村项目的多案例比较》,《社会学研究》第 5 期。

汤雪萍,2023,《文化景观设计推动乡村休闲旅游的实践路径》,《社会科学家》第 6 期。

童心刚,2020,《乡村"旅游过度"问题如何治》,《人民论坛》第 3 期。

王宾、于法稳,2021,《"十四五"时期推进农村人居环境整治提升的战略任务》,《改革》第 3 期。

王路昊、林海龙,2021,《成为"最佳实践":试点经验的话语建构》,《社会》第 1 期。

吴月,2023,《"悬浮"的项目:对基层政府策略性行为的考察》,《理论月刊》第 7 期。

杨华,2021,《"领导交办的事":任务性质与政治激励——对基层单位人事激励机制的一项理解》,《广西师范大学学报》(哲学社会科学版)第 1 期。

杨丽新,2023,《项目控制权分配与农村公共品供给的实践差异——基于中西部四村庄项目进村的比较研究》,《中国行政管理》第 4 期。

叶云、王芊,2016,《"美丽乡村建设"项目"异化"的表现、缘由与修正路径——以湖北 M 村为例》,《湖北社会科学》第 9 期。

银元、李晓琴,2018,《乡村振兴战略背景下乡村旅游的发展逻辑与路径选择》,《国家行政学院学报》第 5 期。

郁建兴、高翔,2012,《地方发展型政府的行为逻辑及制度基础》,《中国社会科学》第 5 期。

张红翠,2014,《欲望机器的视觉暴政——都市媒体空间研究》,《河南社会科学》第 4 期。

张惠强、连欣,2019,《定义空间:空间规划如何制定和执行?——基于中央、部门、地方"三角互动"的视角》,《社会发展研究》第 3 期。

张森、叶敬忠,2023,《"项目跑步机"上的村庄发展:自主性与可持续性探析》,《中国农业大学学报》(社会科学版)第 2 期。

张世勇,2009,《积极分子治村:徽州村治模式研究》,济南:山东人民出版社。

折晓叶、陈婴婴,2011,《项目制的分级运作机制和治理逻辑——对"项目进村"案例的社会学分析》,《中国社会科学》第 4 期。

周飞舟,2012,《财政资金的专项化及其问题:兼论"项目治国"》,《社会》第 1 期。

周雪光,2015,《项目制:一个"控制权"理论视角》,《开放时代》第 2 期。

(特约编辑:陆远)

随笔与评论

反思性建构：共通问题与本土概念
——读《风俗与历史观》

陈芳静 凌 鹏*

尽管中国史学领域已经就岸本美绪的著作展开了相当讨论，但面向更多受众的翻译和介绍工作仍颇为滞后。《风俗与历史观》作为中文学界全面引介岸本美绪明清史研究的新编论文集，在一定程度上弥补了这一空缺。正是出于系统性介绍的目的，本书不仅收录了日文著作《明清史论集》的部分论文，还加入了少量其他已刊的中文或日文论文，较为全面地介绍了岸本美绪在社会史、全球史、法制史等方面的研究及其理论总结。在开阔的研究视野之上，岸本美绪沿用了《明清史论集》第一册的书名，以"风俗与历史观"作为中文版新编论文集的标题，这或许提示读者，明清史研究的诸面向中"风俗"概念具有统整性意义。受标题的启发，本文尝试以"风俗"概念为线索，梳理书中各项具体研究与"风俗"概念的联系。由梳理过程可见，尽管"风俗"一词并未出现在每篇文章中，但"风俗"相关的问题意识可见于全书的各项研究，而且在历史观层面更具突破性。具体来说，可以将"风俗"概念视为岸本美绪反思既有史学研究、建构新历史观的逻辑起点，由它延伸出基于共通问题进行文明比较与提炼本土概念及理论框架这两条独立但相关的方法论路径，其一是基于共通问题进行的文明比较，其二是提炼本土概念及理论框架。在对中国社会寻求"内面理解"的观照下，上述两条方法论路径不仅对理解以岸本美绪为代表的一批日本学者具有重要意义，而且也为中国学者在历史观层面进行反思性建构提供了相当启示。本文正是希望以此为基础继续进行一点反思探索。

---

* 陈芳静，北京大学社会学系硕士研究生；凌鹏（lingpeng0409@pku.edu.cn），北京大学社会学系副教授。

一、由"风俗"说开去

在以"风俗"概念为线索梳理全书内容之前,本文将首先探讨书内第三章对"风俗"概念的专门讨论,以此作为后续论证的起点。

第三章开篇,岸本美绪首先对"风俗"概念的用法进行统整性概括,强调"风俗"的用法具有多重双面性,这体现在多样与普遍、文教与朴素、个人与社会三个方面。其中,多样与普遍指传统风俗论既强调"风俗"因自然条件不同而不同,又具有"移风易俗"的取向,整体而言反映的是为政者或士大夫的社会观(岸本美绪,2022:51)。而文教与朴素的平衡意味着"风俗"之好不仅仅以礼仪和知识为条件,过分追求知识反而可能会失去质朴的特性(岸本美绪,2022:53)。最后,个人与社会的意涵则指"风俗"概念处于个人和社会紧密关系的接合点上,风俗由人所形塑,却又强有力地控制个人(岸本美绪,2022:54)。如果说上述概括在一定程度上展现了概念使用的多种场景以及语义的复杂性,下文对顾炎武文本的分析则使得读者对"风俗"的理解能够转向更为清晰、一贯的逻辑。

在一定程度上可以说,顾炎武的历史风俗论反映了中国传统社会对"风俗"理解的精意。在顾炎武的《日知录》卷十三中,他颇为系统地以风俗的长期变动为中心描述了自春秋以来的历史观。具体论述中,顾炎武着重以对风俗的影响为基准对各个时代、各个人物进行评价。依据岸本美绪的观点,顾炎武的历史观存在三个方面的特点:第一点,区别于对历史行进方向的必然性定论,顾炎武的历史学具有强烈的实践性,从历史中直接寻找教训;第二点,区别于个人、社会的二元对立,顾炎武的历史观围绕个人与社会相结合的风俗概念展开;第三点,区别于以国家兴衰或法律制度为线索的历史叙述,顾炎武更为关注风俗的相对独立性以及法制、政策对风俗的影响。

从以上三点可见,岸本美绪以相当强烈的、与西方历史观对话的理论自觉转向对风俗概念的检讨,由此产生两条相关但具有一定独立性的脉络。第一条脉络是以社会秩序问题的共同观照试图统整东西方有关习俗、风俗等相近概念的讨论。基于同情式理解,作者认为明末清初文人对"风俗"的讨论隐含着独特的紧张感,反映知识分子在强烈时代变动下对风俗败坏的担忧。更进一步说,这种强烈不安感与自霍布斯以来的西方思想传统在"如何不陷入'禽兽世界'"上共享着相似的问题意识。因此,作者将秩序问题视为 16—18 世纪世界的共通问题并在此基础上展开文明比较。除"风俗"一文之外,共通的秩序问题也是贯彻于岸本美绪多个时期、多个研究的主题。更进一步说,以共通问题为共识性基础展开文明比较的路径不仅影响岸本美绪对世界秩序问题的讨论,还在其法制史的研究中充分显现,因此对全书具有重要的理论和方法论价值。

第二条脉络则是从中国本土概念和历史观中提取有用的思想资源,以开辟区别于西方现有历史观的方法论概念甚至理论框架。以风俗为例,岸本美绪认为风俗概念对于历史学的方法启示与前文对顾炎武观点的梳理相照应,表现为在历史目的论、个人/社会二元对立以及制度研究三个层面进行反思。在反思的基础上,作者试图寻求更为柔软、变动的侧面作为社会秩序研究的基点,由此名片、抬头、称谓、契约等微小事物也能成为观察社会秩序变动的窗口。在其他理论问题的探讨中,对西方历史观的反思同样逡巡于作者的脑海,与第一条脉络共同构成本书的"复调"。正是由于这两条脉络在各具体问题域中时隐时现、交相呼应,"风俗与历史观"这一论文标题才恰如其分地成为论文集的标题,具有统摄性意涵。

二、 共通问题下的文明比较

所谓"文明比较",必须以某一共识为基础。同中有异,方有比较的价值,否则将趋于彻底的差异。在岸本美绪看来,文明比较的共识恰恰是基于特定经验困惑产生的共通问题,而非单纯的概念词语,这是她最重要的理解。

值得注意的是,尽管保持经验导向这一共识,全书的不同章节对"共通问题"的定义存在微妙差异。概括而言,存在两种有关"共通问题"的理解:一种是由某一原初性、普遍性问题引发的跨文明、跨历史比较;另一种则是在特定历史时期内,不同文明因实质性事件产生关联性。以第九章作者有关"所有"概念的比较可以作为第一种视角的典型案例。作者试图以"所有"概念尽可能概括跨越历史的各社会中"所有"形式的多样性,并将各社会的所有观念视为解决多人竞争下社会秩序何以可能的不同方案。尽管所面临的难题具有相当普遍性,但各社会"所有"的正当化依据存在差异,作者以"从个体出发"或"全体利益出发"确定个体应得份额为区分标准,将西方所有权理论视为前者,并将前近代中国的所有权基础视为后者,而伊斯兰以"神的意志"作为依据的所有观念则可视为区别于前两者的第三条道路(岸本美绪,2022:222)。

　　由所有概念的讨论可见,围绕原初性、普遍性问题展开的文明比较在方法上存在以下几点特征:首先,共通问题以文明化为条件,但仅以最低程度的文明化为限度。以"所有"观念为例,"所有"形成的前提是多人构成的"社会"因竞争产生相互协调的需求。基于这一需求,各社会或文明因自身特点发展出差异化的所有形态,而非如进化论的预设,某一文明因卓越地回应普遍性问题而占据价值优先地位。其次,从单一文明的发展历程来看,有关共通问题的解决没有上限或终点。"所有"问题之所以具有普遍性,恰恰是因为特定社会无法通过诉诸某种终结性的解决方案消灭问题,而只能在螺旋式上升的过程中以不断解决新问题的方式实现所有形态的迭代。一方面,后一历史时点出现的问题并不是前一历史时点的再现或重复;另一方面,也正是因为"所有"问题具有跨历史的普遍性,过去的实用策略可为解决今日的难题提供相当经验。再次,这一比较路径假设各社会或系统存在相对独立性,它们基于共通问题发展出特异的制度和观念。因此,不同系统的观念差异是可进行理论区分的,这构成岸本美绪建立与特定社会相联系的三种理想类型的前提。最后,在此路径下,系统间比较围绕基本问题展开,但无法由系统或社会对该问题的回答推导出对其他问题的回答。概而言之,所选取的共通问题具有基础性,却对社会构成而言不一定具有统整性。

　　第二种视角恰好构成对照,有关近世共通问题的讨论说明了这一点。

岸本美绪不再有意地打破文明比较的时空限制，反而将比较尺度进一步限定在特定历史时段，从而试图对文明之间可比较性进行更为精确的分析。"近世"本质上是一个时间概念，更具体地说，它是一个历史分期概念。作者对"近世"以及"时代划分论"的关注以共通问题为基础。但此处的"共通问题"不再止步于想象的连接，而是以实质性关联为依据，即"近世"背后以世界史观念为支撑，由此岸本美绪将"半开放系统"与时代划分联系起来。"半开放系统"指存在内部系统意识但又不完全封闭的系统，以"半开放系统"为基础的时间分期关注不同地域彼此相互竞争和触碰时产生的共同节奏（岸本美绪，2022：10）。这一共同节奏在后16世纪这一关键节点下更具冲击—反应的特征。各"半开放系统"在宽松并存的状态下面对共同冲击作出不同的反应，同时各系统在受到冲击后独自进行自我组织、生成新系统（岸本美绪，2022：16）。具体而言，16—18世纪旧有政治秩序因军事势力的相对变化和国际商业贸易发展逐步瓦解并为新秩序所替代，这一趋势在中国、日本和欧洲国家均有出现。与外在因素变化对应，建立新秩序的国家都在不同程度上面临"后16世纪的共通问题"，这表现在民族和宗教问题、社会组织问题以及市场经济和财政问题三个方面（岸本美绪，2022：40—41）。正是因此，各国家都以集权的中央政府应对可能的秩序危机，但又在解决实际问题时提出特异的解决方案，这一明确的共识与差异构成"后16世纪共通问题"的文明比较基础。

当岸本美绪将上述问题意识投射于中国研究时，她清楚地意识到流动社会带来的自由、动乱与梁启超所言"无形的专制"恰恰构成近世中国社会的一体两面。因此，本书对中国"后16世纪问题"的讨论同时呈现出国家和社会两个面向。一方面，第八章以18世纪中国与世界的关系为切入点理解雍正帝的各项政策以及理想统治形态，并在比较中说明雍正帝以君主为顶点，排除与其对抗的中间势力以构筑一元性国家秩序的解决方案在世界史背景下具有何种特异性。另一方面，"后16世纪共通问题"的关切内含于岸本美绪对风俗现象和概念的讨论。正是基于这一关切，岸本美绪对顾炎武的风俗观进行重点分析，并试图将其观点与霍布斯等人对社会秩序问题的关注相提并论。这种比较路径实际上是将顾炎武视为"后16世纪共通问题"在中国背景下的担纲者。

随之产生的问题是：顾炎武是否真的具有"后16世纪共通问题"所承载的问题意识？他与孟德斯鸠等人对风俗的关注究竟在何种意义上具有可比性？实际上，恰恰是在对风俗的讨论处，基于共通问题的文明比较路径需要直面它最核心的挑战——可比性问题。在将顾炎武与霍布斯等人进行比较时，显然不应忘记他所承续的另一传统，即发源于周朝"三代之治"的士大夫社会观。恰如顾炎武与《诗经》的关系，孟德斯鸠的社会观同样可溯源自法国甚至西方这一"半开放系统"的独立传统。此处对文化传统的澄清并不是为了以文化特异性简单否定比较的可能，而是为了进一步发问：在所接续传统不同的前提下，二者究竟在何种意义上共享着共同的问题？如果问题不同，则讨论"解决方案"的差异也没有意义。因此，确定文化间共享的问题域是文化比较的前提和关键。岸本美绪认为，16—18世纪军事和经济变动导致的社会秩序问题构成中西共同关切的基础，而共同的问题则可进一步描述为"如何不陷入'禽兽世界'"，"禽兽世界"恰恰指的是失去规范的状态，即失范。因此，回答可比性问题首先需要进一步厘清失范、禽兽世界等概念的内涵。

失范（anomie）一词源自涂尔干在《社会分工论》中的论述。但其概念意涵在《自杀论》中得到更为精细的界定和区分，这尤其表现于失范与自我主义的辨析（赵立玮，2014）。涂尔干详细区分了失范型自杀与利己主义自杀。其中，失范所对应的概念是"社会规制"而非"社会整合"，即涂尔干强调失范所丧失的并非社会以共同信仰、更高目标吸引并整合个体的能力，而是社会以"只有社会才有权力规定的法律"控制和调节个体"激情"和"欲望"的能力。尤为突出的是，工业发展促使个体的欲望逐步挣脱任何限制性的权威，并将欲望进一步神圣化。但此处岸本美绪使用这一概念并非基于精细化的文本辨析，而是基于对时代弊病的统整性概括。对此，涂尔干同样有颇多论述。失范作为现代性转型过程的基本事实，其实质是因现代性借助合理化的形式剥离了宗教和道德的实质理性基础，由此导致社会在个体身上不充分在场，脱嵌于集体人格的个体趋于去道德化（渠敬东，1999）。去道德化导致的秩序问题意识可以追溯至霍布斯。在这个意义上，失范问题也可理解为霍布斯式的秩序问题（李猛，2012）。霍布斯假设原初的、符合人本性的自然状态是人自我保存的本能，他笔下的人受激情支配而缺乏规范性。尽管这一自然状态可以通过缔结契约走出无休止的战争,形成"事实秩序",但缺乏规范基础可能导致缔结的社会秩序脆弱且不稳定。

那么,顾炎武以及与他相关的明清学者是否存在相同的忧虑?《日知录》中,顾炎武主要以风俗好坏评点君臣功过。若论及风俗的承载者,除秦纪会稽山刻石以正坊间风俗确是以一般民众为对象,其后在点评两汉、魏晋以及宋朝风俗时,"新莽居摄,颂德献符者遍于天下""节义衰而文章盛"等语皆是将知识分子视为风俗的承载者。至于风俗沦丧的内涵,顾炎武对魏晋风俗的点评或可提供启示。顾炎武认为,魏晋时期的清谈有败坏风俗的负面影响,由此导致"亡天下"。"亡天下"和"亡国"并不等同,这一点之前的学者已多有提及,在此仅引顾炎武的原话说明二者的差异,"异姓改号,谓之亡国;仁义充塞,而至于率兽食人,人将相食,谓之亡天下"(顾炎武,2007:766)。理解"亡天下"的关键在于理解"率兽食人"的说法。乍一看,它与霍布斯所假设的战争状态具有相当的一致性。但如果真是如此,"清谈"何以具有如此极端的负面影响?依据原文,清谈可"使天下无父无君而入于禽兽者也"(顾炎武,2007:766)。这样看来,甚至连最为自然的"禽兽"也具有一种社会定义!而更进一步说,顾炎武所批判的风俗败坏恰恰在已有教化的基础上。如果是未开化的野人,他们也就不会沦为"无父无君",而是处于无法辨认尊卑秩序的自然状态。由此便可理解承载风俗的主体为何是知识分子而非普通民众。知识分子因接受文化教育而了解社会运行的正确秩序,这构成文人作为身份阶层的前提。而一旦知识分子"德不配位",知晓天下兴亡的匹夫甚至暴乱的庶民反而成为实质意义上风俗的担纲者,在此背景下方可理解明末清初文人对暴力的病态追求(岸本美绪,2022:167)。

比较霍布斯与顾炎武的问题意识,明末清初文人对风俗与秩序的忧虑反而意味着以文化知识掌握为标准的阶层划分仍然占据主导。而唯有现代意义的"社会"真正出现,霍布斯式的自然人才会孑然一身,并因无差别的平等陷入新的混乱。因此,两方的问题意识确实存在根本性差异。在此前提下,双方对习俗或风俗的讨论能否统一至"16—18世纪的共通问题"命题有待商榷。

综上所述，以共通问题进行文明比较的视野在岸本美绪的论文中体现出两种相反的倾向：一种是将比较范围进一步泛化，如以"多人竞争下社会秩序何以可能"这一普遍性问题打破文明比较的时空限制；另一种则遵循传统的经验研究路径，以精确限定时空情境的方式确认文明间的可比较性。相较于前一种视角，后者在论证可比较性方面做出了更多的努力。即便如此，由上述"16—18世纪共通问题"的讨论可知，不同文化看似相似的关怀下可能存在根本不同的出发点。因此，限定时空情境本身并不能确保文明的可比较性，更不能确保对文明的充分理解。

三、反思历史观：本土概念的理论潜力

恰如前文所述，"风俗"是一个中国社会的本土概念。在对"风俗"概念的讨论中，岸本美绪也明确存在以本土概念反思历史学的倾向，这主要体现在个人/社会关系、制度研究以及历史目的论三个层面。基于以上三个层面反思做出的具体研究可见于书内的各个部分。因此，本文尝试以这三点为线索，梳理相关研究的问题意识并总结历史观。

首先，岸本美绪认为中国本土的"风俗"概念具有突破行动与结构二元对立的潜力。"风俗"概念既不着眼于个人一端，一味强调个体的能动性，也不轻易站在社会一端，关注趋势的强制性特征。"风俗"概念落脚在个人与社会的"关系"上，二者"交相轮转"，具有循环统一的特点。这种关系性路径既具有鲜明的方法论特色，也与明末清初的社会特征相合。以第五章有关称谓的研究为例，"老爷"实际上是地方民众对高位者的称呼，它包含行动者间关系，而无法脱离一方单独存在。因此，"老爷"概念本身是关系的映射，关系意味着行动者对阶层的主观体认以及特定情境下阶层间的互动模式，这一研究切入点显然与以收入、资产和职业分类为切入点展开的阶层研究在理论视角上存在根本差异。但是，仅仅从关系性视角出发论证该切入点的优势是不自足的。唯有与明末清初的社会特征结合才能更好地理解岸本美绪研究称谓和名片等事物的初衷。诸多学者都已指出，明清

社会呈现出人口、土地流动加剧的趋势。恰恰是由于流动性增加、生活范围扩大,个体存在结交关系以获得庇护、换取利益性资源的趋势(岸本美绪,2022:84)。因此,关系性视角在明清时期流动社会的宏观背景下具有特殊意义。

其次,如果进一步追问岸本美绪为何在明清众多的研究领域中关注社会关系,则需要注意"地域社会论"对岸本美绪的影响。"地域社会论"由森正夫提出,他提倡应该研究"以习俗、伦理、价值观等为媒介构成的秩序意识的统合的场……在人们生活的基本的场中,从意识上规定了这个场的构成成员并且被构成成员所规定的社会秩序的问题"(岸本美绪,2022:321)。与其将这一理论理解为孟德斯鸠式社会与政治关系,不如说森正夫的观点意味着社会在一定程度上独立于国家,因为它无法进一步推导出社会相对政治在解释现象和规范形成上具有优先性。同时,尽管由上述观点可能联想到国家—社会理论,但"地域社会论"对"社会"的定义远远超过自治团体的范畴,并涉及更为基本的秩序问题。理解社会独立性可进一步理解岸本美绪对制度研究的反思。正如原文中引用学者的观点,"历史不仅有骨骼而且有血肉"(岸本美绪,2022:47)。所谓"骨骼",指的是政治、经济、外交、军事等政策和制度的研究,而"血肉"则指的是生活、礼俗、心态与信仰范畴。正是由于社会具有相对独立性,研究更为柔软、变动的侧面同样具有重要的理论意义,因为制度等因素无法充分解释行动场的潜规则。尽管各国的社会史学者都普遍强调心态、习俗等的重要性,但岸本美绪这一立场仍然具有相当的特异性。依据霍布斯鲍姆的观点,英国社会史倾向于将"心态"置于特定集体组织或阶层,行动者在权威、统治者与被统治者之间利益冲突和相互关系中行动。这种阶层化的"心态"取向需要在经济史对话的脉络下理解(霍布斯鲍姆,2021:212)。以汤普森的道德经济研究为例,他研究"心态"的出发点是经济学能以市场供求和价格波动解释饥饿,但不足以理解英国民众在粮食骚乱中的心态与行动逻辑(Thompson,1971)。在此背景下,从传统、惯例出发有助于理解民众集体行动的正当性。而法国年鉴学派的"心态史"研究又与英国社会史存在相当差异。他们主要持集体主义立场,借助对心态的描述探求社会集体意识的深层结构。对比英国的社会史取向,岸本美绪由独立社会引发的问题意识更接近与国家视角的交锋,而非与经济史的对话;同时,相较于社会统整性或阶层分化的心态,以特定地域空间为基础的地方性①在岸本美绪的观点中占据更为核心的位置。

最后,岸本美绪在历史观层面意图反思和揭示上述个人研究兴趣的理论预设,这使得她对历史目的论作出反思,并进一步上升至研究者与研究对象的关系。此处的历史目的论不仅包含西方进步史观或马克思主义史观等强理论,而且涉及以特定的、可能带有价值判断的问题意识研究具体对象的理论路径,岸本美绪称后者为历史学中的"actuality"问题(岸本美绪,2022:313)。实际上,这一问题涉及对当下现实的参与、关心程度,而不同主体所面对的"现实"正是充满差异的。因此,岸本美绪进一步以中国研究的日本学者身份反思历史学中的"actuality"问题。日本的东洋史学因东亚政治的背景更可能站在近代主义的立场,对中国的历史报以审慎甚至批判的态度,这是研究者作为他者存在的普遍性问题。但对研究对象投入真正感情本身同样具有相当危险性,它可能落入以今日政治、社会问题明确定型化现实反观历史的窠臼,将历史变为演绎的"后见之明"。或许正是基于这一反思,当前的历史学研究主要采取先接触具体人或史料,再将含混的疑问、共感、违和感明确化和自觉化的路径(岸本美绪,2022:313)。岸本美绪认为这一路径存在一定合理性。在将人的精神置于暧昧状况的基本前提下,史料在先的研究目标并不寻求某种确定的、统整性判断,而是通过不同时空领域交错扩大认知世界,修正过去视为自明的领域。

放弃先见之明的下一步是对中国社会寻求内面的理解,其中使用本土概念以降低误解是一条比较直接、可行的路径。不仅如此,本土概念本身可能提供某种切实的思想资源,为阐述历史逻辑提供新的路径。在本书提到的概念中,"风俗""情理"等都属于这一类型。进一步说,提炼、阐发本土概念的做法可以追溯至更为久远的日本历史学传统,而岸本美绪仅可视为具有代表性的学者之一。那么日本学者的做法存在何种共性? 实际上,对历史概念进行分析是历史学研究的基本路径,但提炼、阐发本土概念的做

---

① 需要注意的是,这里的"地方性"并不局限于某一特定的实体范围,如村落或县等,而是一种不一定与实体性团体范围相重合的"场境"(滋贺秀三等,1998:344)。

法不仅试图厘清概念所指事物,而且概念作为分析框架能够增进研究者对其他事物的理解。在此前提下,以本土概念提炼理论框架的做法具有以下特点:首先,本土概念强调使用者语感,尽管使用者不一定以清晰语言说明概念使用的逻辑,但他们对如何使用合适总是存在微妙又精确的见解。而研究者恰恰需要体认这种见解,避免曲解使用者在特定情境下的主观意图。其次,区别于严格分明的概念界限,日本学者尤其注重概念的平衡性。他们所提炼的本土概念往往在某个维度的两端之间寻求平衡,因此不能从任意一端进行理解。这一表述或许过于抽象,在此以"风俗"概念为例。如前文所述,作者在初步分析风俗概念的语义时提到风俗概念具有两面性:风俗虽然趋于多样,但又具有相当的普遍性;虽然倡导文教,却又崇尚质朴。这种双面性与使用情境有关,语义的多样化和脉络化使得提炼概念成为一个衡平、取舍的工作,概念的复杂、矛盾之处恰恰成为学者深入分析之处。滋贺秀三的"情理"概念同样存在平衡性特点。"情理"既不是纯粹地查明客观事实,也不是纯粹主观的任意判断,而是介于二者之间。此外,日本学者又尤其强调概念相关的各情境能够构成相互关联、统整的整体,而非将概念使用的矛盾性视为实在意义的矛盾。这一特征进一步凸显于与黄宗智等人的比较中。黄宗智由类似的现象出发,产生了截然不同的观点:他认为清代法律体系并非逻辑一致的整体,表达与实践之间存在背离。黄宗智本人对他与日本学者的根本差异有所体认,他将差异的原因归结为日本学者延续法理学路径,意图探求整个社会和文化的核心原理,这可能使得他们以官方表达等同于实践(黄宗智,2007:9—10)。而本篇书评则试图突破法制史的框架,以概念的本土性为切入点进一步探讨滋贺秀三等日本学者形成上述理论路径的原因。

本土概念作为理论框架可能存在怎样的问题?由上文可见,我们或许可知特定概念在具体情境所指为何,并且知道它与某种极端维度存在何种区分,但它的内涵、外延往往不清晰。回到本书第三章对"风俗"概念的辨析,"风俗"一词实际包含两个方面,一是自上而下的教化,二是自下而上、不可阻挡的"势",这正体现了"风"与"俗"的区分。但在后续的讨论中,岸本美绪有意模糊了二者的界限。"情理"概念也存在类似的问题。一方面,滋贺秀三明确区分了"情"和"理";但另一方面,他在分析时经常将"情理"

连起来使用。"情"和"理"不仅常常一同出现,甚至在特定案件中可能难以区分或没有区分的必要(寺田浩明,2023:274)。因此,"情"和"理"分别的内涵以及二者的相互关系都可能存在相当的模糊性,这恰恰是综合性、本土概念在用于理论分析时存在的普遍问题。

总　结

本文尝试从"风俗"概念出发,梳理和统整《风俗与历史观》论文集的问题意识。尽管对"风俗"概念的探讨并非发生学意义上的研究起点,但它作为一面汇聚光芒的"镜子",正可折射出多种方法论发展的面向。因此,本文尝试以"风俗"为线索,分析岸本美绪基于历史观反思以及日本东洋史学的研究自觉在方法论上做出的突破。

具体而言,岸本美绪的反思性建构表现在两个方面:一是以共通问题为基础的文明比较,二是以本土概念为基础的理论建构。在第一条路径上,岸本美绪或基于普遍实践,或以特定历史分期下系统间实质性连接为起点构建共通问题。不管采取何种具体方法,岸本美绪的关切都是一致的——打破将文化系统视为封闭实体的预设,寻求各系统之间共振的节律。因此,文明比较的初衷并不是为了寻求内容的相似性或阶梯性,而是探查各文明变化或变通的过程是否具有共通的契机。尽管避免了因文化中心论产生的价值判断,但这一路径仍不可避免地需要在各系统之间寻求相似性。因此,共通性仍然构成文明比较的核心挑战,并在具体历史时段的分析中进一步凸显。就"后16世纪共通问题"而言,不同文化系统的担纲者是否因其身处的"半开放系统"而共同关心"不落入禽兽世界"问题仍是一个有待商榷的命题。这或许意味着,岸本美绪在文明比较中展现的实用倾向可能最终表现为"去文化"、去脉络化的诠释,由此牺牲在地性理解。

颇为悖谬的是,与"风俗"概念相关的另一方法论路径恰恰呈现出相反的倾向——从名片、抬头、称谓、契约等具体生活侧面和本土化概念出发,寻求历史的"内面"理解。这一方法论路径源自岸本美绪对研究对象建构过程的反思。由于历史研究不可避免地与当下现实发生关联,研究者可能不自觉地以先验的价值判断解读材料、推导出某种目的论的预设,而对研究者和研究对象关系问题缺乏足够的自觉。为避免外在视角局限,岸本美绪转而关注具体情境下的互动,关注互动过程中行动者的主观动机和行动意义,这是她对本土概念进行讨论的初衷。在此基础上,本文认为包含岸本美绪在内的日本学者往往以史料归纳的方式提炼本土概念,并进一步建立独立于西方的历史解释框架,这表现于法制史、经济史等各个方面。不过,这一方法论往往难以避免概念的模糊性问题,这或许与归纳法有关。由对"风俗""情理"的概念分析可见,内涵和外延的模糊性可能影响分析的精度和清晰度。而且在深层上,以史料归纳的方式来探究恰恰可能在对历史与文明脉络中的在地性理解有所妨碍。

综上所述,为反对国别化的普遍历史观和碎片化的中国研究,岸本美绪探索出两条既相关又独立甚至相互冲突的方法论路径。这二者之间的紧张并没有掩盖岸本美绪在方法论上的贡献,反而能为面临类似困境的中国学者提供相当启示。在对历史观和问题意识进行反思的基础上,如何建构一条更为清晰、明确且具有解释力的理论路径是中国和日本历史与社会研究中需要共同面对的课题。

参考文献

岸本美绪,2022,《风俗与历史观:明清时代的中国与世界》,梁敏玲、毛亦可译,桂林:广西师范大学出版社。
顾炎武,2007,《日知录校注》第3卷,陈垣注解,合肥:安徽大学出版社。
黄宗智,2007,《清代的法律、社会与文化:民法的表达与实践》,北京:法律出版社。
霍布斯鲍姆,2021,《论历史》,马俊亚、郭英剑译,上海:上海人民出版社。
李猛,2012,《"社会"的构成:自然法与现代社会理论的基础》,《中国社会科学》第10期。
渠敬东,1999,《涂尔干的遗产:现代社会及其可能性》,《社会学研究》第1期。

寺田浩明,2023,《清代传统法秩序》,王亚新监译,桂林:广西师范大学出版社。

赵立玮,2014,《自杀与现代人的境况:涂尔干的"自杀类型学"及其人性基础》,《社会》第6期。

滋贺秀三等,1998,《明清时期的民事审判与民间契约》,王亚新等编译,北京:法律出版社。

Thompson, E. 1971, "The Moral Economy of the English Crowd in the Eighteenth Century." *Past & Present* 50.

(特约编辑:翟学伟)

Table of Contents & Abstracts

Special Column

The Transformation of Groupology and Refinement of Comparative Group Theory in Modern China

Tian Yipeng

Abstract: There exist abundant theoretical resources of groupology (*qunxue*) in the traditional Chinese social thought system with various schools of thought as the main body during the pre-Qin period, which have established the peak of social thought of the protocanonical period of mankind. In the middle of the 19th century, in the face of the invasion and challenges of the Western capitalist powers, the ancient theory of group began to move towards modern transformation in two major stages, namely from the 1898 Reform Movement group theory to the refinement of the May Fourth comparative group theory. Although the concept of "group" (*qun*) put forward by the reformist thinkers in the Hundred Days period was deeply inspired by the classical group theory, it was mainly stimulated by the direct influence of the western evolutionary theory. Its core connotation includes not only the spirit of cooperation, the sense of consistency and unity, but also the entity construction of the modern state as a survival competition. In the process of the transformation of Chinese classical group studies to modern times, the development of the thought of "group comparison" in the ideological and academic circles of the late Qing Dynasty and the Republic of China constitutes the core content of the transformation of group studies. Based on the comparison of civilizations, the ideological community has refined and summarized the overall characteristics of the Eastern and Western civilizations, and studied their social structures and mechanisms from the perspective of "group theory", including the debate on the independence of the group, the public-private debate, and the path of the new people. Taking the modern transformation of group studies as an opportunity, the comparison of group studies provides an irreplaceable inspiration to understand the occurrence and theoretical construction of modern Chinese group studies.

Key Words: modern China; groupology transformation; evolution theory; the refinement of group theory

Theme Panel: Oral History

The Age of Innocence: Collective Memories of the Third Front Workers

Chang Jiangxiao

Abstract: Early participants in China's Third Front factories often recall the pre-marketization Maoist period as the "age of innocence". Here "innocence" is used not only to refer to the mental outlook of their generation, but also to explain the formation of their own work enthusiasm. Based on the oral history interviews of workers in the Third Front factories in Guizhou Province, this paper focuses on the bottom narratives under the national discourse and divides the formation of the Third Front people's collective memory of the "age of innocence" into three historical stages: the establishment of a collectivist utopia, the loss of community, and the reconstruction of their spiritual home. This process dynamically reveals how the workers, far from home and full of enthusiasm for the construction of the Third Front, faced an identity crisis at the end of the planned economy and the Third Front construction policy, and how they used the narrative framework of "innocent" to explain their encounters and choices and rebuild their sense of identity and belonging.

Key Words: The Third Front Construction; collective memory; social identity

Event, Experience and Narrative: The Tripartite Orientation of Oral History in the Third Front Construction

Dong Fangjie

Abstract: While we realize the importance of oral history's intervention in historical and social research, we should also reflect on the inadequacies in the theoretical construction of oral history in existing research, which to some extent slow down the interaction and mutual promotion between the theory and practice of oral history. Starting from the new sociological approach to oral history theory, this paper examines the controversy over the authenticity of oral history from the different perspectives of positivism and constructivism. By constructing a tripartite orientation of oral history event, experience and narrative, the paper dissects the polyphonic nature of oral history so as to achieve a pluralistic understanding, and offer a thought pathway for the construction of a meta-theory of oral history.

Key Words: oral history; the Third Front Construction; event; experience; narrative; collective memory

The Subaltern Narrative and Business Practices of Yiwu's First Generation of Grassroots Entrepreneurs

Gao Yuwei

Abstract: The object of this research is the first generation of grassroots entrepreneurs in Yiwu since the start of reform and opening up. Referring to the entrepreneurs' personal narratives, the article not only focuses on the impact of the survival rationality of grassroots businessmen on their business behaviors, but also analyzes how the exchange of "chicken feathers for sugar" reflects the experiences of Yiwu farmers, and furthermore, their emotional world. Meanwhile, it explores how emotional narratives shape a new discourse structure to enhance the understanding of history or "social facts." Finally, in the process of "chicken feathers for sugar," mobility has played an important role in the formation of Chinese farmers' modernity and functioned as a key step in the transformation of farmers into businessmen. This article proposes that mobility should be brought back to rural China.

Key Words: grassroots entrepreneurs of Yiwu; "chicken feathers for sugar"; survival rationality; emotional narratives; business practices

Theme Panel: Public Service and Community Governance

Governance of Contractual Relationships: The Intrinsic Mechanisms Behind the Selection of Social Service Methods

Xu Yingyan

Abstract: The contract system is one of the crucial policy tools currently used by the Chinese government to procure social service projects. However, the practical implementation of this system can vary with the conditions under which the policy is enacted. This paper examines two cases of government procurement of social services and explores how different types of government-purchased services lead to changes in social service delivery methods and the intrinsic mechanisms driving these changes. Through thick descriptions of these two cases, the paper reveals how the contractual relationships in government-purchased services have evolved from horizontal integration to reinforced vertical authority, at times even to the point of quasi-vertical integration to avoid failures in social service delivery, to improve service delivery performance, and to reduce service delivery costs. The governance of contractual relationships has emerged as a crucial intrinsic mechanism and analytical framework influencing the evolution of service delivery methods. Additionally, the complex structure of social service delivery, the government's contract management capabilities, the service delivery capabilities of social service providers, and the level of trust between the government and social service providers serve as constraining conditions and regulatory factors in the governance of contractual relationships.

The degree of alignment between the governance of contractual relationships and the types of contracts is a key factor affecting the effectiveness of social service delivery and ultimately influencing the choice of social service delivery methods.

Key Words: social service methods; social service performance; governance of contractual relationships; constraining conditions

How to Activate Government-Cultivated Community Volunteer Forces: A Case Study of the "Third Party" Approach

Yang Yongjiao, Gao Ya

Abstract: In the context of the institutionalization of volunteer services in China, the government faces numerous challenges in cultivating volunteer forces, which necessitate breakthroughs to enhance the effectiveness of community volunteer force cultivation. According to the theory of co-production, social organizations as a "third party" can promote co-production, reduce the asymmetrical dependence of volunteer forces on the government, and enhance the intrinsic motivation of community volunteer forces. Based on a case study of S Community, it is found that social organizations can intervene in the decision-making, design, and execution stages of volunteer service provision by performing the functions of coordination, planning, and production, respectively. This involvement facilitates the transformation of the relationship between volunteer forces and the government towards a "partnership", thereby invigorating community volunteer forces. The bidirectional embedding of social organizations with the government and the community effectively promotes the cultivation of community volunteer forces. This study addresses the reform of government-sponsored philanthropy and attempts to provide insights for integrating Chinese characteristics into global volunteer service theory and achieve sustainable, high-quality development of community volunteer services in China.

Key Words: community volunteer services; co-production; asymmetrical dependence; social organizations

The Power Structure of Urban Neighbourhood Committee and the Construction of Its Governance Capacity: A Case Study of W Street Community in Wuhan

Shi Wei

Abstract: With the transformation of urban grass-roots governance issues and the deepening of national governance modernization, how to respond to grass-roots governance demands and establish a system of governing power that matches the community governance environment has become an urgent issue for urban community governance research. Community neighbourhood committees form a hierarchical power structure in the form of legal expression, administrative empowerment and social absorption. In the power structure of the neighbourhood committee, the unification of the power of the Party Secretary with the clear mechanism of authority and responsibility based on practical issues and the mechanism of issue screening based on competence construct the community governance capacity. Although the disintegration of community identity provides space for community re-organization, and the intervention and organization of administrative power couples multiple powers, which in turn forms a state of power order in which multiple subjects interact benignly with the neighbourhood committee as a carrier, the legitimacy of neighbourhood committee power lacks an institutional basis for reproduction, therefore is faced with uncertainties. The study finds that the urban neighbourhood committee can integrate the community governance power. While such integration promotes the grassroots social production of governance capacity, it can provide a reference for us to analyse the internal structure of the grassroots social governance community.

Key Words: community governance; neighbourhood committee; governance issues; power system; governance capacity

Articles

Manufacturing Elites with Educational Resources: Elite Expectation and Educational Investment of Parents

Liu Jiankun

Abstract: Using data from the *China Education Panel Survey*, this paper examines the strategies of contemporary Chinese families in allocating educational resources in terms of the monetary and the non-monetary. It analyzes the logic of families' decision-making on educational inputs from the perspective of parents' elite expectations. The study finds that (1) families spend more on out-of-school education than in-school education and invest less time resources than emotional resources; (2) although decisions of family education investment are affected by the socioeconomic status of the family, parental elite expectations play a more significant role; (3) educational anxiety is a mechanism by which parental elite expectations motivate families to expand their investment in education resources; (4) there exists gender inequality in family education resource allocation, i. e., girls' access to household educational resources is less positively influenced by elite expectations than than of the boys. This paper not only reveals the formation mechanism of inequality in educational inputs from the subjective perspective of elite expectations, but also helps to understand the logic of educational input decisions in the Chinese context.

Key Words: family educational investment; parental elite expectation; educational anxiety; gender inequality

From Offline to Online: The Mechanism of Social Capital's Influence on Online Micro-Philanthropy

Chi Shangxin, Liu Jingtong, Jiang Leyi, Xu Ying

Abstract: While the influence of social capital on traditional philanthropic donations has been extensively studied, there is a lack of sufficient research on the role of social capital in online micro-philanthropy. Based on survey data from Shenzhen, this study analyzes the influence and mechanisms of social capital on online micro-philanthropy behaviors. The findings are the following. First, the participation rate in online micro-philanthropy is moderate, but the donation amounts are relatively small. Second, there are significant differences in the dimensions of social capital among donors in online micro-philanthropy. Third, the influence of social capital on online micro-philanthropy is complex: social networks, social participation, reciprocity, and norms have positive effects on donation behavior, while specific trust has a negative effect, which indicates that trust has boundaries. Fourth, online social capital serves as an intermediary mechanism for the influence of offline social capital on online micro-philanthropy. Finally, measures concerning the development of donors' social capital are proposed to promote online micro-philanthropy donation.

Key Words: offline social capital; online social capital; micro-philanthropy; donation

Coordinated Development of Public Library Construction and the Efficiency Human Capital Investment: Measurement and Testing

Gao Jiacheng, Liu Yue, Larissa Titarenk

Abstract: Based on the construction of entropy weight model, global super-efficiency SBM model, vector autoregressive model and coupling coordination model, this paper evaluates and measures the construction level of public libraries and their human capital investment efficiency in 31 provinces in China from 2011 to 2021 as well as the linkage effect and coupling coordination between them. The results show that the level of public library construction and the efficiency of human capital investment in China have shown a trend of rapid increase and fluctuating decline respectively during this period, but the regional gap has been noticeable. The eastern regions obviously outperform the central and western regions in both the level of public library construction and the efficiency of human capital investment. There is not only a positive linkage effect between the construction of public libraries and the investment efficiency of human capital, marked with mutual promotion, but also the level of coordinated development between them is on the rise, with the coupling level reaching 6 and about to enter the primary coordination state. However, there are also obvious regional differences: compared with the central and western regions, the promotion effect of public library construction on human capital investment efficiency in the eastern regions is obviously weaker, while the promotion effect of human capital investment efficiency on public library construction in the eastern regions is obviously stronger. In addition, the coupling level between public library construction and human capital investment efficiency in the eastern regions has reached 7, the primary coordination stage, while the coupling level between the central and western regions is only 6 and 5 respectively, the stage of barely coordination and on the verge of imbalance.

Key Words: public library construction; efficiency of human capital investment; linkage effect; synergistic development

Between the Normal and the Abnormal: Cancer Patients' Road to Recovery

Tu Jiong, Li Ziying

Abstract: In the effort to recover from cancer, the patients experience both normal and abnormal senses. In this study, the patients with stoma have expected to return to a normal life after their stoma surgery; however, they find that normality could hardly be realized due to the existence of stoma. Their sense of abnormality was related not only to their physical change but also to social interaction and construction. The patients made efforts to live a "normal" life by taking another surgery to close the stoma, living a normal social life by hiding the stoma, or constructing a new normality with the existence of stoma.

Their road to recovery has been a continuous process of adaptation and negotiation, suggesting normality as a complex changing concept. The patients are restrained by social norms regarding normality to shape their body and action according to social expectation. Meanwhile, they also act with agency to negotiate and construct a new normality, yet all their efforts are effective only at the personal level. Improving these patients' quality of life requires social values that tolerate physical diversity, social spaces and institution arrangements that take physical diversity into consideration.

Key Words: normality; normalization; patient with stoma; body; recovery

Landscape Production: Rural Community Construction in Pilot Projects: On-site Research Based on Tang Village in Eastern Hubei

Liu jiang, Zhang Wenming

Abstract: In the process of rural revitalization, project piloting has become an important channel for rural areas to obtain development resources. However, the projects have their own operational logic, which has profoundly changed the behavioral orientation of grassroots executors and triggered alienation forms such as landscape construction. This article takes the "Beautiful Village Project" in an administrative village in eastern Hubei Province to reveal the landscape production logic in project piloting. Research has found that project construction, result orientated and easily influenced by political performance, has mostly led to grassroots landscaping, characterized by resources concentrated in some areas to form a display space, with other areas being neglected, thus forming a differentiation between the "displayed" and the "hidden". This regional differentiation, with its negative impact on community governance, calls for more optimized methods of resource investment.

Key Words: landscape construction; project piloting; display space; hidden space; community governance

Essays and Book Reviews

Reflective Construction: Common Issues and Indigenous Concepts: A Review of *Custom and Historical Perspective*

Chen Fangjing, Ling Peng

《中国研究》稿约

一、刊物宗旨

《中国研究》是以当代中国为研究对象、面向全球中国学界的社会科学类中文刊物,创刊于2005年,由南京大学社会学院暨当代中国研究中心与社会科学文献出版社联合编辑,社会科学文献出版社出版发行。自2021年起,改由南京大学当代中国研究院编辑,商务印书馆出版发行。

《中国研究》坚持宏观视野和问题取向,推崇开放而又务实的精神。它注重学科的综合性,欢迎不同研究领域学者的广泛参与;提倡着眼于中国基层社会的经验性研究,但也鼓励深入的理论探讨;赞赏朴实平易的学风和文风,倡导平和的学术批评氛围。自2012年起,《中国研究》已被中国社会科学研究评价中心遴选为"中文社会科学引文索引"(CSSCI)来源集刊,并被中国知网(CNKI)中国期刊全文数据库全文收录。

二、栏目设置

《中国研究》每年出版两辑,出版时间为每年春季和秋季,春季卷截稿日期为2月28日,秋季卷截稿日期为8月30日;每期容量为25万—30万字,设有"专题研讨""学术论文"和"书评与随笔"等固定栏目,2021年起增设"特邀文稿"——"学人专栏"。论文一般以1.5万字左右为宜,最长不超过2.5万字;书评和随笔一般不超过8000字。除特邀文稿外,本刊坚持赐稿的唯一性,论文一经刊用,即寄奉样刊。

三、投稿方式

《中国研究》真诚地欢迎来自全球中国研究学界的赐稿和监督批评,尤其欢迎年轻学者和博士研究生投稿。投稿请登录南京大学当代中国研究院网址(chinastudies.nju.edu.cn),在网站主页"在线办公"一栏进入"作者投稿系统"投稿。4个月未获得采用通知者,即可自行处理稿件。

编辑部地址:中国江苏省南京市栖霞区仙林大道163号南京大学河仁楼(社会学院)当代中国研究院《中国研究》编辑部(邮编:210023)。

电子邮箱:cnstudy@nju.edu.cn。

四、文章体例

文章要求如下:

(1)稿件采用中文(在作者无法提供中文稿的情况下,其英文稿将由编辑部负责委托同行译成中文,由编辑部支付译者稿酬),并请附有英文或中文标题、各200字以内的中英文摘要、中英文关键词。

(2)文章编排及注释采用APA格式,具体参见本刊投稿系统说明。凡引用他人资料或观点的,务必加注说明。在引文后加括弧注明作者、出版年度及页码,详细文献出处作为"参考文献"列于文末,以作者、出版时间、著作或论文名称、出版单位或期刊名称排序。文献按照作者姓氏的第一个字母顺序排列,中文在前,英文在后。作者本人信息的注释采用当页脚注。文中所用图表应达到出版标准。

(3)在首页以脚注方式说明论文作者姓名、学位、单位、学衔(职称),并注明一位作者的电子邮件,在无特殊说明的情况下,此为论文的通讯作者。

五、著作权使用说明

本刊已许可中国知网等网络知识服务平台以数字化方式复制、汇编、发行、信息网络传播本刊全文。本刊支付的稿酬已包含网络知识服务平台的著作权使用费,所有署名作者向本刊提交文章发表之行为视为同意上述声明。如有异议,请在投稿时说明,本刊将按作者说明处理。

《中国研究》编辑部
2023年10月

图书在版编目（CIP）数据

中国研究 . 总第 31 期 / 周晓虹，翟学伟主编 . — 北京 : 商务印书馆，2024
ISBN 978-7-100-24039-0

Ⅰ.①中… Ⅱ.①周…②翟… Ⅲ.①社会发展—研究—中国—现代—丛刊 Ⅳ.① D668-55

中国国家版本馆 CIP 数据核字（2024）第 106329 号

权利保留，侵权必究。

中国研究

总第 31 期

周晓虹　翟学伟　主编

商 务 印 书 馆 出 版
（北京王府井大街 36 号　邮政编码 100710）
商 务 印 书 馆 发 行
江苏凤凰数码印务有限公司印刷
ISBN 978-7-100-24039-0

2024 年 9 月第 1 版	开本 700×1000　1/16
2024 年 9 月第 1 次印刷	印张 22½

定价：98.00 元